S. FISCHER

SERGEJ LEBEDEW

TITAN ODER DIE GESPENSTER DER VERGANGENHEIT

Erzählungen

Aus dem Russischen
von Franziska Zwerg

S. FISCHER

Aus Verantwortung für die Umwelt hat sich der S. Fischer Verlag
zu einer nachhaltigen Buchproduktion verpflichtet.
Der bewusste Umgang mit unseren Ressourcen, der Schutz
unseres Klimas und der Natur gehören zu unseren
obersten Unternehmenszielen.

Gemeinsam mit unseren Partnern und Lieferanten setzen wir uns
für eine klimaneutrale Buchproduktion ein, die den Erwerb von
Klimazertifikaten zur Kompensation des CO_2-Ausstoßes einschließt.

Weitere Informationen finden Sie unter:
www.klimaneutralerverlag.de

Die Übersetzerin dankt dem Deutschen Übersetzerfonds e.V.
für die großzügige Unterstützung dieser Arbeit.

FSC
www.fsc.org
MIX
Papier | Fördert
gute Waldnutzung
FSC® C014496

Erschienen bei S. FISCHER

Die Originalausgabe erschien 2022
unter dem Titel »ТИТАН« bei Corpus

Typografie und Satz: Farnschläder & Mahlstedt, Hamburg
Druck und Bindung: GGP Media GmbH, Pößneck
Printed in Germany
ISBN 978-3-10-397522-2

INHALT

Vorwort 7

Abend eines Richters 9
Antoniusfeuer 37
Der Obelisk 51
Barmas 75
Die Scheune 105
Das kurze i 131
Hell war die Nacht 165
Titan 207
Huuu 239
19 D 253
Die Sängerin auf der Brücke 273

Glossar 299

VORWORT

Ich erinnere mich an die letzten Jahre des Sowjetimperiums. Auch wenn ich damals Kind war, erinnere ich mich an die mystische Stimmung, die auf einmal mit Urgewalt, wie ein Vulkan, überall ausbrach.

Die Empfindung des herannahenden Endes einer Epoche erweckt stets das Mystische zum Leben. Doch war die Sowjetunion ein atheistischer Staat, der auf der Doktrin des Materialismus gründete. Die sowjetische Ideologie verlangte – zumindest auf dem Papier – eine rationale Weltsicht, und das einzige Gespenst, das in diesem Bezugsrahmen zulässig war, war das »Gespenst des Kommunismus«, von dem Marx und Engels im 19. Jahrhundert gesprochen hatten.

Umso überraschender war die Schnelligkeit, mit der eine andere, jenseitige Welt entstand, die »Kehrseite« des sowjetischen Bewusstseins; eine dunkle Kammer, gefüllt mit allem, was in siebzig Jahren kommunistischer Herrschaft aus dem Leben und der Erinnerung verdrängt, verworfen und gestrichen worden war. Vor unseren Augen entstand, scheinbar aus der Luft jener Zeit gegriffen, eine neue mystische Folklore.

Man erzählte sich von üblen Orten, von anomalen *Zonen*, wo die Gesetze der Physik nicht galten. Von seltsamen Wesen, *Klopfgeistern*, die in Häusern, in Wohnungen lebten und unliebsame Menschen verfolgten, indem sie hämmerten, lärmten und Gegenstände verrückten. Von Kindern, die mit auffälligen Muttermalen geboren wurden – wenn ihre Vorfahren durch Erschießung hingerichtet worden waren.

Das Bewusstsein der Menschen suchte nach Bildern, nach einer Sprache zur Beschreibung der Tragödie – und griff dafür auf mystische Anspielungen zurück, die die unheilvolle Vergangenheit real werden ließen und sie gleichzeitig verfremdeten, sie zu einem Phänomen aus einer anderen Welt, einer anderen Realität werden ließen.

Nun ja, Geister entstehen tatsächlich nicht von selbst. Sie sind die Hervorbringung eines verstummten Gewissens. Eine optische Täuschung der Moral. Sie sind so real wie das verdrängte Wissen um die Verbrechen und die Weigerung, wirkliche Verantwortung zu übernehmen. Sie sind die verzerrte Stimme der Verstorbenen. Die Stimme ungebetener Zeugen.

Faktisch hat der sowjetische Staat während der gesamten Zeit seines Bestehens Menschen vernichtet – und jede Erinnerung an die Vernichteten zerstört. Gleichzeitig befinden sich in den Archiven der Staatssicherheit immer noch Millionen von Archiv- und Ermittlungsakten. Millionen fingierter Anschuldigungen. Millionen falscher Verhöre, aufgebaut nach der immergleichen Dramaturgie: von der Leugnung bis zum Eingeständnis einer nicht vorhandenen Schuld.

Diese Akten, dieser Metatext mit seinen standardisierten Sujets und Spielarten ist vielleicht das wichtigste und schrecklichste russische Werk des 20. Jahrhunderts. Ein Zeugnis des Bösen, das ungelesen bleibt.

ABEND EINES RICHTERS

Richter Scheludkow kam am Freitagabend auf seiner Datsche an, nach einer ausgedehnten Verhandlung.

Staus in der Stadt, Staus an der Ausfahrt, Staus auf der Landstraße. Ein roter Schleier von Bremslichtern. Feiner, schräger Sprühregen, der beim Rauchen durch die heruntergelassene Scheibe fiel. Die Straße, über die er als Kind neben seinem Vater auf dem Beifahrersitz gefahren war, vertraut durch jede Kurve, jede Nebelsenke. Mittlerweile gab es zwei Spuren in jede Richtung, stellenweise sogar drei, anstelle von Ampeln die Betonschleifen der Abzweigungen, statt Wäldern kantige Hochhaustürme, neue Stadtviertel. Aber es war seine Straße, durch und durch eingefahren. Wie viele Gedanken waren ihm hier im Eiltempo durch den Kopf gegangen, wie viele Pläne und Kombinationen hatte er aufgestellt! Doch jetzt, wo der wichtigste, über Jahre gefeilte Plan so gut wie umgesetzt war, machte die Straße auf einmal üble Sperenzchen: Sein Auto mit dem Nummernschild eines Richters, einem überall gültigen Passierschein an der Windschutzscheibe, wurde von einem Verkehrspolizisten angehalten.

Ein Neuling, ein Frischling, der kannte sich nicht aus. Sein älterer Kollege hatte ihn danach gescholten, sich unterwürfig bei Scheludkow entschuldigt, eine gute Fahrt gewünscht. Doch es blieb ein Nachgeschmack. Der Richter war verärgert, stellte sich vor, dass er in ein, zwei Monaten einen Dienst-BMW mit Blaulicht hätte, und dann würde kein Lump es wagen ... Ich hätte den Namen aufschreiben und morgen dessen Vorgesetzten anrufen sollen, dachte Scheludkow. Wie hatte er sich vorgestellt? Musin? Kusin? Sjusin? Der Name wollte ihm nicht einfallen, als spüre der zurückgebliebene Wachtmeister die Versuche des Richters und wolle sich auf Biegen und Brechen verflüchtigen. Scheludkow kam einfach nicht drauf und erreichte die Datsche deswegen in gereizter Stimmung.

Der Abend war jung, kühl. Sofort wollte er in die Banja, ins Dampfbad, auf die heiße Lindenholzliege. Scheludkow überlegte ein paar Sekunden – und erteilte sich mit Bedauern eine Absage. Morgen kämen ja die Gäste. Besondere Gäste. Andrej Porfirjewitsch mochte es nicht, wenn die Sauna vom Vortag feucht war.

Natürlich hätte er tun können, was er wollte. Seine Kandidatur war bestätigt. Heute hatte er seinen Teil der Abmachung erfüllt, den geforderten Rechtsspruch gefällt, die Begründetheit der Klage abgelehnt. Aber Scheludkow ging immer auf Nummer sicher und überstürzte nichts.

Der Kofferraum seines Wagens war voll Speisen und Hochprozentigem. Scheludkow kannte die Vorlieben seiner vier Gäste mit allen ihren Nuancen in- und auswendig, zum Beispiel, dass Andrej Porfirjewitsch nur die spanischen, grünen Oliven mochte, gefüllt mit scharfem Paprika. Außerdem wusste er, dass alle vier, die in der Hierarchie über ihm standen, seine Umsicht nicht als Versuch betrachten würden, sich auf die Hinterbeine zu stellen und sich anzubiedern. Denn sie schätzten es, dass er auf jede Feinheit achtete.

»Stellvertretender Vorsitzender des Obersten Gerichtshofs«, sagte Scheludkow laut, kostete jedes Wort aus – hier, auf der Datsche, konnte niemand seine Selbstbewunderung hören oder sehen. Eine beschlossene Sache. Morgen würden sie auf seine Ernennung anstoßen, sie durch den Klang der Gläser besiegeln, behördenübergreifend feiern, mit Matizyn von der Generalstaatsanwaltschaft, mit Woronow vom Inlandsgeheimdienst, mit Golowko vom Militärtribunal und mit Lappo, der am Obersten Gerichtshof der Erste Stellvertreter des Vorsitzenden war und diesen später beerben würde, das stand schon fest … Sie alle hatten an der juristischen Fakultät studiert. Lappo drei Jahre über ihnen. Danach hatten sich die Freunde zerstreut. Vor drei Jahren waren sie wieder aufeinandergetroffen – wegen des Verfahrens, das Scheludkow heute ad acta gelegt hatte.

Scheludkow war vor langer Zeit auf diesen Fall aufmerksam geworden, als er noch bei den niederen Gerichtsinstanzen verhandelt wurde, bevor er zur Berufung zum Obersten Gerichtshof kam. In den Stadt- und Bezirksgerichten hatte er seine Leute vor Ort, die ihn auf vielversprechende Verfahren hinwiesen. Aufmerksam hatte er die Zeitungen gelesen, Fälle angeschaut und angepeilt.

Seinen richterlichen Einfluss konnte er auf genau diese Weise ausbauen – indem er aussichtslose Fälle mied und sich durch Lavieren und Manövrieren jene Fälle schnappte, an denen man *wuchs*. Derartige Fälle waren nicht unbedingt lukrativ, eher im Gegenteil: Da sahnte man nichts ab, bekam kein Schmiergeld von den Prozessparteien. Aber wenn man es richtig anstellte, blieb man in Erinnerung. Nur solche Fälle verhalfen einem an die Spitze.

Vom heutigen Fall hatte Scheludkow durch die Lektüre eines Artikels in einer landesweiten Zeitung Wind bekommen.

Berichtet wurde darin lediglich von einem Bezirksgericht, das einen Antrag auf Exhumierung und DNA-Analyse abgelehnt hatte. Tiefe Provinz, Lokalkolorit. Aber ihm fiel auf, wer die Autopsie beantragt hatte. Wer getötet worden war und wann. Er begriff, welche Kräfte am Spiel beteiligt waren: Sicherheitsbehörden, Diplomaten, die Präsidialverwaltung. Er ahnte, dass der Fall wahrscheinlich bis vor den Obersten Gerichtshof gelangen, die Kläger nicht nachgeben würden. Und dass die Kandidatur des Richters ganz sicher mit dem Inlandsgeheimdienst abgestimmt werden würde.

Er wägte den Fall ab. Spielte alle Umstände in seinem Kopf durch. Und ihm wurde bewusst: Wenn dieser Fall zur Prüfung in seine Hände geriete, dann würde er ihm unter Berücksichtigung aller seiner bisherigen Verdienste mit Sicherheit einen Stellvertreterposten beim Vorsitzenden einbringen.

Der Fall dümpelte noch in den unteren Instanzen vor sich hin, aber Scheludkow bereitete sich bereits vor. Er sprach mit den nötigen Leuten, um genau zu wissen, wohin sich der politische Wind drehen würde. Die einen schmierte er, anderen gegenüber ließ er ein, zwei Bemerkungen fallen. Dritten gab er zu verstehen, der Fall sei für ihn uninteressant, weil er gefährlich, karriereschädigend sein konnte. Vierte wiederum erinnerte er höflich an alte Verbindlichkeiten. Schließlich fiel ihm der Fall von selbst in die Hände, plumpste auf seinen Richtertisch mit Dutzenden von Akten. Der Posten des Stellvertreters war ihm gewiss, darauf hatten sowohl Woronow als auch Lappo angespielt; er musste nun nur exakt vorgehen.

Doch mit der Exaktheit war es schwierig. Innerhalb von drei Jahren änderte sich die große Politik dreimal. Und dreimal war Scheludkow gezwungen, seine richterliche Strategie umzukrempeln.

Zunächst war es auf einen Kompromiss hinausgelaufen, auf ein Teileingeständnis der Verantwortung des sowjetischen Staates, einer Einstufung als »Mord nach vorheriger Absprache« und einen Verweis auf die abgelaufene Verjährungsfrist. Das bedeutete, die Sache war wegzukicken – aber sanft.

Dann, nach der Gedenkansprache des ausländischen Präsidenten, wurde eine härtere Gangart nötig: völlige Zurückweisung der Verantwortung, aber diplomatisch verpackt.

Die dritte Direktive nach der Stationierung amerikanischer Truppen lautete dann – asymmetrisch reagieren, ihnen »ins Gesicht rotzen«, wie Lappo es ausdrückte. Und es war Scheludkow, der einen Weg fand, wie man zumindest den minimalen Anschein eines juristischen Verfahrens aufrechterhalten und dabei dem Gegner schwerste Beleidigungen zufügen konnte.

Innerhalb der drei Jahre hatte sich Scheludkow daran gewöhnt, dass von diesem Verfahren Tausende von Geschädigten betroffen waren. Sie alle waren seit vielen Jahren tot. Der NKWD hatte sie im Laufe von drei Tagen in einem Kiefernwald am Stadtrand erschossen. Manchmal verspürte er sogar ein inoffizielles, unnötiges Interesse an ihnen, an diesen fremden Toten, diesen fremden Offizieren, die im Tod zu einem Ganzen verschmolzen waren, zu menschlichem Flöz; sie hatten archivarische Ablagerungen hinterlassen: Anordnungen zur Verlegung der Gefangenenlager, Transportlisten und Erschießungslisten …

Scheludkow wusste, dass ein Richter sich abgrenzen und schützen musste. Sowohl vor den Angeklagten als auch vor den Geschädigten. Nicht um der Gerechtigkeit willen, damit das Recht triumphierte, das nicht. Allein dieser Gedanke war lächerlich. Um seiner selbst willen.

Die Richterschaft war eine kleine Kaste. Ein geschlossener Kreis mit eigenen Grundsätzen, einer eigenen Geschichte, eigenem Brauchtum und Wissen, das nicht öffentlich gemacht, Fremden nicht mitgeteilt wurde … Staatsanwaltschaft, Polizei, Staatssicherheit, Präsidialverwaltung – sie wussten vieles, gaben den Richtern stillschweigend Befehle, vereinbarten die Strafmaße und glaubten naiv, sie würden alle im gleichen Saft schmoren.

Doch wurde ein Urteil immer noch von einem Richter gesprochen. Und die Richter verfügten über ein eigenes Verständnis, eine geheime Kunst, die sich in keinem Buch fand. Sie war für richtige wie für falsche Urteile gleich. Ein Richter schrieb das Schicksal eines anderen. Und ein Richter musste fähig sein, vor *Rückstößen* in Deckung zu gehen. So etwas lernte man nicht an der juristischen Fakultät. Es vermittelte sich nicht einmal durch Erfahrenheit, sondern nur durch Weisheit.

Scheludkow war fähig, einen Beschluss ohne seelische Regung zu fassen. Ein Urteil zu fällen, ohne persönlich zu urteilen. Für ihn richteten der Richtertisch, die Gesetzesbände in den Schränken, die schwarze Statue aus Kasli-Kunstguss, die ihm als Briefbeschwerer diente: ein auf den Knien zielender Soldat mit Papacha und einer Mantelrolle über der Schulter; es richteten der Bleistift, mit dem er Entwürfe korrigierte, das riesige Gerichtsgebäude selbst, seine Kronleuchter, Treppen und Flure, der trübe gewordene Kristallaschenbecher und, ganz wichtig, die Robe.

Andere Richter, die jung und dumm waren, wechselten die Robe fast jedes Jahr, bestellten sich neue, aus besserem Material, nahmen sie mit nach Hause, hängten sie in denselben Schrank wie ihre gewohnte, zivile Alltagskleidung – Einfaltspinsel, was soll man von ihnen halten! Scheludkows Robe hing in seinem Arbeitszimmer in einem speziellen Schrank, getrennt von seiner Straßenkleidung. Wenn er nach Hause ging, schloss er die Tür ab und sprach leise:

»Auf Wiedersehen, Herr Richter.«

Nie, wirklich niemals hatte er bis zu diesem seltsamen Fall einem Geschädigten erlaubt, ihm in den Kopf zu kriechen. Und nun waren *die da* trotz Scheludkows Umsicht dorthin vorgedrungen. Sie hatten sich in seinen Schädel gezwängt wie in einen hauptstädtischen Metrowaggon zur Hauptverkehrszeit.

Mehreren Dutzend konnte er standhalten. Vielleicht sogar Hunderten. Aber Tausenden ... Die Macht der gigantischen Zahl hatte ihn niedergerungen. Und er Schlafmütze hatte nicht kapiert, nicht vorhergesehen, dass auch bei posthumen Fällen die Zahlen eine Rolle spielten, und was für eine!

Sie waren ja scheinbar *ausgelöscht*, diese Offiziere eines fremden Landes, die 1939 im längst vergangenen, kurzen Krieg gefangen genommen und auf Befehl des Führers erschossen worden waren. Und welchen Unterschied machte es schon, wie hoch ihre Zahl war: einer oder viele Tausende? Sie waren tot. »Tot« ist ein hartes, endgültiges Wort. Aber dann hatte sich gezeigt, dass sie dennoch existierten: in Scheludkows Gedanken.

Ein einziges Mal nur hatte er sich die Lagerakten angeschaut. Da musste er eine Frage von prozessualer Bedeutung klären. Er sah lediglich ein Dutzend dieser Akten durch, las die Angaben aus den Fragebögen, wurde neugierig, betrachtete die Fotos. Da waren einfach nur Gesichter, bei einigen hätte man nicht einmal gedacht, dass es Polen waren, also Ausländer ...

Dann träumte er davon, wie er den Gerichtssaal betritt, um das Urteil in ihrem Fall zu verkünden, wie er sich auf seinen vertrauten Stuhl setzt, in den Saal blickt, wo das Publikum bereits Platz genommen hat: Journalisten, Diplomaten, Verwandte, Agenten inkognito – und wie er sieht, dass auf den Stühlen Tote in vermoderten Uniformen und zerknitterten Schirmmützen sitzen. Schweigend. In Erwartung dessen, was er, der Richter, zu sagen hat.

Das machte Scheludkow keine Angst. Er geriet nicht ins Schwimmen. Suchte keinen Arzt auf: Der hätte Lappo oder Woronow informiert, und dann wäre er vom Fall abgezogen und aus gesundheitlichen Gründen in den Ruhestand versetzt worden. Er lernte, traumlos zu schlafen, indem er Tabletten nahm. Und verkündete die endgültige Ablehnung einer gerichtlichen Verhandlung des Falls.

Die Nachkommen der erschossenen Offiziere wollten eine offizielle Rehabilitierung der Ermordeten.

Das abzulehnen, war auf vielerlei Weise möglich. Und er, der von Lappo die Anweisung zum »Rotzen« bekommen hatte, nahm den Toten seine unruhigen Träume übel. Er bemängelte verfahrenstechnische Feinheiten, den Status der Bürger eines heute nichtexistenten Vorkriegsstaates, die fehlende Befugnis der ausländischen Vertreter. Und er fällte ein absichtlich kompliziertes und verwirrendes Urteil, bei dem unterm Strich herauskam, dass nur die Geschädigten selbst einen Antrag auf Rehabilitierung hätten stellen können.

»Und wenn nun die Toten bei dir vorstellig werden?«, scherzte Lappo glucksend, als Scheludkow ihm seinen Entwurf vor der Verhandlung vorlas. »Hast du da keine Angst?«

»Sie können keinen Antrag mehr stellen«, belehrte ihn Scheludkow. »Sie sind tot.«

Lappo lachte noch einmal auf und zeichnete den Entwurf ab.

Die zogen vielleicht Gesichter, diese Angehörigen im Saal, als die Botschaftsdolmetscher ihnen das Urteil erläuterten. Erschüttert! Umgehauen! Kein Laut, kein Pieps. Sie griffen nach ihren Tabletten im Jackett, in der Handtasche, bedeckten das Gesicht mit ihren Händen.

Nun ja, sie hatten bekommen, was sie verdienten. Scheludkow ließ sie für die dummen Träume mit Schluchzen bezahlen.

Nur eine grauhaarige Alte, eine Mumie, die die ganze Verhandlung über im Rollstuhl gesessen und sich mit der unruhigen, wachsamen Grazie einer Meise umgeschaut hatte, sprang auf, schüttelte ihre dürren Fäuste und schrie etwas in ihrer Sprache.

Scheludkow ließ sie schreien. Er konnte ja nicht die Gerichtsdiener rufen, das hätte die Sache nur verschlimmert. Er schaute sie direkt an, zeigte damit seine Furchtlosigkeit sowie die Fähigkeit, die Härte des Gesetzes und die Verletzlichkeit von Gefühlen auseinanderzuhalten und diese zu respektieren. Ihm kam es so vor, als erkenne er sie. Die Zeit, die ihr Fleisch vertrocknet hatte, ließ in ihrem Gesicht die Züge ihres Vaters hervortreten, eines Kavallerieoffiziers, der sich als einziger Gefangener des damaligen Straflagers auf die Vollstrecker gestürzt hatte.

Sie muss doch an die hundert sein, überlegte Scheludkow. Unbewusst fürchtete er Langlebige. Warum konnte sie nicht abtreten? Was hatte sie vor?

Scheludkow hörte genauer hin. Ihn traf ein vibrierendes, mehrstimmiges weibliches Geschrei, als ob all die Frauen, die die Alte einmal gewesen war, ihn anschrien.

Scheludkow durchschaute alles.

Die Alte, diese Kröte, hatte schon im Voraus gewusst, dass sie zum Gerichtstermin käme – um zu sterben. Hatte gedacht, in Frieden gehen zu können mit dem Wissen um eine Rehabilitierung. Und nun verwandelte sie die Kraft ihres Todes in einen Fluch.

Kalter Schweiß rann ihm unter der Robe den Rücken hinunter. Und losgelöst bemerkte Scheludkow, dass er bei diesem Prozess viel zu sehr schwitzte. Da würde die Robe bald aus den Fugen gehen, zerfallen, als wäre sie verhext von der vermoderten Kleidung der Hingerichteten, ihrer Unterhosen und Hemden. Die Alte warf sich an die Lehne zurück, rutschte aus ihrem Rollstuhl und stieß ein letztes Gegröl aus – als heule ein verwundetes Tier.

Scheludkow wies einen Gerichtsdiener an, den Krankenwagen zu rufen. Und mit gramvoller Würde bat er Journalisten und Zuschauer, den Schauplatz der unvorhergesehenen Tragödie zu verlassen. Er versprach, das Gericht werde in der darauffolgenden Woche eine Erklärung dazu abgeben. Die Fotografen konnten nur wenige Aufnahmen machen.

Er hatte das Richtige getan. Jedem anderen wäre die Situation entglitten, da hätte es einen Skandal gegeben, mit Presse und Fernsehen, das Pack hätte getost. Er jedoch hatte sie überlistet: Die Agenten inkognito hatten rechtzeitig reagiert, die Tote umzingelt und verdeckt. Nicht umsonst hatte er sie immer auf Trab gehalten, für den Ernstfall instruiert, Proben durchgeführt.

Scheludkow sah, wie der in Zivil gekleidete Woronow ihm aus der hinteren Ecke zunickte und mit seinem Blick zu verstehen gab: gut gemacht. Doch Scheludkow wurde auf einmal schwermütig, als hätte die Alte ihm nicht nur in die Suppe gespuckt, sondern in seinem Körper einen geheimen Knopf gedrückt, gleich dieser unauffälligen Punkte, in die östliche Heiler ihre Nadeln stechen, Lappo kannte so einen, einen Meister, Wundertäter, und Lappo hatte ihm versprochen, nach der Ernennung dessen Telefonnummer rauszurücken, dort war die Kundschaft eine besondere, erlesene ... Die Alte hatte den Knopf gedrückt – und nun lief die Zeit. Die Zeit bis zum Untergang.

Scheludkow trug widerwillig die Lebensmittel ins Haus und stopfte sie irgendwie in den Kühlschrank. Er war hungrig. Gleichzeitig wollte er nicht kauen, nicht schlucken, Messer und Gabel nicht in die Hände nehmen, keinen Geschmack im Mund verspüren. Er stand an der geöffneten Tür und starrte geistesabwesend auf all die Speisen, die Knüttel von Wurst, die Vielflächner von Käse im buttergelben Höhlenlicht der Kühlschranklampe.

Das war ein Abglanz von Scheludkows Jugendjahren, als es seinem Vater endlich gelungen war, sich eine Stelle als Rechtsberater in der Internationalen Abteilung des Zentralkomitees zu erbeuten, zu erbetteln. Verglichen mit der leitenden Position im Verlag »Juristische Literatur« schien es wie ein Abstieg. Doch in Wirklichkeit war es ein Aufstieg in der Rangliste der Nomenklatura.

Der Vater, dürr, lebhaft, alles andere als ein guter Esser oder Liebhaber üppiger Speisen, hatte von nun an den Kühlschrank vollgestopft mit lackglänzenden Zervelatwürsten, mit wie Goldbarren leuchtenden Blöcken von Butter erster Güte, mit Gläsern voll Kaviar, mit gedörrtem Stör, mit Hälften und Vierteln von Käselaiben. Das waren seine Trophäen, sein überfälliger Erfolg. Und sein Wunsch war es, dass sein Sohn ihn verschlang, sich vollstopfte, um sich aufzuladen mit diesem Glück, diesem Heil, diesem Wohlstand. Scheludkow jedoch hatte das Essen von seinem Vater nicht herunterbekommen. Nur wenn er zu Gast an anderer Leute Tischen war, konnte er solche Delikatessen schamlos wegputzen. Er meinte, die Speisen seines Vaters hätten den falschen Geschmack. Das war kein Kaviar, keine Wurst, sondern eine Art Zellophan, als handele es sich nicht um elitären Fraß aus dem Sonderverteilungszentrum, sondern um nachgemachte Speisen aus Kunststoff.

Eines Tages stand der junge Scheludkow ebenso vor dem Kühlschrank auf der Suche nach etwas Einfachem, wie etwa dem krümeligen, schleimigen Hüttenkäse aus dem gewöhnlichen Lebensmittelladen. Das Telefon klingelte, und seine Mutter nahm in der Gewissheit, dass der Vater anrief, um seine Verspätung anzukündigen, den Hörer ab. An ihr Schreien und Schluchzen konnte er sich später kaum noch erinnern. Dafür wusste er noch, wie er sich eine pralle Bockwurst mit Ferkelschwänzchen genommen, sie zusammen mit Schnur gekaut und dann noch von einem Käsestück mit ovalen Löchern abgebissen hatte ... Indem er alles hinunterschlang, nahm er verspätet die Kommunion seines Vaters an, schmeckte dabei aber nichts. Nicht einmal Zellophan.

Seine Mutter hatte das mit dem Selbstmord, von dem die Polizei sprach, auch später nie geglaubt. Stattdessen erfand sie, geleitet vom Abwehrinstinkt einer Witwe, einen Unfall, eine grausam-einfache Verkettung von Umständen: das viel zu niedrige Balkongeländer in dieser Wohnung, die wer weiß wem gehörte, die Sehschwäche des Vaters ... Jurotschka hat vergessen, seine Brille aufzusetzen, sagte sie. Du weißt ja, er konnte nicht ohne Brille. Da war er blind wie ein Maulwurf.

Die Mutter tat die äußeren Umstände leichtfertig ab: die Armeepanzer auf den Straßen der Hauptstadt, der gescheiterte Putsch, die grauen Gesichter der Verschwörer im Fernsehen, die jubelnden Menschenmassen auf den Plätzen.

Scheludkow jedoch hat alles verstanden. Und war erstaunt über die eigene Leidenschaftslosigkeit, die erzwungene Einhaltung der Regeln des großen Spiels, in dem sein Vater eine von vielen Figuren gewesen war, die plötzlich, eines Tages, überflüssig wurden, weil sie zu viel wussten.

Das bedeutete, er hatte seinen Untergang selbst herbeigeführt, als er sich in die Rechtsabteilung versetzen ließ. Wurst, Kaviar, Stör, gedörrtes Rindfleisch – sie hatten ihn stückweise mit dem Tod gefüttert, ihn ratenweise angezahlt und gestundet, und nun war der Zeitpunkt gekommen, die Schuld mit einem Schlag zurückzuzahlen.

Ja, da war ein Gedanke an Rache gewesen. Doch er hatte ihn leichten Herzens verworfen und sich erklärt, dass er abwarten müsse, bis sich alles beruhigt hätte. Vielleicht käme noch eine richtige Untersuchung, die Gerechtigkeit hatte es manchmal nicht eilig …

Und dann kam in der Hochschule Mitradse, der Leiter der ersten Abteilung auf ihn zu, ein stets trockener und unfreundlicher Alter, und sprach ihm steif sein Beileid aus. Er fragte, ob Scheludkow ein Urlaubssemester nehmen wolle: das Rektorat käme ihm angesichts der Umstände entgegen. Und Scheludkow erkannte, dass das System fortlebte, auch wenn der Staat gerade zusammenbrach. Es würde standhalten, es entschuldigte sich sogar, und der Vater hatte ihm eine Zukunft losgekauft. Er hätte sich sperren, seinem spontanen Gefühl nachgeben können, aber dann wäre das unfreiwillige Opfer seines Vaters umsonst gewesen.

»Danke«, hatte er Mitradse geantwortet, »aber ich bleibe. Das Studium lenkt mich ab. Und mein Vater … Es war sein großer Wunsch, dass ich Jura studiere, Richter werde.« Und er erkannte an dem kurzen Nicken, wie das Zucken einer Angelschnur, dass er mit seiner Antwort richtiglag, ins Schwarze getroffen hatte.

Scheludkow schlug die Kühlschranktür zu, ging auf die offene Veranda hinaus. Unter seinen Füßen raschelte das Eichenlaub, eine eisige Waldesbrise strich über seinen vom Ischias schmerzenden Rücken. Sie war zu frisch, diese Brise, als ob hier im Umkreis sonst niemand wohnte.

Scheludkow betrachtete die dunklen Nachbarhäuser. Und er spürte, dass sich die seit Kindheitstagen vertraute Gegend veränderte. Die lichten, von den Datschenbewohnern ausgetrampelten Waldstücke, die kleinen Wiesen, die armseligen Teiche, die flachen Senken, die Haine, die mickrigen Bäche und überschaubaren Felder schienen zu wuchern, sich zusammenzuschließen, und die Nacht hatte ihnen etwas Undurchdringliches, Bedrohliches, Ungezähmtes eingehaucht. Scheludkow zündete sich hastig eine Zigarette an – und auf einmal hörte er, dass irgendwo in der Nähe, ob nun bei ihm oder den Nachbarn, ein Hund winselte.

Der Wind hatte nachgelassen.

Der Hund winselte lauter, dann fing er an zu wimmern. Nicht zu heulen, sondern zu wimmern, als habe er einen unerträglichen Schrecken bekommen, eine Pfütze hinterlassen und sich in einem Pferch, einer Spalte hinter dem Schuppen zusammengekauert, bebend und schaudernd. Die nächtliche Stimme des wimmernden Hundes schien Scheludkow einer menschlichen Stimme gefährlich ähnlich.

»Luder«, sagte er laut. »Du Luder.«

Und wie eine Parole öffnete das Wort das Tor zum Gedächtnis.

Luder. So heulte ein Rüde nicht. Nur eine Hündin, ein mieses Luder. Das war ihr hündisches, entleertes Inneres, wo sie ihre Brut austrug, aus dem diese widerliche Tonart kam. Aus dem Bauch, dem Leib, den Zitzen, aus denen blutige Milch quoll, aus der kreatürlichen Qual der Geburt – Luder, Luder!

Ja, in jenem Frühjahr hatte unter dem alten Haus eine streunende Hündin Junge geworfen. Sie waren in diesem Jahr spät auf die Datsche gekommen, da hatte sie sich bereits eine Höhle gebaut und ihren Wurf untergebracht; die Nachbarn beschwerten sich, der Hund habe in ihren Beeten gebuddelt und ein Schlupfloch unter den Zaun gegraben.

Seine Eltern beschlossen, unter das Haus zu kriechen. Aber sein sonst so geschäftiger und voreiliger Vater, der andere gern antrieb und Vergnügen empfand an seiner, wie er es ausdrückte, Manövrierfähigkeit – mit der Geschicklichkeit eines Taschendiebs eignete er sich aus Gesprächen, Artikeln, Enzyklopädien diese militärischen Ausdrücke an: *Glissade*, *Kaperung*, *Flankierung*, um sich mit dem Nimbus von Männlichkeit zu umgeben –, ausgerechnet er hatte es nun nicht eilig.

Er ließ sich Zeit beim Anziehen der Arbeitskleidung. Schnupperte, ob die Kleidung nicht nach Mäusen roch. Wechselte die über den Winter erschöpften Batterien in der Taschenlampe. Säuberte umständlich die oxidierten Kontakte.

Und Scheludkow, der gerade erst vierzehn geworden war, merkte auf einmal, dass sein Vater Angst hatte. Ekel und Angst. Er konnte nur andere antreiben. Jetzt aber wusste er nicht, wie er sich verhalten sollte. Die streunende Hündin, eine erbärmliche Kreatur, hatte direkte Macht über ihn.

Der Vater hätte Miron geholt, den zupackenden Wärter der Datschensiedlung, der immer gerufen wurde, wenn, zum Beispiel, eine Katze beerdigt oder eine Abortgrube gereinigt werden musste. Aber Miron lag im Krankenhaus – nachdem er sich den ganzen Winter über hatte volllaufen lassen. Nun war Vater auch auf ihn wütend, vor allem aber auf die Hündin, die trächtig ihr Haus gewählt hatte, als wüsste sie von der Verletzlichkeit des Hausherrn.

Damals hatte Scheludkow Häme empfunden. Er sah, wie die Rollen vertauscht wurden: Die Hündin zwang den Vater zum Handeln, doch der Vater zögerte und blieb unentschlossen. Sein Vater liebte es, seine Opfer mit verletzender Ironie in einen Zustand von Ratlosigkeit, von Handlungsunfähigkeit zu treiben. Deshalb war Scheludkow der Streunerin dankbar für diese Vergeltung. Und er war doppelt dankbar, denn zum ersten Mal fühlte er sich fähig, eine Situation vorherzusagen und die Erwachsenen zu lenken.

Er sah zu, wie sein Vater einen Läufer von der Veranda auf dem Fußboden ausbreitete, sich bedachtsam darauflegte wie ein Pionier, der ein Gebäude entminen will, und vorsichtig zwischen die Fundamentpfosten kroch und dabei seine Hand mit der Taschenlampe nach vorne ausstreckte. Er wusste, was als Nächstes passieren würde.

Die Hündin griff lautlos an, hätte fast nach seiner Hand geschnappt. Der Vater rollte sich zur Seite, ein wenig übertrieben, als würde er in einem Film einen verwundeten Soldaten darstellen. Die im Dunklen unsichtbare Hündin erging sich in bösem, exaltiertem Gebell, und Scheludkow spürte, dass sein Vater sich über diese Feindseligkeit freute. Sie gab ihm Aufschub: Er konnte ja nicht dorthin vordringen, wo diese Bestie wütete. Fast hätte sie sich mit ihren Zähnen in seiner Hand verbissen!

Die Mutter kam mit Jodtinktur angelaufen und tupfte ihm die Haut ab, auf der nicht einmal ein Kratzer zu sehen war. Und Scheludkow sah, dass sie ein Duett spielten, ganz natürlich, geradezu unbewusst, und auf diese Weise durchs Leben gingen, sich gegenseitig halfen …

Beim Essen trat sein Vater großspurig auf, machte Witze über den Hund von Baskerville. Meinte, die Hündin würde sich bestimmt bald verziehen. Und die Welpen mitnehmen.

Vielleicht sogar schon zum nächsten Wochenende. Sie könne doch nicht ewig unter dem Haus hocken? Und Scheludkow stellte sich vor, dass die Hündin am Montag und Dienstag scheinbar vergessen wäre. Am Mittwoch würde der Vater fröhlich sagen, sie sei wahrscheinlich schon weggelaufen. Am Donnerstag und Freitag würde er die Stirn runzeln, nervös werden, der Verwaltung der Datschengenossenschaft die Schuld geben, dass sich streunende Tiere vermehrten. Er würde die Nachbarn verfluchen, die Knochen auf den Kompost warfen. Würde erklären, dass der Hundeeinfangdienst gerufen werden müsste – eine solche Institution musste es doch geben!

Und dann, am nächsten Wochenende, würde er verdrossen herumdrucksen und schließlich andeuten: Vielleicht kannst du, mein Sohn, deinen Eltern helfen?

Als sie eine Woche später ankamen, die Tür öffneten und die Dielen entlangliefen, kam unter dem Haus kein einziger Pieps hervor. Der Vater sagte mit gespielter Zufriedenheit:

»Sieg, Kameraden!«

»Das müssen wir später überprüfen«, antwortete der Sohn scheinbar arglos, wobei er eine listige, räuberische Freude empfand: über die Pfiffigkeit dieser Heuchelei, die Genauigkeit des »später«, das seinem Vater vermeintlich Aufschub verschaffte, ihm in Wirklichkeit aber den Tag vergiftete. Sein Vater zog eine Grimasse, winkte ab: Das hat Zeit. Scheludkow spürte, dass die Welpen hier waren, auch wenn er sie nicht hörte.

Zusammen mit seinem Vater brachte er die Teppiche in den Garten: um nach dem Winter den Staub auszuklopfen. Und wie vom rhythmischen Klatschen angelockt, kam unter dem Nachbarzaun die Hündin hervorgekrochen. Sie lief, ein wenig hinkend, sich hinter den Büschen versteckend, in

Richtung Haus. Der Vater bemerkte sie nicht, sie lief hinter seinem Rücken vorbei.

Scheludkow sah sie gleichsam fragmentiert: mal fiel ihm das eine auf, mal etwas anderes. Die rosafarbene, kahle Flanke, bedeckt mit eiternden, Wundwasser absondernden Rissen: Offensichtlich hatte sie jemand mit heißem Wasser übergossen. Der Schwanz – abgetrennt. Die gebrochene und schief zusammengewachsene Hinterpfote. Die mit schwefelgelbem Grind umrandeten Augen. Eine schräg über den Kopf verlaufende Narbe. Kletten und Filz in den Resten des schmutzigen Fells. Und der riesige, geschwollene, über den Boden schleifende, mit einem roten Brandfleck gezeichnete, blutende Bauch. Ein Bauch mit geschwollenen, wie kleine Finger abstehenden Warzen.

Die Hündin war ekelerregend. Und Scheludkow stellte sich mit heimlicher Vorfreude die Bestürzung seines Vaters vor, wenn er sie im Licht sähe.

In ihrer exklusiven Datschen-Kooperative, wo respektable Leute lebten, Führungskräfte des Verlags »Juristische Literatur«, die sich schickliche, wohlerzogene Rassehunde mit einem Namen und sogar Veterinärpass zulegten, war auf einmal dieses Monster, dieser Bastard, diese Abscheulichkeit aufgetaucht! ›Warum ist sie nicht in das Arbeiterviertel am Bahnhof gegangen, wo ebenso missgestaltetes Gesocks lebt? Warum ist sie ausgerechnet zu uns gekommen?‹, würde der Vater denken.

Scheludkow fühlte Erregung, als fände das rhythmische Schlagen des Teppichklopfers einen Widerhall in seinem Körper, wecke die fleischlichen Gelüste, die den Winter über geschlafen hatten. Vor seinen Augen standen die rosaroten, geschwollenen Zitzen voll Milch.

Und er dachte erstaunt: Sie, dieses Schreckgespenst, musste ja irgendwer bestiegen haben. Ein Krüppel, missgestaltet wie sie. Oder, im Gegenteil, ein exquisiter, gepflegter Hausrüde, wie der dandyhafte Riesenschnauzer Micki vom Grundstück Nummer 16. Er stellte sich den reinlichen Lackaffen Micki mit der da vor – und wurde noch erregter. Er würde sie zusammenführen, oh ja, sie zusammenführen, nur um es selbst zu sehen!

Die Hündin zwängte sich durch die Einstiegsöffnung. Unter dem Haus quiekten die Welpen. Das hörte der Vater, ließ den Teppichklopfer sinken. Er tat so, als verstehe er nicht, was er gehört hatte, und versuche herauszufinden, ob es Einbildung sei.

»Ich weiß jetzt, was zu tun ist, Papa«, sagte Scheludkow. »Wir müssen abwarten, bis die Hündin weg ist, um Futter zu holen. Dann bringen wir die Welpen in den Wald. In einem Korb. Der große da, für den Hallimasch, der passt.«

Der Vater sah ihn erstaunt an, suchte eine ironische Finte, fand aber keine. Und Scheludkow fügte hinzu:

»Ich übernehme das, Papa. Macht euch keine Sorgen, du und Mama.«

Die Eltern waren an jenem Tag ein wenig verwirrt und hätten fast gekatzbuckelt. Immer wieder sagten sie:

»In den Wald, ja, sie müssen in den Wald …«

Je öfter sie es wiederholten, desto klarer wurde, was es wirklich bedeutete, dieses »in den Wald«.

Natürlich konnten die Eltern nicht unverblümt sagen, dass die Welpen getötet werden mussten, weil die Hündin sie sonst erschnuppert und am Genick zurück unter das Haus gezerrt hätte. Sie dachten, ihr Sohn, ein Junge noch, habe tatsächlich vor, die Welpen einfach irgendwo weit weg auszusetzen. Und sie konnten sich nicht durchringen darauf hinzuweisen, dass in den Dörfern, beispielsweise, Welpen und Kätzchen ertränkt wurden, ohne Nachsicht.

Scheludkow gefiel ihre Naivität. Er hatte ja bereits alles entschieden: das *Wo* und das *Wie*.

Die Hündin ging am Sonntagmorgen auf Nahrungssuche. Wahrscheinlich hatte sie herausgefunden, dass die übers Wochenende gekommenen Städter mittags und abends ihre mitgebrachten Lebensmittel aßen und die Reste in die Kompostgrube warfen. Scheludkow gefiel es, dass er diese Muster jetzt erkannte und wusste, wie er sie nutzen konnte.

Er ließ Zeit verstreichen, damit die Hündin sich entfernte. Dann zog er eine Wattejacke über, nahm Taschenlampe und Korb und kroch unter das Haus. Seine Eltern hatten sich in einiger Entfernung in Position gebracht, um der Hündin den Weg zu versperren, falls sie zurückkommen sollte. Scheludkow jedoch wusste, dass sie nicht fähig wären, etwas zu tun, es auch nicht riskieren würden, obwohl sich Mutter mit einer Harke und Vater mit einer langstieligen Schaufel bewaffnet hatten.

Unter dem Haus war es trocken und sauber. Scheludkow hatte sich einen verunreinigten Verschlag vorgestellt, die Welpen schmutzig und bösartig wie das Muttertier. Aber die Welpen waren reinlich, niedlich, saubergeleckt; sie wuselten in von anderen Grundstücken angeschleppten Lappen. Rundlich waren sie, großäugig und freundlich. Lebendig.

Vor Überraschung wäre er fast eingeknickt. Schließlich hatte er mit gefühllosen Wesen gerechnet, die gar nicht begriffen, was mit ihnen geschah. Allenfalls erstaunt quiekten. Und wenn sie nun merkten, wohin er sie bringen wollte? Wenn sie anfingen zu winseln, zu kratzen? Ein Viertel des Weges führte ja durch die Datschensiedlung …

Scheludkow lachte leise. Der bauchige Korb mit der schmalen Öffnung, den er umgekippt hatte, um die Welpen besser hineinstopfen zu können, ähnelte mit seinen geflochtenen Rundungen einer Gebärmutter hinter Rippen. Die Welpen, die erst kurz zuvor dem Bauch ihrer Mutter ins Leben entschlüpft waren, kamen nun wieder – nach seinem Willen – in den engen Bauch des Korbes. Das war amüsant.

»Bring sie nur ganz weit weg«, sagte sein Vater zum Geleit, als wäre er selbst bereit gewesen, es zu tun, und als hätte sein Sohn ihn buchstäblich angefleht um das Recht, mit den Welpen fertigzuwerden.

»Ja, ja, weit weg«, stimmte die Mutter ein. »Hunde haben einen feinen Instinkt. Sie findet sie sonst.«

»Das wird sie nicht«, antwortete Scheludkow zuversichtlich und empfand ein körperliches, einem gestillten Appetit ähnliches Vergnügen daran, wie leicht es ihm fiel, die wahre Bedeutung des Gesprächs zu erkennen.

»Weit weg«, wiederholte er für sich selbst. »Weit weg.«

Er hob den Korb auf und ging, ohne sich umzusehen, zur Pforte.

Die Straße war menschenleer. Jahr für Jahr war Scheludkow hier entlanggeradelt, hatte mit seinen Freunden Verstecken gespielt, und jetzt ging er hier entlang wie ein Fremder. Ihm war klar, wie seltsam er an einem Frühlingsmorgen mit dem großen Korb aussah, den man gewöhnlich im Herbst vom Dachboden holte, wenn in den Wäldern der Hallimasch büschelweise spross. Mit so einem ging man nicht auf den Markt. Trug keinen Müll weg. Jeder, der ihn sähe, würde sich wundern und wie bei Datschennachbarn üblich fragen: Wohin willst du, was sollst du holen?

Er versuchte, sich aus dem Stegreif eine kluge Antwort zu überlegen, aber ihm fiel nichts ein.

Er ging und beobachtete, wie die Datschenbewohner Wäsche aufhängten, Autos wuschen, Beete umgruben. Niemand schenkte ihm Beachtung. Und Scheludkow wurde klar, dass er sich umsonst Sorgen machte: Seine Absicht ließ ihn unsichtbar erscheinen.

Er ging über den Rand der Siedlung hinaus, wo ein lichter Kiefernwald stand, hinter dem die Eisenbahnlinie verlief. Er kam am Wäldchen vorbei, schaute wehmütig auf die überwachsene Feuerstelle und die zu einem Quadrat ausgelegten Eisenbahnschwellen: Hier hatte er letztes Jahr mit seinen Freunden Kartoffeln gebacken und Portwein getrunken, als ihn seine Eltern eine Woche allein auf der Datscha ließen. Entschlossen kletterte er den steilen, mit Weidenröschen bewachsenen, schartig-schottrigen Eisenbahndamm hinauf.

Es handelte sich um einen Nebenzweig, ein Abstellgleis für Güterzüge. Scheludkow stellte den Korb ab, wischte sich den Schweiß weg. Drinnen bewegten sich die Welpen, kläfften aber nicht.

Er blickte vom Damm zurück zum durchlaufenen Weg, zum Dach ihres Hauses, das in der Ferne hinter den Bäumen hervorragte. Endlich war er allein. Die glänzenden Linien der Schienen schlossen Scheludkow zwischen sich ein, waren wie ein Geländer, eine Leitlinie. Er spürte die von den Zügen aufgewühlte Luft, die Last der durchhängenden Drähte, die aufrechte Wachsamkeit der Maste. Das Lichtsignal in der Ferne, das rot flackerte, schaltete auf grün, als lade es zum Weitergehen ein. Gleich kommt der Zug, dachte Scheludkow und hob den Korb hoch.

Die Schwellen auf diesem Nebenzweig lagen unregelmäßig, darauf zu gehen war unbequem, und die Leute liefen meist nebenher, auf dem Schotter. Aber Scheludkow nahm ihren zerfetzten Rhythmus auf, lief los und erinnerte sich mit Genugtuung daran, wie leicht und selbstverständlich er den Ort gefunden hatte.

Es handelte sich um einen mit Wasserlinsen überzogenen und von Baumstümpfen überhäuften Teich zwischen zwei keilförmig zusammenlaufenden Eisenbahnlinien, der von der dritten Seite durch einen sumpfigen Wald begrenzt wurde.

In dieser wasserarmen Gegend hatten die Leute allen Teichen Namen gegeben: Lipowka, Gluboki, Semichatka. Nur dieser hier hatte keinen Namen. Er war zu klein, schmutzig, unbrauchbar. Niemand fischte hier oder badete, nie saß man gemeinschaftlich an seinem Ufer.

Der namenlose Teich war ihm bereits vor dem Wochenende in den Sinn gekommen. Steile Hänge, unwegsamer Sumpf, eine dichte Schicht dunkler Wasserlinsen auf der Oberfläche, untergetauchte Baumstümpfe – alles war in seiner Vorstellung lebendig geworden, hatte sich mit Bedeutung gefüllt, als wäre der Teich genau zu diesem Zweck geschaffen worden, als warte er auf Opfer, während er vorgab, ein stinkender, bedeutungsloser Tümpel zu sein. Scheludkow meinte, auf dem Grund des Sees könne sich tatsächlich ein blutiges Beweisstück finden, herausgeworfen aus einem Zugfenster, oder eine alte Leiche.

Scheludkow ging voran. Auf der rechten Seite war hinter dem bogenförmigen Damm bereits die Lichtung des Teiches zu erkennen. Er ging, prüfte dabei seine Empfindungen, verlustierte sich mit dem Gedanken, dass er die Welpen mit sich trug – und fühlte nichts Besonderes. Sein Vater hätte sich gequält, nicht aus Mitleid mit den Welpen, sondern wegen seiner ewigen, mit Ironie maskierten Ungewissheit, was richtig war und was nicht. Er aber spürte wirklich nichts. *Lässig*, wie sie unter Datschenfreunden zu sagen pflegten.

Der Teich, auf den man vom Hang aus hinunterblicken konnte, war genau so, wie er ihn in seiner Vorstellung gesehen hatte. Ein mit schuppigen, glänzenden Wasserlinsen überzogener Abgrund. Es schien, als habe es ihn vor der Eisenbahn gegeben, als hätten die Ahnen ihn angebetet, Leichen und Kadaver hineingeworfen …

Er stieg in Serpentinen hinunter, schaute sich um: Der Hang verbarg ihn, jetzt war er nur noch von der zweiten Eisenbahnlinie aus zu sehen, aber da stand ein Güterzug: Tankwagen, vollgeschmiert mit Heizöl, Bockwürsten ähnlich.

Der Schlamm im Teich schien so dick zu sein, dass ihm der Gedanke kam: Was wäre, wenn die Welpen nicht untergingen? Wenn sie stecken blieben und zu zappeln anfingen? Er fand einen Stein, warf ihn in einem hohen Steilpass hinein. Der Stein plumpste, die Entengrütze teilte sich, ein schwarzes, schimmerndes *Auge* zeigte sich im Wasser.

Scheludkow schob den Deckel des Korbes beiseite. Er dachte, die Welpen würden ihn ängstlich anstarren. Er erwartete ihren Schrecken, der seine Macht über sie widerspiegelte. Aber die Welpen hatten ihre Schnauzen in die Flanken gesteckt und schliefen, eingelullt vom Schaukeln des Korbes.

Wütend und verletzt packte er einen, schleuderte ihn ohne hinzusehen in den Teich. Dann den zweiten, dritten, vierten, fünften, dabei hörte er, wie die Entengrütze beim Auseinandertreten schmatzte. Er drehte sich um in der Erwartung, nur fünf sich schließende Löcher im Schlamm zu sehen.

Doch die Welpen schwammen. Sie zappelten, paddelten mit ihren Pfoten und strebten zum Ufer. Jeder schwamm für sich allein, als würden sie wissen, dass das Ufer mit Dürrholz, mit Haufen abgesägter Sträucher übersät war und dass, wenn sie das Ufer gleichzeitig erreichten, Scheludkow in diesem Bruch stecken bliebe, sie nicht alle einfangen könnte.

Scheludkow lief hin und her – nach links, nach rechts. Er fiel hin, riss sich ein Hosenbein auf, verletzte sich am Knie. Unter seinen Händen war spitzer, schwerer Kies, und er griff sich einen Brocken und warf ihn nach dem flinksten Welpen mit einem weißen Fleck auf der Nase.

Eigentlich war er schlecht in allem, was Treffgenauigkeit erforderte. Kraft hatte er, auch Geschicklichkeit und Pfiffigkeit, aber sie fügten sich nicht zur Treffsicherheit. Fußball, ein Schießstand auf dem Rummel, Steinschleudern: Immer meinte er, genau zu zielen, und immer ging's daneben.

Aber hier, wo ein anderer der Eile wegen das Ziel verfehlt hätte, traf Scheludkow. Mit dem Brocken erwischte er den Welpen an der Stirn, genau an jenem weißen Fleck, wie in die Mitte einer Zielscheibe. Der Welpe versank, als habe der Schlamm, die Anziehungskraft des Grundes ihn schließlich überwältigt. Und Scheludkow, der sich schwere Steine wählte, nahm sich die anderen vor. Natürlich traf er nun nicht mehr beim ersten Mal. Aber er traf immer mit dem zweiten, dritten Stein. Die Welpen versanken einer nach dem anderen, mit der gleichen unnatürlichen Leichtigkeit, mit denen laufende Zielscheiben an einem Schießstand nach hinten kippen und verschwinden, all diese blechernen, vom Schrot angepickten Elche, Rehe, Hasen und Wildschweine.

Die Welpen waren verschwunden, er aber warf immer noch, völlig erbittert, als würde er eine lange Maschinengewehrsalve abfeuern, um sie unter Wasser zu erledigen, damit sie nicht wieder auftauchten. Hinter ihm auf dem Bahndamm tutete, sein Kommen ankündigend, ein Güterzug, schob seinen massiven, gliedrigen Körper in die Kurve. Die Waggons klapperten, ratterten an den Fugen, ebenfalls wie ein Maschinengewehr. Die Kraft, der Schub des beladenen Zuges übertrug sich auf Scheludkow, und er drosch mit den Steinen auf das Wasser ein, als wolle er den Morast aus seinem jahrzehntelangen Schlaf erwecken, damit dieser ganz sicher sein Opfer annahm.

Der Güterzug verlangsamte sich, tutete erneut, bog vom Nebengleis auf die Hauptlinie ab. Und im veränderten Rhythmus der letzten Waggons hörte Scheludkow ein stählernes, unbändiges Gelächter heraus: als würden Schmiedehämmer tanzen und sich belustigen, während sie auf einen Amboss schlugen. Die Hämmer trafen seinen Kopf, und auch er lachte dieses metallische Lachen, konnte nicht aufhören, lachte immer weiter, hüpfte dabei und schaute auf die löchrige Entengrütze, durchsiebt von den Steinen – wie Kleidung von Schrotkugeln.

»Ich habe sie in den entfernten Wald gebracht«, sagte er zu seinen Eltern, als er zurückkam und den leeren Korb auf den Tisch im Hof stellte. »Den an der Landstraße.«

»Ein Haudegen bist du!«, antwortete der Vater in seiner gewohnten Manier, aber ohne den üblichen Nachdruck, sogar etwas geistesabwesend. »Das ist bedauerlich, natürlich. Aber was kann man da machen? So ist das Leben.«

Scheludkow wusch sich sorgfältig die Hände, betrachtete sie, die unter dem Wasserstrahl so unschuldig aussahen, mit sauber geschnittenen Nägeln, und wunderte sich heuchlerisch: Hatten sie etwa gerade Steine geworfen? Die Schürfwunde am Knie schmierte er mit Jod ein. Seine Eltern fragten nichts. Natürlich war ihnen alles klar. Und unangenehm.

Der Korb blieb den ganzen Tag auf dem Tisch stehen.

Nachts schlief er oben im ersten Stock. Auch wenn sie die Decke in der Sonne geröstet hatten, roch sie immer noch nach Winterkälte. Sein geprelltes Knie schmerzte und zog. Scheludkow wachte nach Mitternacht auf, kletterte durch die Luke auf das Dach der Veranda. Gewöhnlich rauchte er hier, versteckte die ausgedrückten Zigarettenstummel unter der Dachpappe und brachte sie später heimlich weg. Aber an diesem Abend hatte er keine Lust zu rauchen.

Auf jungenhafte Weise erhoffte er sich ein Zeichen zur Bestätigung dessen, was er getan hatte, wie eine Zensur im Klassenbuch. Er bedauerte jetzt, seinen Eltern nichts erzählt zu haben; sein Schweigen hatte ihn um etwas Wichtiges gebracht, um dessentwillen er das alles angezettelt hatte. Anerkennung? Belohnung?

Ein Schatten huschte unten durch den Garten. Die Hündin war gekommen. Sie stellte sich auf die Hinterbeine, beschnupperte den Korb.

Scheludkow, der sich am Rand des Dachs verbarg, war ihr dankbar, dass sie aufgetaucht war, einen Schlusspunkt setzte. Als wittere sie seine Anwesenheit, wich die Hündin zurück, verschwand im Gebüsch, verließ das Grundstück – und von dort, hinter dem Zaun hervor, begann sie zu heulen, widerwärtig, grell, verschluckte sich beim Wimmern, und scheinbar war es überall auf den Grundstücken zu hören.

Unten, auf der Veranda, blitzte Licht auf. Die Fenster der Nachbarn wurden hell. Scheludkow wusste nicht, wohin mit sich. Dieses Miststück hatte ihn hereingelegt, sie hätte still verschwinden müssen, sie hatte kein Recht dazu, das Luder. Er würde sie morgen finden, ja, er würde sie finden und anlocken, die schwere Eisenstange aus dem Schuppen mitnehmen.

Aber am nächsten Morgen war die Hündin weg. Scheludkow sah sie nie wieder.

… Der Richter klammerte sich fest ans Geländer der Veranda. Seine Brust schmerzte, wie von einer Spaltaxt getroffen; er brauchte Validol, kühl unter der Zunge.

»Ist nur eine Hündin«, sagte er, um sich selbst zu beruhigen. »Nur eine Hündin. Vielleicht wurde sie auf der Straße angefahren und kam hierhergekrochen. Drei Grundstücke weiter ist die Landstraße.«

Das Heulen hatte aufgehört. Aber Scheludkow spürte, dass die Hündin hier war, ihn aus dem Gebüsch beobachtete. Und er fing an zu lachen vor Wut und Demütigung; er lachte schluchzend, und sein Lachen warf ihn hoch, wie ihn sein Vater als Kind über den Kopf geworfen hatte, so dass ihm einen Moment lang schwarz vor Augen wurde und sein Herz vor Begeisterung stockte. Höher, höher, höher, zum weiten Herbsthimmel, zu den eisigen Sternen – bis es völlig dunkel wurde.

ANTONIUSFEUER

Sie wurde Batizki von Witka Demidoff, genannt Demisuff, mitgebracht. Witka hatte das Trinken längst aufgegeben, seiner Magenschwäche wegen, machte seinem Beinamen aber immer noch alle Ehre: Ständig schien er beschwipst vom eigenen Gaunercharme. Er war ein Halbseidener, ein Pfiffikus, ein Beschaffer, wurschtelte sich immer irgendwie durch, aber Batizki schätzte und begünstigte ihn. Witka jubelte niemandem Schamott unter, nassauerte nicht, und zuweilen hatte Batizki das seltsame Gefühl, der unbedeutende, zänkische, jämmerliche Witka habe die Größe seliger Pilger und heiliger Narren.

In ihrem undurchsichtigen, verschwiegenen Geschäft galt vor allem Fortüne als unschätzbar. Diese wollten sie anlocken, beschwören. Sie entfachen, wie man durch Reibung Feuer entfacht, wenn ihnen alte Gegenstände in ihre sensiblen Hände gerieten, die sie betasteten, streichelten. Ihre Jagd galt den Gütesiegeln, Wappen und Namen, den Kuriositäten und Raritäten, den besonderen Dingen, die singulär waren und in denen sich – wie Batizki meinte – eine künstlerische Tradition erschöpfte und in Monstrosität und Fruchtlosigkeit überging.

Demisuff mit seinem abgebrochenen Kunststudium hatte die Gabe, mit leichter Hand unfehlbar jene Dinge aufzufinden, in denen sich die momentane Perfektion eines Stils zeigte, bevor dieser sich selbst erkannt und in seine Reifephase eingetreten war. Normale Sammler interessierten sich nicht für derartige Objekte, sie gierten ausschließlich nach erkennbaren, gängigen Formen. Aber Batizki, nicht der Antiquar Batizki, sondern der Künstler und später auch Designhistoriker Batizki, bevorzugte eben solche lakonischen und unaufdringlichen Gegenstände, in denen sich der Geist ihrer Entstehungszeit zeigte.

Und Demisuff, der nicht besoffene Demisuff, der auch vermeintlich ausgetrampelte, ausgeweidete Orte zu durchkämmen verstand, ein Stammgast übler Flohmärkte wie den in der Nähe des Haltepunkts »Arbeitersiedlung«, wo die Waren auf Zeitungen, direkt auf der Erde ausgebreitet waren, und wo gehandelt wurde mit unbrauchbaren Wasserhähnen, mit alten Dosen von Lutschpastillen, mit vergilbten Kunststoffanhängern von Kronleuchtern, mit rostigen, den Schlüssellöchern und Menschen entwöhnten Schlüsseln, mit bauchigen Messingdosen für Seife mit eingeprägten Bildern von seilspringenden Mädchen auf dem Deckel, mit rissigen Gummistiefeln und einzahnigen Dosenöffnern, mit den Überbleibseln von anderer Leute erbärmlichem Elend, hatte Demisuff für ihn zweimal wahre Perlen vom Grund des Mülls gehoben.

Ja, jener von El Lissitzky bemalte Porzellanteller sowie ein ziselierter Silberkrug aus der Zeit der Choresm-Schahs, ein Stück aus vormongolischer Zeit. Als Demisuff sie mitbrachte, waren sie besudelt, leidgeprüft, geradezu mit Blut und Erbrochenem überzogen. Aber Schmutz und Patina ließen sich leicht entfernen, und zum Vorschein kamen unversehrte Stücke: ohne Bruchstellen und Kratzer. Wahrscheinlich war das der Grund, warum Batizki sie, nachdem er Demisuff einen angemessenen Preis gezahlt hatte, beiseitelegte: als erkenne er ihre Würde und Unberührtheit an.

Batizki war eigentlich immun gegen das Sammeln. Nachsichtig gegenüber den kleinen und großen Leidenschaften anderer, ließen ihn fremde Fetische kalt, insgeheim verachtete er die tierhafte Peristaltik von Anhäufung und Verzehr, denn seine Natur war die eines Verkäufers, der Genuss nur im Kreislauf von Objekten und Geld, im Spiel der Preise fand. Aber ein Teller und ein Krug machten noch keine Sammlung. Sie waren ermattete Wanderer, die um Obdach gebeten hatten, und Batizki, der Hasardeur und Geldscheffler, legte sie nie ins Schaufenster.

Das war neu. Sie waren wie Gäste bei ihm, blieben unabhängig. Und Batizki studierte, wenn er sie gedanklich berührte, die scharfen Grenzen ihrer Entfremdung. Ohne es sich einzugestehen, gab er ihnen Zeit, eine lange Zeit anorganischer Substanzen, die den Verfall des Fleisches nicht kannten, die über Jahrhunderte alterten und über Jahrhunderte an Wert gewannen: damit sie sich eingewöhnten, die Strapazen vergaßen, sich vom Spalier früherer Besitzer lösten und sich ihm hingaben in einer reinen Beziehung von Besitz und Besitzendem.

Teller und Krug, ein Stillleben. *Stil leven.* Überhaupt war er an Dinge gewöhnt, die länger existierten als ein Mensch, wie konnte es auch anders sein, bei seinem Beruf? Aber genau sie waren es, die ihn das Alter deutlich spüren ließen. Den Fluss des vergehenden Lebens. Die Eitelkeit von Erfolg. Den Segen des Verlustes. Und er, ein Sturkopf, begann unbewusst das Dritte zu suchen, das dem Stillleben noch fehlte, nach einem Objekt anderer Natur, das dem Leben Inspiration, Sinngehalt und Rätselhaftigkeit geben konnte.

Dann tauchte Demisuff wieder auf. Lange war er weg gewesen, nachdem er sich von Batizki eine hohe Summe geholt hatte. Und Batizki hatte schon gedacht, Demisuff käme nicht zurück. Dass er tot sei, denn Demisuff, dieser draufgängerische Narr, konnte den Ballen Bares mit auf den Flohmarkt an der »Arbeitersiedlung« genommen haben. Schon beim Abzählen der Euro war Batizki der Gedanke gekommen, dass Demisuff ein bisschen viel verlangte. Es tat ihm nicht leid darum, das nicht. Nur ist jedem Menschen ein bestimmtes Limit zugemessen, ein Betrag, über den hinaus er nichts auf die Hand bekommen sollte, sonst ist Sense, ist das Eichmaß überschritten, und das Universum veranstaltet irgendeinen Hokuspokus, an dem sich später die Ermittler den Kopf zerbrechen – wie konnte das alles passieren? Demisuff hatte sein Limit überschritten, und zwar deutlich, und ganz kurz fühlte sich Batizki als Mörder, doch war die Neugier stärker: Und wenn er es doch schaffte? Und etwas mitbrachte?

Und nun war Demisuff zurück. Nur war er jetzt wirklich besoffen. Seine Augen schimmerten in dunklem Perlmutt, der Farbe überalterter Perlen, bevor sie zu Staub zerfallen. Batizki las dort heraus, dass Witka geschlagen wurde, und auch betrogen, mit Schießpulver versengt, von einer Klinge gestreift – und trotzdem war er mit seiner Beute zurückgekehrt, hatte jemandes Versteck, Truhe, Schrein entkorkt, war lebend aus verrotteten Gängen, schwarzen Hütten herausgekommen und stand nun dreist da, gab kein Geld zurück, bot aber dafür das an, was er dem Schicksal abgerungen, abgeluchst hatte, dieser glorreiche Halbsäufer Demisuff, dieses Schlitzohr!

Demisuff setzte sich nicht einmal hin. Wie ein Zauberkünstler griff er geschickt in die Innentasche seiner Jacke, und Batizki konnte kaum folgen, zuckte wie ein Ganove, der nach Messer oder Pistole greift, doch hatte Demisuff schon etwas auf den Tisch gelegt und seine Hand zurückgezogen.

Eine Schatulle für Visitenkarten.

Auf dem Tisch lag eine Schatulle für Visitenkarten. Aus Elfenbein. Eine Schnitzarbeit. Zwei Farben nur: das Weiß des Stoßzahns, das Ockerrot der Musterung.

Weiß, das ist Schnee, meinte Batizki. In der unteren rechten Ecke wuchsen Bäume von roter Farbe, eine orientalische Art, gewellter Stamm, an den Ästen schirmförmige Blätter. Darunter stand ein Mann in rotem Kittel, ein Japaner oder Chinese, mit einem Zopf, und blickte auf dieses Weiß, als wäre er an den Rand der Menschenwelt gelangt, und dort, vor ihm, läge das strenge Reich der Elemente. Ein Hauch freudloser Einsamkeit. Eine etwas seltsame Komposition für dieses mondäne Accessoire zur Aufbewahrung von Visitenkarten.

Batizki sah, das Ding war alt und echt. Aber es war nicht einmal die Hälfte dessen wert, was er Witka geborgt hatte. Er wusste, er würde es nehmen, ohne sich zu beschweren oder die Abmachung zu erwähnen, denn das war die Gabe; zum Dreigestirn.

Demisuff zog sich danach aus dem Geschäft zurück, ging wohl unter die Ikonenmaler; sicherlich hat der Bursche ordentlich was abbekommen, dachte Batizki und freute sich trotzdem irgendwie, denn hätte Witka nichts abbekommen, wäre er wohl kaum mit dieser Schatulle angekommen oder hätte sie, zusätzlich zum Gewinn, für sich behalten; doch wurde Demisuff bedroht und geschlagen, und wohl deshalb hatte er sich ehrlich machen wollen.

Batizki wollte die Schatulle einem Kollegen zeigen. Pjotr Petrowitsch Golowzow war der oberste Schiedsrichter, ein Spezialist für Gebrauchsgegenstände: Fächer und Schnupftabakdosen, Flacons für Riechsalz, Zigarrenabschneider, Zigarettenetuis, Taschenuhren, Streichholzschachteln, Besteck, Pulverflaschen für die Jagd, Tintenfässchen, Flachmänner, Manschettenknöpfe. Für die unbeseelte Dienerschaft des Reichtums und der Etikette. Für Worte einer verlorenen Sprache, mit der Adlige und Kaufleute diese Dinge bezeichnet hatten.

Golowzow war bekannt für seine spezifische Denkweise, und seine Ausdruckweise war vage wie Pythias Prophezeiungen. Er, selbst ein Fossil voller Runzeln und Sprenkel, untersuchte sorgfältig die Schatulle, rieb sie mit Fensterleder ab, beklopfte mit dem Fingernagel die Seitenwand, nahm eine Lupe und betrachtete ausgiebig die Zeichnung: den hageren Alten im Kittel oder Kimono (erst jetzt erkannte Batizki, dass es ein Alter war), die pendelgleich nach links und rechts gebogenen roten Bäume mit scharf begrenzten Regenschirmblättern, die Schneedecke. Dann sagte er traurig und zärtlich:

»Das ist eine Schatulle für Besuchskarten, Antoscha.«

Batizki hörte genau zu.

»Für Besuchskarten, hm«, sagte Golowzow abwesend. »Aber nicht für die eigenen. Für fremde«, schloss er mit richterlicher Bestimmtheit.

Batizki verstand nicht.

»Die trug man nicht bei sich.« Golowzow verschob die Schatulle, so dass ihre Linien parallel zu den Tischkanten verliefen, und ja, da wurde es sichtbar: Sie war dafür gemacht, an Ort und Stelle zu liegen.

»Nicht für eigene Besuchskarten, um anderen einen Besuch abzustatten.« Golowzow zeigte zur Tür, in den Flur. »Sondern für die Besuchskarten von Besuchern.«

»Ist das eine Seltenheit?« Batizki konnte nicht an sich halten.

»So kann man es auch sagen.« Golowzow drehte mit dem Finger wieder an der Schatulle, suchte den idealen Platz für sie in der Nähe des grauen Marmorschreibsets und des bronzenen Lampenfußes. »Anderer Leute Besuchskarten wurden ja selten aufbewahrt. Was sind sie schon? Vergänglichkeit, Eintagsfliegen. Ein Zeichen dafür, dass etwas nicht stattgefunden hat. Ein Statthalter für jemanden, der zu Besuch kam, aber den Gastgeber nicht antraf. Das ist eine eigene Metaphysik, mon cher, eine besondere Finesse: Die Besuchskarte ist ein Schatten, ein Symbol, dass jemand anwesend war, aber nur kurz. Er kam – und ist fort. Solche Dinge wurden nicht aufbewahrt, sie mussten weg, früher hatte man dafür ein feines Gespür und auch sonst ein ausgezeichnetes Gehör für die verborgene Alltagswelt, für die Grammatik des Seins …«

Golowzow hob seinen Blick zu Batizki, und Batizki wurde verlegen, als hätte Golowzow ihm vorgeworfen, ein wesentliches Merkmal der Schatulle übersehen, nicht verstanden zu haben …

»Es ist allerdings auch vorstellbar«, dozierte Golowzow, »dass jemand, aus Eitelkeit beispielweise, die Besuchskarten gesammelt hat, die bei ihm zu Hause liegen geblieben waren. Selbstverständlich nicht alle, sonst bräuchte man ganze Alben. Ausgewählte. Besonders wertvolle. Ein Kartendeck, mit Assen, Königen, den Mächtigen dieser Welt. Oder die des Freundeskreises, als Erinnerung an eine erste Begegnung, an Besuche, aus denen Freundschaften erwuchsen, an Querverbindungen. Auch dafür konnte man so etwas in Auftrag geben, ein wenig größer, würdevoller …«

Batizki berührte es unangenehm, dass Golowzow sprach, als kenne er seine Schatulle persönlich, und zwar schon lange, womit er in gewisser Weise sein, Batizkis, unteilbares Eigentumsrecht verletzte. Und als würde er damit Batizkis Vermutung bestätigen, fragte Golowzow:

»Hast du sie, wenn ich fragen darf, für dich selbst erworben oder …« Als ginge es um eine Frau, eine Kurtisane.

»Ein Kunde gab sie mir zur Expertise«, antwortete Batizki rasch. Hätte er geantwortet, dass die Schatulle ihm gehörte, hätte Golowzow sich um sie bemüht. So aber nickte er nur: Verstehe, schade …

Auf dem Weg in seinen Laden dachte Batizki über seine Schatulle nach. Lächerlich, aber es war ihm so vorgekommen, als habe sie mit Golowzow geflirtet und dem alten Mann etwas erzählt, was sie ihm verschwieg. Bist du etwa eifersüchtig?, fragte er sich. Besessen? Hörig?

Am nächsten Tag legte er sie an einen besonderen, unfehlbaren Platz im Schaufenster; was immer er dort ausstellte, ging weg. Er hatte Angst vor einer aufkeimenden Bindung, die konnte er in seinem Geschäft nicht gebrauchen: Man gewöhnt sich an eins, dann ans andere, und was verkauft man dann noch? Außerdem wollte er ihre Treue auf die Probe stellen, ein Spiel eingehen mit Preis und Fortüne: Ging sie weg, dann sollte es so sein.

Aber obwohl die Schatulle an einem erprobten, sozusagen vorgewärmten Platz stand, wollte sie niemand kaufen. Anscheinend wurde sie übersehen. Und wenn sie jemand sah, dann nahm er sie nicht.

Batizki führte ihr scheinbar beiläufig zwei ausgewählte Kunden zu, sie hatten Geld, aber auch Geschmack und Verständnis: Kaparidi, Druckereibesitzer, und Malossolow, König des Blattgoldes, Lieferant des Patriarchats. Aber auch ihre Blicke glitten über sie hinweg.

Das kann passieren, wenn ein Ding ein Schicksalsmal

trägt. Es hat Leben gefordert, oder jemand gab sein Leben dafür. Erfahrene Menschen spüren das, auch wenn sie keine Profis sind, und lassen instinktiv die Finger davon.

Diese Schatulle jedoch, sie war so schlicht, so friedlich! Welches Verhängnis verbarg sie?

Sie lag da, als hätte sie jemand vergessen, als gäbe es noch immer einen Besitzer, der sie finden und auslösen würde.

Batizki, der zur Besinnung gekommen war, holte sie aus dem Schaufenster, legte sie zu Krug und Teller und stellte überrascht fest, dass die Schatulle ihn gewissermaßen dazu gebracht hatte, sie ihrer gewohnten Gesellschaft zuzuführen, einem erlauchten Kreis von Dingen, die sozusagen ihrem Rang entsprachen.

Wenn Batizki seinen Handel betrieb, Kunden umwarb, ertappte er sich dabei, dass er an sie dachte. An das Milieu, in dem sie ursprünglich verkehrt hatte. Ein Haus, eine Ausfahrt, Lakaien. Myriaden von Dingen und Dinglein, die längst verschwunden waren aus dem alltäglichen Leben. Menschen, die diese Dinge eigens bedient und gepflegt hatten. Nun war das alles vorbei. Diese Welt war untergegangen. Aber sie existierte.

Ein banaler Gedanke, aber … Batizki glaubte nicht, dass den Dingen eine Erinnerung eingeschrieben war. Ach was, er glaubte es nicht nur, sondern wusste ganz sicher, dass sie sich an nichts erinnerten. Wenn jemand behauptete, dass sie dies täten, dann war das Märchenkram, Nonsens. Dinge wechselten bereitwillig ihren Besitzer, selbst wenn sie sich jemand gewaltsam, auf betrügerische Weise aneignete: durch Diebstahl, durch unfairen Tausch.

Aber er wusste noch etwas anderes. Es gab Dinge, die man nicht kaufen sollte. Und auch nicht verkaufen. Da tat man besser so, als habe man sie nicht bemerkt. Nicht mehr.

Es gab nur sehr wenige solcher Dinge. Sie mussten keineswegs von besonderem Wert sein. Sie waren wie die ersten hellen Köpfe unter unwissenden Neandertalern und Cromagnonmenschen, die Hirsche und Jäger an Höhlenwände malten. Es waren Dinge mit einem eigenen Schicksal. Da mischte man sich besser nicht ein, focht es nicht an. Kein Fatum, kein Fluch, etwas anderes. Die Selbstheit.

Krug und Teller gehörten übrigens nicht dazu. Sie hatten die unbestrittene Gabe zu überleben, fortzubestehen, aber das war nicht dasselbe wie ein Schicksal. Die Schatulle jedoch … Batizki konnte ihr Wesen nicht ergründen. Er lauschte ihr. Betrachtete sie genau. Und wollte sie immer stärker in Besitz nehmen, ihre Vergangenheit erfahren, ihre Geheimnisse.

Und besitzen wollte er sie nicht wie ein Sammler, der unteilbare Rechte an einem Objekt genoss, es dabei aber wie einen entfremdeten Fetisch behandelte, sondern tiefgreifend, intim, so dass der Besitz sich nicht als Besitz anfühlte und die Grenze zwischen Körper und Ding, zwischen Gefühl und Materie sich auflöste. Damit anstelle der Entfremdung Gegenseitigkeit träte, damit die Schatulle ihm ihre Vergangenheit anvertraute. Ich hab mich verguckt wie ein kleiner Junge, wenn das die Kollegen erfahren, meine Güte, sie lachen mich aus! Und vor allem, wozu das Ganze? Warum?

Batizki hatte ja eine Abneigung gegen die Vergangenheit dieses Landes, aus der die Dinge zu ihm kamen. Er hielt die Tür zu ihr verschlossen. Dahinter waren Raub, Plünderung, Beschlagnahmungen nach Hausdurchsuchungen. Wozu sich daran erinnern? Wozu wissen, was mit den vormaligen Eigentümern geschehen war? Oder welcher Preis für ein Ding bezahlt wurde und von wem.

Seine Familie hatte diese Zeit ja ohne Verluste und Untaten hinter sich gelassen. Er war von einfacher Herkunft, ein

Heringssohn – seine Mutter hatte tatsächlich Heringe vom Fass in einem Fischgeschäft auf der Baumanskaja verkauft, kernig nach Salzlake gestunken, die klebrigen Rubel gespart und ihn im Laden unterbringen wollen. Aber der Zeichenlehrer an seiner Schule, Mussin, ein tadelloser Alter, hatte ihren Widerwillen gebrochen, ihn auf die Kunstschule zu schicken, und wie? Er schenkte ihr ein Bild. Er hatte eine Seite der Zeitung »Trud« auf ein Stück Holz geklebt und mit Lack überzogen. Und darauf einen appetitlichen Hering gemalt, vom Brot einen porigen Kanten, vom Wodka ein Stamperl und von der Lauchzwiebel eine matte Spirale: Da wollte man sofort einen kippen und abbeißen. So hatte er das Mutterherz erweicht.

Batizki scheute diese Vergangenheit – die Schatulle jedoch zog ihn an. Vielleicht genau deshalb, weil sie ihm nichts erzählen wollte und nichts von ihm erwartete, sich verschlossen hielt wie eine Muschel.

Eines Tages, nachdem er zu tief ins Glas geschaut hatte, meinte Batizki, die Schatulle sei zu zähmen, wenn sie für den vorgesehenen Zweck verwendet würde. Man könnte ja, zum Beispiel, die eigenen Visitenkarten hineinlegen. Oder, den Anweisungen des Kenners Golowzow folgend, die von anderen. Die Schatulle mit neuen Namen füllen, mit neuen Menschen besiedeln.

Entschlossen nahm er sie aus dem Regal, öffnete sie ... und stockte. Er hatte die Schatulle, federleicht und nachgiebig, in der Hand, konnte seine Karte hinlegen und fertig. Aber Batizki hatte das Gefühl, dass sie, wie soll man es nennen ... belegt war. Oder, genauer gesagt, nicht völlig leer.

Batizki hob sie ans Licht, schaute mit trunkener Pingeligkeit hinein. Ihm wurde unwohl, trüb vor Augen, wie kurz vor einer Ohnmacht.

Dann kam er zur Besinnung. Zündete sich eine Zigarette an. Betrachtete die Schatulle wie mit frischem Blick. Doch sein professionell scharfes Augenmaß versagte. Batizki sah deutlich einen kleinen Gegenstand vor sich. Doch dabei spürte er ein riesiges Volumen, als könne die Schatulle einen bestimmten Raum umfassen und umfasse ihn tatsächlich – einen Saal, vielleicht sogar ein Haus.

Oder sie war ein Haus.

Das Zuhause jener, die nicht mehr lebten. Eine Gruft.

Batizki berührte sie gedankenversunken und zog seine Hand zurück. Ihm schien, die Schatulle habe ihm in den Finger geschnitten, ihn gekratzt. Glatt war sie, poliert, hatte aber gekratzt. Er betrachtete sie: makellos war sie, glatt. Er musste an die Geschichten von vergifteten Kästchen denken, an Schnupftabakdosen, aus denen ein tödlicher Stahlstachel an einer Feder heraussprang.

Heftige Angst vor der Schatulle überkam ihn wie ein Schlag. Der imaginäre tödliche Stich schien Hitze in seinen Adern zu entfachen, wie von einer giftigen Stichflamme. Batizki begriff, dass die Schatulle makabre Scherze mit ihm trieb. Aber gleichzeitig meinte er, nach diesem Stich durch die versteckte Nadel wirklich zu sterben, von innen auszubrennen, zu verkohlen. Und dieses körperlose Dahinsterben, die illusorische Flamme, die trocken und grausam sein Fleisch sengte, übergab seinen Körper für einen Moment einem anderen, der auf diese Weise gelitten hatte und gestorben war, versengt von der tödlichen Hitze seines vergifteten Bluts.

Batizki war jetzt er, und nicht er. Mit jenem Fremden hatte er etwas gemeinsam: die Schatulle, die wie ein Zimmer war, das man von zwei Seiten betreten konnte. In dieser Annäherung wusste Batizki nun, wer der andere gewesen war: ein adliger Rechtsanwalt, der es liebte, Verbindungen zu knüpfen, Freundschaften zu gründen, Bekanntschaften und Beziehungen herzustellen, Angelegenheiten und Schicksale zu bestimmen, alle miteinander zu verbinden, ein Lebemann, Spielmacher, Vermittler, Mittelpunkt der Gesellschaft, Berater, Vertrauter, ein Günstling …

Und diese seltsame, befremdliche Schatulle war sein Talisman gewesen, sein Haus des Erfolgs. Er hatte sie alle darin versammelt, eine Gemeinschaft geschaffen, ein Netzwerk, einen Kreis. Und wie man einen Lufthauch durch eine geschlossene Tür spürt, fühlte Batizki, dass genau diese Verbindung und Nähe ihnen später zum Verhängnis geworden war.

Die NKWD-Ermittler hatten sich entlang dieser Verknüpfungen abgearbeitet; Beziehungen, gemeinsame Interessen, Nähe … Sie waren wie die Zielscheibe an einem Schießstand: aufgereiht zum Abschuss. Er jedoch, der rechtzeitig begriffen hatte, was vor sich ging, war auf Grund getaucht, hatte vorerst überlebt.

Es war sein letzter Besitz, erkannte Batizki. Das, was ihm geblieben war. Batizki sah nun alles, was er verkauft, ins Torgsin-Geschäft getragen hatte: Zigarettenetuis, Manschettenknöpfe, Uhren, Besteck, Offiziersfeldstecher, Paradesporne, Zwicker, Solinger Rasiermesser – Dinge, die einen Menschen ausmachen, und zugleich Dinge einer Epoche, in denen diese Epoche endgültig stirbt, nachdem sie sich selbst überlebt hat.

Nur die Schatulle für Visitenkarten blieb. Niemand wollte sie nehmen. Kein Silber, kein Gold. Sie konnte nur unter Preis weg. Die neuen, roten Menschen brauchten Uhren und Zigarettenetuis. Ständig rauchten sie und wollten wissen, wie spät es war; eine Schatulle für Besuchskarten jedoch – wer stattete anderen denn noch Besuche ab? Jetzt kam der NKWD zu Besuch.

Und Batizki fühlt, wie er, von tödlichem Fieber erfasst, auf einem ausgedünnten, stinkenden Bettsack liegt. Es ist Setun, wo ist das, dieses Setun, am Rand von Moskau wohl, Setun, Setun, ringsum Kartoffellager, und die Nacht sprießt mit kartoffelweißen Augäpfeln, Eiter sickert heraus wie süße Stärke. Ein nasser Filzstiefel hat ihm im herbstlichen Schlammwetter den Fuß aufgerieben, Wundbrand kriecht das Bein hinauf, feuerheiß, er kann nicht aufstehen, und der zweite Wächter, Kornej, wischt ihm mit einem nassen Lappen über die brennende Stirn, spricht vor sich hin:

»Das Antoniusfeuer hast du dir eingefangen, das Antoniusfeuer ist in dir. Ist es drin, dann hitzt es, also, es hitzt«, und es ist so seltsam, diese vernünftige bäuerliche Mundart zu hören, diese Dummheit, denn das Antoniusfeuer kriegt man vom Roggen, das verunreinigt wurde vom Mutterkorn, ihn jedoch plagt ein Wundbrand, und womöglich führt Kornejs Fehler den Tod auf eine falsche Fährte. Aber der Tod ist schon nah, er lässt sich nicht täuschen von Kornejs Unwissenheit, er weiß genau, was er darstellt und in welcher Art er erscheint. Kornej ist ehrlich, er nimmt danach weder die Filzstiefel noch die Pelzjacke, aber die Schatulle, die unter dem Bettsack versteckt ist, die nimmt er. Schon lange hat er ein Auge darauf geworfen. Schon lange will er sie. Wozu, das weiß er nicht. Er will sie einfach haben, nichts weiter, als Belohnung für die unfreiwillig lange Arbeit als Pfleger, für diesen nassen Lappen auf der rot glühenden, hitzigen Stirn …

Batizki weiß, dass Kornej die Besuchskarten darin verbrennen wird, gefährliche Namen stehen darauf und Familien, er wirft sie in den Ofen, und von Kornejs Dummheit bekommt er einen Lachanfall: Was sind diese Karten? Pappe, Buchstaben, sollen sie brennen, die Schatulle jedoch, sie verhüllt, bewahrt alle, die keinen anderen Ort mehr auf der Erde haben.

DER OBELISK

Der Pokrowski-Friedhof lag einst weitab, aber nun hatte sich die Stadt ausgedehnt, und er befand sich mittendrin. Von Norden, vom Zentrum her, endeten hier die Straßen mit den ehemaligen Kaufmannsvillen, Richtung Südosten standen die Holzbaracken der dreißiger Jahre, nach Südwesten die Plattenhochhäuser der Siebziger und Achtziger. Dreierlei Fassaden, drei Altersstufen der Stadt, die mit ihrem Wachstum, mit dem hastigen Bau von Militärbetrieben und Rüstungsforschungsinstituten nicht Schritt halten konnte, weshalb ihre Bewohner stets eingeengt wurden: im Leben wie im Tod.

Der Friedhof galt als repräsentabel: Da kam nicht jeder hin. Außerdem gab es darauf besondere Areale für Privilegierte. Zum Beispiel das mit der Nummer 17, im Volksmund der »Generalsacker« genannt, wo ausschließlich Verstorbene vom Generalmajor aufwärts bestattet wurden, während Oberste und Oberstleutnante dort in die Erde kamen, wo sich Platz für sie fand. Oder die Nummer 23, der »Konstrukteurswinkel«, wo Raketenspezialisten, Ballistiker, Entwickler von Mehrfachraketenwerfersystemen, Flaks, U-Booten und Radarstationen ruhten – oh, die Stadt hatte im Geheimen viele Geistesgrößen gefördert und zu Ruhm und Orden gebracht!

An Nummer 23 grenzte unerklärlicherweise die Nummer 4, das »Gelehrtenfeld« oder auch »Akademikeraue«: die letzte Ruhestätte berühmter Professoren, die jene Konstrukteure ausgebildet hatten.

Militär. Wissenschaft. Lehre. Die drei wichtigsten Kasten in der Stadt, die zu Lebzeiten Nomenklatura-Häuser bewohnt und in Läden mit beschränktem Zutritt eingekauft hatten – und sich nun auch im Tod aneinanderklammerten.

Die Militärs schätzten breite, polierte Grabsteine, in den Stein gemeißelte Oberkörperporträts: damit Uniform, Ordensreihen und Medaillen gebührlich sichtbar waren, damit ihr Blick weise und selbstbewusst wirkte, wie es sich für Heerführer ziemte.

Die Gelehrten hingegen bevorzugten Skulpturen. Ein Steinsockel, darauf ein Bronzekopf, und dieser unbedingt mit offener, hoher Stirn, um das Ausmaß an Intelligenz zu demonstrieren. Diese Bronzeköpfe wetteiferten miteinander darin, wer bedeutender und wessen Stirn konvexer sei, setzten damit posthum den Wettstreit der wissenschaftlichen Institute und Schulen fort; böse Zungen behaupteten, viele Schädel könne man austauschen, ohne dass es jemandem auffallen würde: Die Bildhauer arbeiteten gewohnheitsmäßig nach Schablone, und die lokalen Newtons waren alle Leute vom gleichen Schlag – ihr Verstand konnte unvorstellbar komplexe Dinge begreifen, was aber keinen Abdruck von Komplexität auf ihren Gesichtern hinterließ, die schlicht geblieben waren, ohne Merkmale von Einzigartigkeit.

Das einfache Arbeitervolk wurde selbstverständlich nicht zentral bestattet, sondern außerhalb der neuen Stadtgrenzen, in schroffer, kümmerlicher Erde, am Hochufer, von wo aus die Weite der Wälder von Saretschje zu sehen war, die Weite der von Sträflingen gerodeten Flächen, sich schlängelnder

Schmalspurbahnen, verfallener Einsiedeleien der Altgläubigen sowie teebrauner, reißender Waldflüsse, die zwischen sumpfigen Torfgründen und hellen Sandhängen flossen.

Alle anderen dazwischen, sowohl jene, die innerhalb der Rangliste etwas erreicht hatten, als auch solche, die nicht mit Dienstgraden und Positionen belastet waren – sie alle strebten den Pokrowski-Friedhof an.

Selbstverständlich gab es da Ansprüche, Eitelkeiten. Aber auch ein wahnhaftes Gefühl des lebenserfahrenen, mit seiner Scholle vertrauten Städters, das aus der Erde kam und von sich aus suggerierte, wo es sich in der Stadt am ruhigsten und sichersten lag, wie unter dem Schutz des Genius Loci.

Deshalb kam es auf dem Pokrowski-Friedhof manchmal zu überraschenden Annäherungen und Rochaden. Jene, die in dieser Welt nie und nimmer hätten Nachbarn sein können, wurde hier nebeneinandergebettet und tauschten sogar die Rollen; auf dem Friedhof gab es allerlei Schlichen und eine Vetternwirtschaft eigener Art, die scheinbar so funktionierte wie im übrigen Leben, wie in Behörden, Läden, Geschäftsstellen, und die dennoch ein wenig anders war. Hier gab es eine andere Gewichtung: von Stellung, von Beziehungen und vom Geld, das scheinbar auf ein jenseitiges Sonderkonto überwiesen wurde.

Genau auf diese Weise waren die alten Kossorotows an ihre Parzelle gekommen. Der Großvater, ein Zahnarzt, spezialisiert auf komplizierte Wurzelbehandlungen, hatte den Friedhofssteinmetz Muchin kuriert, einen Meister der Inschriften, der ständig Zahnprobleme hatte: wegen des Steinstaubs wahrscheinlich. Zum Dank besorgte der Steinmetz dann den Kossorotows anlässlich des Todes von Großvaters Bruder ein Stückchen Land, in einer Ecke, zwischen zwei Wegen.

»Da ruhen wir dann wie in einem offenen Liegewagen«, fauchte die Großmutter den Großvater an. »Wie auf dem Präsentierteller! Und dafür hast du auch noch Geld bezahlt! Nicht einmal richtige Erde gibt es hier, nur Sand und Schotter. Wie peinlich, hier zu liegen!«

Aber Großvater ließ Großmutters Angriffe über sich ergehen und machte es so, wie Muchin, der die Parzelle daneben hatte, es ihm sagte. Monat für Monat brachte er unauffällig in einem Trolley Erde mit, die er im Hof seines Hauses ausgehoben hatte. Die schüttete er auf den Weg, eroberte Zentimeter für Zentimeter und ließ Gras darauf wachsen. Als sich ihre Parzelle zwei Jahre später dann vergrößert hatte, zu einem Doppelbett geworden war, wie Großvater scherzte, stellten sie eine Umzäunung auf. Als hätte sie schon immer hier gestanden.

Kossorotow, damals ein kleiner Junge, hatte das Gefühl, eine wichtige Lektion erhalten zu haben. Großvater hatte keine Eile gehabt, nicht gegiert, nicht versucht, mit einem Schlag fünfzehn Zentimeter einzuheimsen: Das hätten der Friedhofswächter oder Nachbarn der Verwaltung gemeldet. Jetzt konnte zwar jeder sehen, dass sich die Parzelle eindeutig auf den Weg ausgebreitet hatte, aber das war in einem solchen Schneckentempo geschehen, dass niemand Gewese darum gemacht hätte, im Gegenteil, da kamen sogar anerkennende und ein wenig neidische Blicke: Prima, wie die sich eingerichtet haben, ohne sich zu genieren. So muss es sein.

Den Eltern ging Großvaters Operation gegen den Strich. Ständig befürchteten sie, es könne jemand von der Verwaltung mit dem Maßband kommen und sie zwingen, die Umzäunung abzureißen: Scham und Schande. Gequält und ungläubig hörten sie sich die Erklärungen des alten Muchins an.

»Verstehen Sie doch, Alexandra Petrowna«, sagte Muchin

zur Mutter. »Das ist kein Verbrechen, kein Diebstahl. Wir haben uns sozusagen nur ein Quäntchen Erde abgezwackt. Ach, was heißt hier Erde, pfui, das war ja nur Friedhofsschlacke. Da sagt niemand was. Wir waren doch umsichtig, kein bisschen dreist. Nicht mal ein Bestechungsgeld war nötig.«

Die Mutter erzitterte innerlich bei den Worten »Verbrechen« und »Bestechungsgeld« und war nun erst recht davon überzeugt, dass Muchin ihren leichtgläubigen Vater in eine üble Sache hineingezogen hatte.

Der kleine Kossorotow hingegen betrachtete Muchin und seinen Großvater und sah, dass sie etwas verband, was sowohl der Großmutter als auch seinen Eltern fehlte. Beide waren geschickt, präzise, der eine Zahnarzt, der andere Steinmetz. Beide bohrten, gingen mit harter Materie um. Sie brachten Beruhigung und nahmen den Schmerz – der eine mit Füllungen, der andere mit Grabsteinen. Und ihre Geschicklichkeit, ihre Genauigkeit war nicht nur ihrer Professionalität geschuldet. Sie hatten ein Gespür für das Leben, für seine Schwachstellen, wo sich gutes Material befand und wo schlechtes, sie sahen, was man ihm abringen konnte. Deswegen hatte Muchin seinem Großvater ja diesen Ratschlag gegeben – als jemandem, der selbst schlau war und ihn richtig zu nutzen wusste.

Kossorotow wuchs indessen zu einem kräftigen Kerl heran. Er ähnelte weder seinem Vater noch seinem Großvater. Unter den Vorfahren seiner Mutter hatte es wohl mal einen Lastenkutscher oder Packer bei einem Getreidehafen gegeben, eine Berühmtheit in der Stadt, der hatte alle Jahrmarktsringer besiegt, die einheimischen und die durchreisenden.

»Ach, ist der feist geraten«, sagte seine Großmutter oft missbilligend. »Krieg so einen mal satt!«

Er besuchte die Schule der Olympischen Reserve, Freistilringen – eine Idee seiner Eltern. An den Regionalmeisterschaften hatte er bereits teilgenommen. Und er wusste, dass man dem Leben viel mit nackter Gewalt abringen konnte. Die älteren Jungs auf dem Hof fürchteten ihn, auch sein hitzköpfiger Vater war nun ausnehmend freundlich zu ihm, und nicht nur er, eigentlich duckte sich fast jeder entgegenkommende Erwachsene und trat aus dem Weg.

Kossorotow fühlte, das war nur der Anfang, die Kraft würde wachsen, auch ohne Training, ohne Schweiß und Eisen. Diese Kraft hatte seinen Körper als Behausung gewählt und erlaubte ihm widerwillig, sie auf der Matte zu nutzen. Allerdings war sie nicht zum Ringen da. Sondern geradezu umgekehrt: Sie wollte verschnaufen und ausruhen, nachdem sie jemand anderem gehört hatte, der sie eingespannt, verschwendet, mit seiner Persönlichkeit verschmolzen und gezwungen hatte, seinen Willen zu nähren. Sie hatte ihn, Kossorotow, gewählt, weil er im Grunde gutmütig und gelassen war, weder Streit noch Wettkampf suchte. Die Kraft war mit einem Verstand gekoppelt, der groß genug war, dass er sie nie missbrauchte; ein Verstand, der eher beschützte als forschte.

Kossorotow hörte einmal mit an, wie zwei Schultrainer sich über ihn unterhielten. Majewski, der jüngere, sagte, Kossorotow sei faul und müsse an die Kandare genommen werden, Technik und Disziplin lernen, sonst würde er sein Talent im Boden vergraben. Und Rykunow, der schon etwas älter war und früher einmal Allunionssilber gewonnen hatte, antwortete nachdenklich:

»Aus dem wird kein Ringer.«

»Sein Charakter muss gestählt werden«, beharrte Majewski.

»Mit Charakter hat das nichts zu tun«, sagte Rykunow.

»Es ist nicht seine Kraft. Sie ist in ihm, gehört ihm aber nicht. So etwas habe ich schon mal gesehen. Wir hatten bei der Armee ein Naturtalent, der konnte einen Panzer umkippen. Kämpfen, sich raufen – bitte schön, und sei's gegen den ganzen Zug. Aber schon auf Kreisebene war er unterlegen. Warum? Weil er auf einen erfahrenen Gegner traf, selbst aber Schaum vorm Mund hatte, es unsportlich anging, auf Leben und Tod. Die Sicherungen waren durchgebrannt bei diesem Naturtalent. Seine Kraft war erloschen.«

»Ach, das ist doch Blödsinn, du immer mit deinem Psychokram«, grinste Majewski. »Aber eigentlich trainierst du ihn ja. Du musst es besser wissen.«

Alle anderen Erwachsenen kannten diesen Hintergrund nicht. Sie sahen seine Statur, die Muskeln. Sie schauten ehrfürchtig, manchmal sogar unterwürfig.

Alle, außer Großvater und Muchin.

Sein Großvater nahm ihn mit auf den Friedhof, um Unrat und Laub wegzufegen. Und das tat er regelmäßig, mit der Intoleranz eines Arztes gegenüber Schmutz. Danach gingen sie immer zu Muchins Werkstatt an der Friedhofsmauer, und der Großvater sagte:

»Geh ein bisschen spazieren, Kostja. Ich habe mit Pjotr Wassiljewitsch etwas zu besprechen.«

Kossorotow schlenderte dann zwischen den rechteckigen Brocken umher, die in der Nähe der Werkstatt aufgehäuft waren. Geschichteter Marmor, bläulich grau, wie eine gesalzene Speckschwarte. Schwarzer Labradorit, mit blaugrün schimmernden »Augen« an den Bruchstellen. Shoksha-Quarzit, rot wie Fleisch. Muchin hatte ihm beigebracht, die Gesteinsarten zu unterscheiden.

Er hätte jeden dieser Blöcke verschieben können. Aber

trotzdem warfen ihm sein Großvater und Muchin ironische Blicke zu, als sei er ein übermütiger Welpe.

Er tat so, als würde er nur herumlaufen, wie ihm aufgetragen wurde. Dabei beobachtete er jedoch die beiden Alten aus der Ferne.

Muchin war älter als Großvater, fast achtzig. Sein Gesicht verbarg er unter einem dichten grauen Bart, der ihn wie den Weihnachtsmann aussehen ließ. Sein Körper war jedoch immer noch kräftig und sehnig, obwohl er an seinen Händen arthritische Beulen hatte, Salzablagerungen. Und die Augen … Er hatte die Augen eines Graveurs, die daran gewöhnt waren, zu messen und zu markieren, mit einem gehärteten Stahlmesser eine Linie im unnachgiebigen Stein auszuführen.

Muchin war berühmt. Jedermann wollte seinen Grabstein von ihm, er aber war wählerisch, nicht mehr hinter dem Geld her: Er selbst wählte die Gesteinsart, die Form, und wenn ein Kunde nicht einverstanden war, lehnte er den Auftrag ab, gab ihn an Gehilfen weiter. Seine Grabsteine waren auch dafür bekannt, dass sie idealen Halt hatten, sich im Laufe der Jahre nicht neigten, auch wenn der Boden an den Hängen des Friedhofshügels sandig war und nachgab. Als könnte Muchin durch einen Stein hindurch fühlen und durch die Erde hindurch.

Kossorotow kam es so vor, als ob Muchin es sehen konnte: Seine Kraft, sie gehörte ihm nicht. Er konnte es sehen und wusste, wie es dazu gekommen war. Und auch Großvater wusste es.

Außerdem hatte Muchin eine Enkelin, Polina. Sieben Jahre jünger als Kossorotow. Ein kleines Mädchen noch. Ihre Eltern lebten wohl getrennt, und Muchin nahm sie manchmal mit in die Werkstatt. Dann bat der alte Mann Kossorotow, mit ihr zwischen den Steinbrocken Verstecken zu spielen. Kossorotow schummelte dabei, ohne zu wissen, warum er das tat, und aus den Augenwinkeln beobachtete er, wie sie, das kleine blonde Mädchen im Kleidchen aus einem Erwachsenenstoff mit rosa und lila Gänseblümchen – wahrscheinlich hatte ihre Mutter ihn zu großzügig für sich gekauft – leichtfüßig zwischen den Steinen herumsprang. Die Steine wölbten sich mit natürlichen Bruchstellen, mit Urgewalt – herausgesprengt aus dem Grundgestein, ertaubt, mürrisch, das grimmige, grobe Wesen der Erdtiefe bewahrend. Kossorotow wollte sie beschützen vor den bedrohlichen, von Menschen erweckten Felsbrocken, vor ihren rauen Kanten, die sie erdrücken und zermalmen konnten.

Großvater starb als Erster. Muchin schuf für ihn einen Grabstein, auf den sie sich offenbar schon vor langer Zeit geeinigt hatten. Eine schmucklose Platte aus weißem Marmor, Vorname, Familienname, Lebensdaten in schwarzen Lettern, und darunter ganz schlicht: Arzt. Manche Leute bestellten abgeschrägte Kanten, vergoldete Buchstaben, die allen möglichen Unsinn ausdrückten. Für Großvater hatte sich Muchin alle Mühe gegeben und eine Schriftart gewählt, die selten, aber nicht protzig war.

Dort, am Grabstein, verzieh Kossorotow Muchin das Bündnis mit seinem Großvater, das ihn ausgeschlossen hatte. Er umarmte den Alten, denn er sah: Niemand hätte es besser gemacht. Würdevoll war der Stein. Auf Männerart.

Der geschmeichelte Muchin sagte leise, damit niemand sonst es hörte:

»Danke, Kostja, mein Lieber.« Und bevor er ging, schaute er ihm in die Augen und fügte hinzu: »Dein Großvater und ich werden nebeneinander liegen. Wenn was sein sollte, dann kümmere dich um uns.«

Kossorotow antwortete nonchalant und dankbar:

»Ich behalte euch im Blick. Ehrenwort.«

Da küsste ihm der Alte mit trockenen, harten Lippen feierlich die Stirn. Und Kossorotow kam es so vor, als habe er seine heiße Stirn gegen eine kalte Klippe gepresst.

Großmutter wurde in Kossorotows Abwesenheit begraben – zu diesem Zeitpunkt diente er im Norden.

Eigentlich sollte er nicht zu den regulären Truppen. Für ihn war eine Sportkompanie in Moskau vorgesehen, der Zentrale Sportclub der Armee: Wettbewerbe, Preise, Medaillen, ein zwangloses Regime, Mädchen aus der Hauptstadt und dann – eine bevorzugte Zulassung zur Sporthochschule, die Trainerfakultät. Alles war bereits arrangiert, und der Anwerber der Hochschule, Oberstleutnant Kubikow aus der Hauptstadt, sollte ihn am Morgen vom städtischen Sammelpunkt abholen.

Kossorotow erschien am Vortag am Sammelpunkt, machte es sich in einer Ecke bequem, döste ein. Dort erkältete er sich dann in der Zugluft.

Als Kubikow eintraf, lag er in der Sanitätsstelle mit starken Zahnschmerzen. Weder Tabletten noch Spritzen halfen.

Seinem Großvater war es auch so gegangen. Er, der Wunder an den Zähnen anderer vollbracht hatte, war dabei selbst ein ewiger Zahnpatient gewesen. In seiner Jugend hatte er als Zivilarzt im Norden gearbeitet und sich eine Erkältung der Zahnnerven zugezogen. Wenn er Schmerzen hatte, zitterte sein Körper, der Schweiß rann in Strömen, sein Gesicht gehorchte ihm nicht mehr, verwandelte sich in ein Panoptikum gruseliger, befremdlicher Masken, von Abbildern der Marter.

Großvater selbst schien dann wie ein Fremder, stöhnte und fluchte – derartige Obszönitäten hörte Kossorotow später nicht einmal in der Armee –, und nur Großmutter ging in das Zimmer, in dem er lag, brachte ihm starkriechende Kräuterspülungen.

Selbstverständlich nahm Kubikow ihn nicht mit. Wer konnte schon einen unzuverlässigen Ringer gebrauchen? Der Schmerz hingegen ließ gegen Abend nach. Und da wurde er, noch betäubt und erschöpft, von einem Marineoffizier abgeholt, denn bei der Flotte war man ja drei Jahre und nicht zwei, keine zehn Pferde brachten einen da hin, aber er kam nun mit anderen Pechvögeln in ein Lehrbataillon in den Norden, in eine gottverlassene, baumlose Hügellandschaft, ins Basislager der arktischen Küstenwache.

Sie unternahmen lange Touren, bis an den äußersten Rand des ewigen Eises, zu den blauen Eisgipfeln von Nowaja Semlja; entlang der Granitküste der Barentssee und des Weißen Meeres. Als das Telegramm von zu Hause seine Einheit erreichte, war die Patrouille gerade auf weiter Fahrt.

Nach seiner Rückkehr bekam Kossorotow zehn Tage Urlaub, er fuhr nach Hause und sah dort nur noch den Namen seiner Großmutter im weißen Stein, eingraviert mit derselben schmucklosen Schrift.

Die Muchin-Parzelle nebenan war verwildert. Er fegte die über den Winter abgefallenen Zweige zusammen, goss die Maiglöckchen und ging auf dem Rückweg bei der Werkstatt vorbei. Der zweite Steinmetz sagte ihm, Muchin läge bereits seit mehreren Monaten im Krankenhaus.

Als er im offenen Liegewagen zu seiner Einheit zurückfuhr und das Gespräch betagter Mitreisender darüber anhörte, wie viele Jahre marinierte Bauerntomaten gelagert werden können, ahnte er plötzlich, dass er Muchin nicht mehr antreffen würde, wenn er ein Jahr später vom Wehrdienst zurückkehrte. Und er fragte sich, ohne zu überlegen, wozu er sich das fragte, wie Muchins Grabstein beschaffen sein würde. Sicher hatte der Alte ja alles durchdacht, eine Skizze hinterlassen, einen Entwurf, oder er hatte vielleicht selbst schon den Stein ausgesucht, vorbereitet, behauen.

An den eintönigen Tagen seines Militärdienstes, während der gleichförmigen Stunden seiner Wachschichten, half ihm der Gedanke an den Grabstein, wach zu bleiben. Kossorotow stellte sich für Muchins Persönlichkeit verschiedene Formen von Obelisken und Gesteinsarten vor. Es war die Faszination eines Geduldsspiels, der seltsame Reiz einer kniffligen Rätselaufgabe. Muchin hatte oft gesagt: Unser Handwerk ist etwas Besonderes, ein Grabstein kann über einen Menschen mehr aussagen, als in Büchern steht oder Freunden bekannt ist. Und Kossorotow überlegte: Was würde Muchin tun? Würde er nach seinem Ableben vermittels des Grabsteins etwas über sich preisgeben? Oder, im Gegenteil, etwas verbergen?

In einer Sturmnacht, als schwarze Wellen dem Schiff die rechte Wange ohrfeigten, stand er am Ruder, hielt den Kurs. Die verschlissene Maschinerie unter Deck japste nur noch, morsch waren Propellerblätter und Schiffsrippen. Sowohl die Mannschaft als auch das Metall hatten kapituliert. Allein seine Kraft hielt das Schiff zusammen, mit all seinen Nieten und Nähten, mit Bolzen, Muttern, Ventilen. Er allein war es, Kossorotow, der den Hieben des Meeres die Stirn bot, dem Schlingern der Bordwand standhielt, und das Meer tobte, als ob es wüsste, dass das Küstenwachboot längst auf Grund hätte sinken müssen, und konnte nicht begreifen, warum sich das Boot noch über Wasser hielt. Kossorotow jedoch ließ sich nicht auf einen Kampf mit dem Meer ein. Unerschütterlich wie ein Felsblock stand er da. Innerlich versteinert. Das Schiff krängte nach links und rechts, Gegenstände rutschten, Matrosen stürzten. Kossorotow jedoch blieb standhaft, und die Elemente waren machtlos und zogen sich schließlich zurück, ließen ab vom Wachboot, das sich vor dem Wind hinter einer felsigen Insel verborgen hatte.

Dort, in der Stille der Bucht, wusste Kossorotow auf einmal, welchen Grabstein Muchin, der Meister des Steins, für sich erdacht hatte. Form, Gesteinsart – das alles war zweitrangig, die Antwort lag woanders.

Sein Grabstein wäre einer, der die Zeiten übersteht.

Als er den Friedhof aufsuchte, stand der Grabstein bereits da.

Schwarz wie die Polarnacht. Vierkantig. Aus der Erde wachsend wie ein Bajonett. Und oben eine stumpfe vierkantige Pyramide als Zieraufsatz.

Der Grabstein war hoch und stand vollkommen aufrecht. Zwei Meter, nicht weniger, schätzte Kossorotow nach Augenmaß. So viel stand nicht einmal einem Generalleutnant zu. Einsam wie die Nadel einer Sonnenuhr. Kraftvoll, wie der hartzahnige, gehärtete Körner eines Steinmetzes. Er schien alle anderen Grabsteine, andere Gräber zu missbilligen und zu verachten, als wäre allein er echt unter all den Fälschungen, unter den mittelmäßigen, schludrigen Toden.

Muchin hatte die anderen Verblichenen herabgesetzt, einschließlich des Großvaters. Das hier war keine bescheidene handwerkliche Perfektion, sondern eine hochmütige, ja höhnische Provokation an Lebende und Tote.

Kossorotow spürte, dass ihn diese neue Nachbarschaft beunruhigte. Wäre es möglich gewesen, hätte er seine Großeltern weggeholt und irgendwohin weit weg umgebettet, von wo aus dieses schwarze Bajonett nicht zu sehen war. Zum ersten Mal dachte er: Was hatte Großvater eigentlich über Muchin gewusst? Wo hatten sie sich kennengelernt? Schließlich war das lange vor dem Zeitpunkt geschehen, als der Steinmetz ihm half, die Parzelle zu bekommen. Aber wann? Wie?

Er machte einen Spaziergang, um die Gräber entfernter Verwandter zu besuchen. Und als er zurückkam, bemerkte er von weitem, von einem Hügel aus, zwei weibliche Gestalten am Muchin-Obelisken. Polina und ihre Mutter verschlossen gerade das Zäunchen, betrachteten das Grab, entfernten sich dann über einen Pfad. Beide trugen feierlich bunte Kleider, vermutlich waren sie auf dem Weg irgendwohin und nur für ein paar Minuten beim Friedhof vorbeigekommen. Aber Kossorotow kam es so vor, als läge in ihren Bewegungen kein Kummer, keine Trauer; sie schienen sich sogar über die Freiheit zu freuen, die ihnen Muchins Obelisk vermittelte.

Er kehrte zu den Gräbern zurück. Und mit seinem geeichten Gefühl für Ausgewogenheit, dem Gefühl eines Ringers und Seemanns, fühlte er, dass sich etwas verändert hatte. Muchins Grabstein, der eine halbe Stunde zuvor völlig grade gestanden hatte, schien seine ideale Vertikale verloren zu haben.

Auch wenn es eine Winzigkeit war, aber er hatte sich geneigt.

Kossorotow schaute sich um, verglich, prüfte die Linien.

Nein. Das war eine Sinnestäuschung.

Dem Sport hatte Kossorotow den Rücken gekehrt. Es war zu spät, verpasste Jahre.

Seine Kameraden aus der Sektion trugen Lederjacken, trafen sich im Restaurant »Flussschiffer« gegenüber der letzten Landungsbrücke. Schickten Boten, wollten ihn in ihre Gang holen. Er hätte vielleicht sogar zugestimmt. Hätte sich mit Boxern und Karatekas geprügelt auf irgendwelchen Brachen und in Hauseingängen für das Recht, Schutzgelder von Kleinhändlern einzutreiben. Doch er wusste ja, dass seine Kraft es nicht erlaubte. Hätte er ihren Willen ignoriert, wäre etwas Dummes passiert, wie es manchmal vorkam auf der Matte, wenn sich ein leidenschaftlicher Sportler bei einer bestimmten Technik selbst zerstört oder eine Verrenkung oder Verstauchung zuzieht, eine Kleinigkeit eigentlich, wobei jedoch genau diese Kleinigkeit seine Kraft fortan in einen unbeweglichen Körper sperrt.

Sein früherer Trainer Rykunow, der befürchtete, Kossorotow könne Banditen anheimfallen, bot ihm einen Job im Zirkus an, als Vertretung für einen erkrankten Athleten.

Kossorotow lachte, auch das Geld war nicht üppig. Aber dann wollte er es einen Abend lang ausprobieren. Es war ein alter Zirkus. Sägemehl und Sand rochen nach Pferdeurin. Aber in der Manege schwang sich seine Kraft dankbar und glücklich auf. Er warf und fing Gewichte, stemmte zusammen mit Assistenten ein Podest, und auf einmal erwachten die abgedroschenen, langweiligen Tricks zu neuem Leben, weckten das gelangweilte Publikum, erhellten die Luft unter der Kuppel durch die schlichte Magie des Triumphes des Fleisches über die unbelebte Masse.

Kossorotow fühlte sich unbeschwert und froh. Jetzt erkannte er die verborgene Noblesse der alten Zirkusnummern. Er rang mit niemandem, griff niemanden an. Dennoch besiegte er etwas Dunkles, das die Leute von der Straße in den Zirkus einschleppten, wo seine ehemaligen Sportsfreunde von der Ringer-Sektion das Faustrecht durchgesetzt hatten.

So blieb er also beim Zirkus. Die Vitalität seiner Darbietungen übertrug sich auf andere: Die Ponys liefen flinker, die Luftakrobaten machten gewandtere Verrenkungen, dem Jongleur fielen seine Keulen nicht mehr herunter, der Fakir spuckte perfekt sein Feuer, und sogar die Clowns Dudja und Dum, erbärmliche asthenische Säufer, waren zeitweise richtig komisch und geistreich. Sie bekamen nun Einladungen zu Tourneen, manchmal auch in den Westen. Dort, in Deutschland, passierte es dann.

Der Entrepreneur vor Ort, ein durchtriebener Schlawiner, hatte dem Zirkusdirektor einen fetten Vertrag über mindestens sechs Monate und zwanzig Städte versprochen, aber unter einer Bedingung: Der Abend musste mit einem Ringkampf enden. Kossorotow gegen einen ansässigen Sportler.

Der Entrepreneur verstand etwas vom Ringen, auch wenn er mit Mütze nicht mehr als einen Meter maß, erkannte er Kossorotows Kraft und hoffte, einen Star entdeckt zu haben, der die Hallen füllen würde, er hatte sich sogar einen Künstlernamen für ihn einfallen lassen: der Rote Barbar. Kossorotow wollte ablehnen; aber der gesamte Zirkus, die Artisten, die Tiere, alle erwarteten von ihm ein »Ja« – sie konnten für Jahre im Voraus Geld verdienen, hatten ja alle Familie, Schulden, und dann die Gesundheit, diese Zirkusleute hatten ja alle Wehwehchen …

Also ließ Kossorotow sich darauf ein – für den guten Zweck. Er legte den Einheimischen innerhalb von zwei Minuten auf den Rücken. Doch konnte ihm der Fremde zuvor noch den Knöchel zertrümmern. Kossorotow verließ das deutsche Krankenhaus als mittelloser Hinkefuß, wegen seines verstümmelten Gelenks humpelte er: So konnte er ja nicht in die Manege!

Er arbeitete als Packer im Lagerhaus, schleppte Säcke mit Zucker und Mehl. Er war eine Zeitlang Schlachter beim städtischen Schlachthof. Seinen Platz jedoch fand er auf dem Pokrowski-Friedhof als Totengräber.

In jenem Winter herrschten strenge Fröste, der Boden war gefroren, Gräber wurden nicht ausgehoben, sondern mit Brechstangen ausgestochen, ausgehöhlt mit der »harten Käthe«, einem schweren Vorschlaghammer an einem langen Stiel. Kossorotow arbeitete für vier, in diesem Winter gab es viele Tote, als habe die Stunde einer ganzen Generation geschlagen.

Am Haupteingang des Friedhofs war bereits vor einiger Zeit eine Allee von Grabmälern seiner ehemaligen Freunde entstanden, ganze Reihen von Grabplatten, auf denen sie in Lebensgröße mit ihren Autos, Jacketts und goldenen Halsketten abgebildet waren. Die Überlebenden, aufgedunsen und lädiert, versammelten sich an den Tagen des Gedenkens, tranken Wodka, erkannten ihn in seiner Arbeitsjacke aber nicht wieder.

Kossorotow erfasste den Friedhof nun wie ein Agronom sein Feld: Wo sich welche Art von Boden befand, wie seine Beschaffenheit war. Er kannte die dunklen Friedhofsgeheimnisse – wie man sich Parzellen aneignete, wie Tote ohne offizielle Papiere bestattet oder die Leichen von Mordopfern in alten Gräbern versteckt wurden, wie die Bronzeköpfe von Akademikern und Konstrukteuren gestohlen und als Altmetall verkauft wurden. Aber je mehr er erfuhr, desto mehr spürte er, dass es noch andere Geheimnisse gab, die Geheimnisse des Friedhofs selbst, die Menschen verschlossen waren.

Und nichts wies mehr darauf hin, als das Muchin-Grabmal.

Im Frühling, wenn die Erde aus der Winterstarre erwachte, das Wasser darin in Bewegung kam, trieben viele Denkmäler ihren Schabernack und neigten sich, besonders auf schlechtem, aufgeschüttetem Grund oder über einer Wasserader, oder sie wurden unterirdisch von den Wurzeln alter Bäume umschlossen, die nun gegen sie drückten. Aber Wurzeln konnte man kappen, einen Baum fällen, den Grund befestigen, das Grabmal auf ein verlässlicheres Fundament, eine breite Betonscheibe stellen.

Das Grabmal von Muchin stand jedoch auf fester Dammerde. Trotzdem stand es nicht, sondern tanzte. Neigte sich in alle Richtungen. Als verspotte es den verstorbenen Muchin, seine Meisterschaft, die sinnlos vergeudet wurde.

Die Friedhofsarbeiter veränderten die Schalung, hoben das Denkmal mit einem Wagenheber an und verlegten darunter Schienen. Externe Bauarbeiter kamen, maßen, beklopften, durchfurchten die Erde mit Bohrern, empfahlen eine spezielle Zementsorte, planierten den Boden und versprachen, das würde hundert Jahre stehen – doch stand es bis zum nächsten Frühling.

Verschiedene Ärzte malträtierten in jenen Jahren Kossorotows verkrüppeltes Gelenk, durchleuchteten, bestrahlten es, verordneten Umschläge, Salben, schnippelten daran herum – aber es heilte nicht. So war für Kossorotow beides zur Einheit verschmolzen, das Gelenk und der Grabstein, sie ließen sich nicht richten.

Erstaunlicherweise beförderten die Scherereien mit dem Grabmal nicht den Aberglauben der Friedhofsarbeiter. Es wankte und schwankte, ja und? Leichtverdientes Geld. Ja, und wer war dieser Muchin schon gewesen, dass ihn die Toten anfallen würden? Ein Steinmetz, ein Schwerstarbeiter. Der hatte niemandem was Böses getan. Wenn die Leute wüssten, wer hier sonst noch auf dem Friedhof lag – Henker, Schlächter. Bei denen passierte nichts, ihre Obelisken standen da und schwankten nicht. Also war es ein zufälliger Scherz der Natur, eine harmlose Abnormität. So was kam vor.

Kossorotow hatte auch keine Erklärung, warum Muchin so etwas widerfuhr. Aber er sah, wie das Grabmal gequält wankte, Kraft zog, Geld zog, schwärte wie ein unbehandelter Zahn. Polina wurde längst empfohlen, es einfach abzureißen und ein neues, leichteres aufzustellen, oder ein Metallkreuz.

Doch Polina blieb stur. Zwei Ehemänner hatten sie schon verlassen, beide robuste, bullige Neureiche, die es leid gewesen waren, sich mit diesem schlaflosen Grabmal zu bekriegen. Ein Geistlicher besprengte es mit Weihwasser, dann kam auch Njuschka, eine Gottesnärrin, Streunerin auf dem Friedhof, zerkratzte sich ihr Gesicht, besprenkelte den schwarzen Stein mit Blut, doch nichts half. Dann holte Polina einen anderen Priester, eine andere Gottesnärrin, andere Arbeiter. An Kossorotow jedoch, den Nachbarn, den Totengräber, wandte sie sich nie.

Ihre Hartnäckigkeit war jener irdischen Kraft ebenbürtig, die das Monument zum Schwanken brachte. Die Leute sahen ihre Mühsal, ihre Fürsorge, den gewohnten Schlendrian. Und niemand wollte zugeben, dass Polina schon längst hätte resignieren, dieses verdammte Grabmal hätte aufgeben müssen. Doch sie gab nicht auf. Das war weder mit Geduld noch mit familiären Bindungen zu erklären. Mit nichts.

Eines Tages bekam Kossorotow Zahnschmerzen. Natürlich nicht so wie damals am Rekrutierungspunkt – jetzt war nur der Siebener angeknackst. Gewöhnlich ging er zu Großvaters Schüler, ein alter Mann schon, der in einem Kellergeschoss praktizierte, in einem Behandlungszimmer hinter einem billigen Friseursalon, wo sich die kaukasischen Männer vom Markt ihre dichten, schwarzen Bärte aufhübschen ließen. Der alte Mann arbeitete feinfühlig wie ein Juwelier, und Kossorotow vertraute ausschließlich ihm seine empfindlichen Zähne an. Als er nun zu ihm kam, sagte die Friseurin, der Arzt sei gestorben.

Er ging in die Klinik in der Nähe. Straßenbauer schlugen mit Presslufthämmern den Asphalt auf, und da packte ihn eine Kindheitsangst. Ihm wurde klar, wie sehr er sich eigentlich vor seinem Großvater, vor dessen blitzenden, klirrenden Instrumenten gefürchtet hatte, und wie er ihm mit angestrengt geöffnetem Mund geradezu sein ganzes Leben anvertraut, sein verletzliches Inneres offenbart hatte.

In der Klinik kam er mit seinen akuten Schmerzen zum diensthabenden Arzt. Es war Polina.

Auch später, als sie dann ein Liebespaar waren, gab es keinen intimeren und schrecklicheren Moment als diese Behandlung. Sie war eine schlechte Ärztin, blutig, wie die Chirurgen es nennen. Die Vereisung wirkte kaum, und sie quälte Kossorotow, bohrte an seinem Zahn herum, streifte dabei seinen angespannten Körper mit ihren kleinen Brüsten, und er schwankte zwischen Schmerz und Verlangen, und dann nahm Polina ihre Maske ab und küsste ihn auf die Lippen, die leblos waren von der Betäubung und nichts fühlten.

Der Obelisk gehorchte ihm. Fast. Kossorotow bändigte, richtete ihn, trampelte die Erde fest, und der schwarze Stein stand stramm – vier, fünf Monate, ein halbes Jahr. Aber dann neigte er sich. Nicht so stark wie früher, aber immer noch merklich, und Kossorotow richtete ihn erneut. Sie waren jetzt miteinander verbunden, er und der Stein, seine Kraft besänftigte das Monument, und die Kraft des Diabases verzehrte den Kraftmenschen.

Er fragte Polina nicht mehr, warum das nötig sei. Er war nun wie ein Zugochse, arbeitsam und unterwürfig, gehorsam unter dem Joch.

Es kam der Tag, an dem er den schwarzen Stein nicht mehr richten konnte. Der geschliffene Felsbrocken stand zurückgelehnt da, warf einen langen, dichten Schatten, und Kossorotow wurde von der nutzlosen Anstrengung schwarz vor Augen.

»Es geht nicht mehr«, sagte er zu Hause zu Polina.

»Und wie es geht!«, antwortete Polina.

Er ging in den Flur und zog sich an. Polina schaute ihm unbesorgt hinterher: Sie glaubte nicht, er könne sie verlassen, ließ ihn gehen, um Luft zu schnappen und zur Besinnung zu kommen.

Kossorotow ging in den Hof hinunter und wollte zu sich nach Hause. Es war eine helle Mondnacht, so still wie in seiner Kindheit, als von nächtlichen vorbeifahrenden Autos noch keine Musik gedrungen war. Er ging hinkend und wusste auf einmal, dass er wirklich am Ende war; trotz seiner Kraft war er entkräftet. Der verfluchte Stein würde ihn gänzlich auslaugen. Und es gab nur eine Möglichkeit, sich zu retten.

Auf dem Friedhof schloss er die Werkstatt auf und, ohne das Licht einzuschalten, fand er in der Dämmerung den von Fäustlingen polierten Griff des Vorschlaghammers, der »harten Käthe«.

Er ging die üblichen Pfade entlang, hielt den Vorschlaghammer am Schlagkörper. Zu dieser Stunde war niemand auf dem Friedhof. Selbst die zänkischen Friedhofshunde schliefen friedlich hinter dem Zaun, im Klettengestrüpp.

Und dennoch spürte er zum ersten Mal, dass da jemand war.

Die Toten, die er selbst begrub, deren Gräber er ausgehoben hatte. Die Verstorbenen der letzten Jahrzehnte, deren Namen auf Grabsteine gemeißelt waren. Und auch die Verstorbenen ferner Jahre, die namenlos und vergessen waren, aus dem Kreis der Erinnerung verjagt; die Verdrängten, Ausgegrenzten, Beraubten, in deren Gräbern nun schon andere lagen.

Der schwarze Obelisk, den er am Vortag nicht hatte richten können, stand vollkommen gerade da.

Aber Kossorotow, der sich nun mit jener Kraft verbündet hatte, die das Denkmal verdrehte und erschütterte, schlug mit der »harten Käthe« auf den schwarzen Riesen ein. Und der Stein heulte auf, ächzte, das Geräusch flog über den Friedhof, schreckte Vögel auf, hallte an Grabsteinen und Umzäunungen wider, schüttelte das Schweigen von Metall und Stein, als sei es Rost oder Grind.

Er drosch darauf ein, hinterließ zuckrige Schlagspuren auf der schwarzen polierten Oberfläche. Jeder andere Stein wäre bereits geborsten, zersplittert, aber der Obelisk stand fest, und Kossorotow rief seine geliehene Kraft an, und zum ersten Mal erschien sie – in Gänze.

Der schwarze Stein erduldete die Schläge, ohne nachzugeben. Aber die Erde ringsum bekam Risse, Bäume wankten, verloren Äste, andere Grabsteine stürzten um, und die sich krümmende Erde bog die Umzäunungen wie Ziehharmonikas. Die winters ausgehobenen Gräber sackten ein, Knochen traten im Sand hervor.

Und um ihn aufzuhalten, sprach der Friedhof angstvoll mit Hunderten von Stimmen. Es sprachen Steine und die Risse darin, Gemäuer von Krypten und Baumwurzeln, Sand,

Wasser und Blumen; die Natur selbst, die die Toten barg, und die Toten, die Teil der Natur geworden waren.

Durch das schwarze Gestein des Obelisken, das nun rauchig-transparent war, sah er den jungen Muchin, kurz nach seiner Lehre, er sah, was er Jahr für Jahr getan hatte: Grabsteine stehlen. Ach, damals waren ja so viele von ihnen unbeaufsichtigt geblieben, nachdem ganze Familien verschwunden waren, durch Flucht, Erschießung, Krieg – und Muchin hatte ihre Namen mit einem Gravierwerkzeug ausgelöscht, den Stein aufpoliert und neue eingemeißelt; die Toten bestohlen, ihnen das Einzige und Letzte genommen.

Durch das schwarze Gestein des Obelisken, das nun rauchig-transparent war, sah er seinen jungen Großvater, den Zahnarzt, der Lagerkommandanten in fernen nördlichen Dörfern behandelte, denn auch sie hatten Zahnschmerzen, und der den Wachen das Zahngold der Toten abkaufte im Tausch gegen Hochprozentiges.

Der Obelisk war wieder schwarz. Kossorotow spürte, noch ein Schlag, und Muchins Monument würde auseinanderbrechen, zu Schotter zerfallen.

Er hob die »harte Käthe« an, holte aus – und trieb den Vorschlaghammer so fest er konnte in den Boden zwischen den Gräbern.

Die Kraft war weg, abgeflossen und dorthin zurückgekehrt, woher sie gekommen war. Er ging und spürte, wie sich die Erde unter seinen Füßen regte, wie der schwarze Muchin-Obelisk hinter ihm schwankte, wie das hellgraue Grabmal seines Großvaters schwankte, und dass sie nie mehr zur Ruhe kämen.

BARMAS

Kaljuschny war ein Datschennachbar. Also nicht der von nebenan, sondern vom übernächsten Grundstück. Schon als kleines Kind hatte Marejew ihn unter allen Erwachsenen besonders wahrgenommen, obwohl der alte Kaljuschny ihn damals kaum ansprach. Überhaupt hatte er Kindern keine Beachtung geschenkt. Andere Männer nahmen die Jungs gelegentlich mit, um im verschlammten, mit Riedgras und Schachtelhalm zugewachsenen Teich Krebse zu fangen oder darin mit einem alten, geflickten Netz winzige Barsche zu fischen. Sie waren sich nicht zu schade gewesen, ein neues Fahrrad zu loben oder mit der Kinderschar den Ball zu kicken auf einer entfernten Waldlichtung, wo sich zwei Birkenpaare als naturgewachsene Pfosten gegenüberstanden, wobei ein Tor allerdings einen halben Meter breiter war, weshalb sich die Mannschaft auf dieser Seite nach einer bereits über Generationen gültigen Vereinbarung der Datschensiedlung mehr Fouls erlauben durfte als ihre Rivalen.

An jene Erwachsenen, die umgänglich, vertraut, nachsichtig gewesen waren, erinnerte sich Marejew ebenfalls, aber nur vage und als Masse. Doch an Kaljuschny, der die Kleinen gescheut hatte, klar und deutlich. Insbesondere waren ihm zwei Vorfälle im Gedächtnis geblieben, die sich Marejew selbst im Erwachsenenalter nicht recht erklären konnte. Ein Teufelsstreich oder nicht. Magie oder nicht. Da trat etwas hervor, wie ein Wasserzeichen auf einem Geldschein. Weder gut noch schlecht. Etwas, was gewöhnlichen Menschen fehlte.

Als Kind hatte es ihn verzaubert. Als Erwachsener plagte und irritierte es ihn, und er bedauerte, das rationale, solide Leben eines Meisters und Profis gewählt zu haben. Wenn ich es in Kaljuschny erkennen konnte, dachte er, dann war ich auch selbst beteiligt, die anderen haben ja nicht das Geringste bemerkt.

Ja und?, fragte er sich dann, was soll's? Du spinnst, du denkst an irgendeinen Unsinn, an Trugbilder, als Kind bildet man sich alles Mögliche ein, jeder Psychiater würde sich totlachen.

Trotzdem fühlte er tief im Inneren mit dem Relikt seiner amputierten Fähigkeiten: Nein, das war keine Einbildung, keine Grille.

Woran er sich erinnerte, war echt.

In jenen Jahren war man auf den Datschen ohne Müllcontainer ausgekommen. Da gab es nur eine Bretterkiste in der Nähe des Wärterhäuschens, an der Ausfahrt zur Landstraße, direkt am summenden Transformatorenkasten mit den wie Schachfiguren aussehenden Isolatoren auf rostigen Hörnern.

Gras und Essensreste kamen auf Komposthaufen. Äste, Fallobst, entwurzelte Sträucher in alte Gräben im Wald. Weggeworfen wurde nur sehr wenig. Abgetragene Kleider wurden zu Lappen zerschnitten. Lappen wurden benutzt, bis sie auseinanderfielen. Einweckgläser wurden aufgehoben für Marmelade und Salzgurken. In Schuppen wurden Eisenteile und Brettchen aufbewahrt, irgendwelches rätselhaftes Zeug –

denn jedes Ding, selbst völlig unbekannt, würde nach einigem Herumliegen zur Besinnung kommen und erzählen, was es ist und wofür.

Trotzdem fiel Müll an. Uralte Möbel fielen auseinander. Lebensmüdes Geschirr zerbrach. Regen und Schneestürme bohrten Löcher in die Dachpappe. Der mit Flechte überwachsene Schiefer alterte und bröckelte. Es häuften sich Konservendosen und löchrige Einkaufstaschen. Ausgeblichene Regenschirme mit Holzgriffen, die sich spreizten wie eine angeschossene Krähe. Aufgeplatzte Gummistiefel, an denen kein Flicken mehr hielt. Aufgedröselte, aufgelöste Körbe. Löchrige Eimer, die an der abgeplatzten Emaille vom Rost angenagt wurden. Gefleckte Schlangenhäute von abgenutzten Fahrradreifen. Aus den Nähten gegangene Großvätermäntel aus schwerem, starrem Stoff. Splitter von Fensterglas. Abgearbeitete Spaten und Rechen mit geborstenem Blatt und Hals. Schadhafte, von Altersinkontinenz geplagte Wasserschläuche. Zerrissene, mit Fliegendreck befleckte Stofflampenschirme. Brüchiges, vergilbtes altes Cellophan von Gewächshäusern. An den Falten durchgeriebene, verfärbte Wachstuchtischdecken. Uralte Truhen, ausgetrocknete Kübel, verrostete Fässer.

Müll fiel an, und das Familienoberhaupt belud an einem freien Tag eine Schubkarre, schob sie zum Wärterhäuschen, hielt dabei immer mal wieder an, um mit Bekannten eine zu rauchen, und warf das Gerümpel auf den Müll, in die Bretterkiste.

Mit den Jahren wuchs der Haufen, verwandelte sich in einen Berg. Der Müll pappte zusammen, verdichtete sich, als würde er nachts herumzappeln und versuchen, sich ineinander zu verhaken, sich fest zusammenzuschließen, Fuge an Fuge. Die Bretter an den Seitenwänden barsten, fielen auseinander, der Müll breitete sich über sie hinweg aus und hatte sie nach einigen Jahren unter sich begraben.

Der kleine Marejew behielt diesen Müllberg aus irgendeinem Grund im Blick.

Er erhob sich am Wächterhäuschen, von allen gut zu sehen, auf dem Weg aus der Stadt oder in die Stadt, als eine Art Scheidelinie. Jede Familie trug etwas bei, und so wuchs dieser Berg wie ihre gemeinsame Vergangenheit, als Kehrseite des Datschenlebens, das hier umgestülpt zur Schau gestellt wurde, sauer und eklig roch und die mit Kletten übersäten, streunenden Hunde anzog.

Im Frühjahr, wenn sie zum ersten Mal wieder auf die Datsche kamen, bemerkte Marejew immer irgendeinen Gegenstand, der gerade erst weggeworfen worden war, das eiserne Kopfteil eines Betts, zum Beispiel, oder ein Fass. Und im Laufe des Sommers beobachtete er dann, wie der anwachsende Berg ihn überdeckte und verschlang: Im Herbst ragte kein Stück mehr davon hervor.

Marejew kam es so vor, als ob die Gegenstände, nachdem sie in den Berg geraten waren, nicht starben, sondern sich veränderten, Teil davon wurden, dabei ihre frühere Bestimmung als Werkzeug, Gefäß, Möbelstück vergaßen, sich aber rachgierig an ihren selbstlosen Dienst an den verräterischen Menschen erinnerten.

In der spätsommerlichen Abenddämmerung, nach zehn, ließen ihn seine Eltern manchmal, bevor sie ihn ins Haus riefen und die Pforte verschlossen, noch ein wenig herumradeln – bis zum Wärterhäuschen.

Langsam fuhr er dann auf den Berg zu, der ihm im Dunkeln wie ein undurchdringliches Wesen aus Ablehnung und Groll vorkam. Er hielt an, den Fuß auf dem Pedal. Und ihm schien, der Berg könne sich jeden Moment auf die Beine von

Stühlen und Tischen erheben, seine Hände ausstrecken – mit Schläuchen, Rohren, Rechen –, und ihm das Fahrrad unter den Füßen wegreißen … Er raste davon, sog die belebende Kühle der Nachtluft ein, hörte das Geflüster des Laubs und fühlte, wie er ihm nachschaute, enttäuscht seufzte, mit Flaschenböden aufblitzte, als Streuung grünlicher Nachtaugen – der Berg.

Marejew war zwölf, als bei einer außerordentlichen Versammlung beschlossen wurde, den Müllhaufen zu beseitigen. Am Vortag war unerwartet die neue Hygieneinspektorin angerollt und hatte verfügt: Der Müll ist binnen zwei Wochen zu entfernen, andernfalls zahlt die Genossenschaft eine Strafe von sechsundfünfzig Rubel. Sie zankten, zerbrachen sich die Köpfe und legten für den kommenden Samstag einen Subbotnik fest, für die Männer mit Anwesenheitspflicht, und heuerten für zwei Fuhren zu einer großen Müllhalde in einem entfernten Steinbruch den Dörfler Sawka an, der einen Kipper besaß; zwei Zehner verlangte er, dieser Raffke, aber sonst konnte man niemanden bitten.

Der Vater sagte zu Marejew natürlich, er wolle ihn nicht zum Subbotnik mitnehmen. Eine schmutzige Angelegenheit war das, gefährlich. Jede Menge Glasscherben, scharfkantiges Metall, da konnte man sich in Nullkommanichts verletzen und auch noch eine Infektion zuziehen. Marejew wusste im Voraus, dass sein Vater das sagen würde. Aber er hatte auch die Vorahnung, dass das Verbot aufgehoben und er sehen würde, wie die Zeit rückwärts lief, wie die Dinge, die ihm aufgefallen waren, aus den Tiefen dieses Bergs auftauchten, wie sich sein Innerstes auftäte, ein düsterer Geist davonflöge.

Jener Tag war sonnig, aber nicht sehr heiß, genau das Richtige für ein solches Vorhaben. Vater war mit dem Vorortzug gekommen, tauschte seine Kleidung gegen Segeltuchhose und Jacke, zog schwere Stiefel an, nahm doppelte Fäustlinge sowie einen Lappen mit, um Mund und Nase vor Staub und Gestank zu schützen, außerdem einen Verbandskasten mit Pflaster und Jod. Marejew hatte sich aufgedrängt, ihn auf seinem Fahrrad bis zum Wärterhäuschen zu begleiten. Absichtlich hatte er nur Shorts und ein T-Shirt angezogen, damit sein Vater nicht dachte, er wolle bleiben. Zu Hause jedoch lag schon die Arbeitskleidung bereit. Marejew hatte bemerkt, dass vom Vorortzug nur wenige Menschen gekommen waren, es hätten mehr sein müssen, und es waren hauptsächlich Frauen, sie trugen ihre vollgestopften Taschen, zogen Handkarren, unterhielten sich – aber Männerstimmen hatte er nicht gehört.

Verabredet war zehn Uhr. Um neun Uhr neunundvierzig kamen sie beim Wärterhäuschen an. Sein Vater erschien immer ein wenig vor der Zeit bei Subbotniks, was ihm ein bedingtes Recht einräumte, die Einteilung und das Kommando zu übernehmen oder zumindest selbst die Arbeit auswählen zu dürfen.

Niemand war da. Sein Vater sah auf die Uhr und sagte mit demonstrativer Gewissheit:

»Na gut, fahr. Gleich kommen sie.«

Marejew wusste schon, dass niemand käme. Er hatte, wenn er hier und da auf dem Fahrrad vorbeigerast war, an den Brunnen, in der Schlange vor dem Dorfladen Gesprächsfetzen aufgeschnappt.

Die Vorsitzende war unbeliebt. Auf ihren Posten hatte es der Elektriker Portnow abgesehen, bei ihm stand die Hälfte der Genossenschaft in der Schuld: dem einen hatte er kostenlos einen Kabelbruch repariert, dem anderen die Steckdose ausgewechselt. Nun hatte Portnow sie zum Schwänzen angestiftet, damit die Vorsitzende schlecht dastand. Nur seinem ehrlichen Vater konnte das entgehen: Das hatten sie doch auf der Versammlung beschlossen, darüber abgestimmt …

Marejew radelte gemächlich nach Hause. Da wurde ihm klar, dass auch sein Vater alles wusste. Aber es wäre unter seiner Würde gewesen, nicht zu erscheinen, wenn es doch abgemacht war. Und er würde dort stehen, wie der letzte Soldat eines versprengten Regiments, sich nicht entschließen können zu gehen – eine Schande – und gleichzeitig unfähig sein, auf die anderen zu pfeifen und allein anzufangen: Verabredet war, es gemeinsam anzugehen – also mussten sie es gemeinsam tun.

Marejew trat kräftig in die Pedale, kam schnell zu Hause an, ließ das Fahrrad an der Pforte liegen, zog sich um und raste zurück zum Müllhaufen.

Dort stand sein niedergeschlagener Vater, der absurd aussah in seiner sorgfältig ausgewählten Arbeitskleidung. Außerdem Kaljuschny, mit dem ganz sicher niemand gerechnet hatte. Er kam ja auch nie zu den Versammlungen. Klein war er, kräftig, gekleidet in eine weite, geflickte Hose und ein schmuddeliges Flanellhemd, mit irgendwelchen clownesken Gamaschen, mit Bartstoppeln wie graues Ziegenhaar. Er sagte etwas zu seinem Vater, spaßte, als wären sie Freunde und Trinkbrüder, und sein Vater stand steif da, wusste nicht, wie er ihn loswerden sollte, wartete und hoffte, dass Kaljuschny gerade nur ein wenig auf die Pauke haute und dann ging.

»Da ist ja der Mischa«, sagte Kaljuschny liebevoll, als hätte er alles so arrangiert. »Nun sind wir schon zu dritt. Lasst uns anfangen. Gegen Mittag sind wir womöglich fertig.«

Gequält betrachtete der Vater den verklumpten Berg, den eine seltsame, spöttische Kraft zusammenhielt, die über den Müll befehligte, ihn auf eine für den Abbau ungünstige Weise verzahnte. Den Berg, der anderthalbmal so groß war wie ein Mensch. Zu dritt konnten sie bestenfalls ein wenig die Seite benagen, und alle Abwesenden würden später über sie lachen, der Fahrer Sawka sie verspotten.

Der Vater wollte widersprechen, ihn zur Vernunft bringen, aber Kaljuschny kletterte schon geschickt wie ein Affe auf die Spitze des Bergs, ohne seine baumelnden Galoschen zu verlieren. Der Vater wandte sich schmerzerfüllt ab und sah deshalb nicht, wie Kaljuschny, nachdem er oben Halt gefunden hatte, ein wenig hüpfte, dem Müllriesen mit seinen Galoschen auf den Scheitel stapfte und in die Hände klatschte. Und Marejew, dem nun an diesem warmen Tag kalt wurde, spürte, wie sich der Berg im Inneren entkrampft, entwirrt hatte, und wie sie entwich, diese Kraft, die Dinge zusammenhält und von der man sagte: angepappt, kriegst du nicht ab. Das war kein Berg mehr, sondern ein harmloses Häuflein. Und er schien sich sogar gesenkt, an Volumen verloren zu haben.

Kaljuschny schleuderte ein altes Fahrradrad hinunter. In der Sonne blitzten die Speichen auf, das Rad drehte sich, warf mit Lichtreflexen um sich. Der Vater zuckte zusammen, als hätte Kaljuschny ihm eine gewischt, hob irgendwie zögernd das Rad auf, betrachtete es, offenbar unschlüssig, was für ein Ding das sei, legte es auf den Weg und trat auf den Haufen zu …

Niemals – weder davor noch danach – konnte Marejew beobachten, wie eine schwierige Aufgabe so einfach erledigt wurde, fast wie von selbst. Und sie drei waren nur Ausführende, Werkzeuge gewesen.

Um elf kam Sawka, fuhr rückwärts den Kipper heran. Und der Fahrer – eigentlich was Besseres, dazu noch vom Dorf, nicht sein Müll also, sondern von den Datschenbewohnern – tat etwas, was ihm sein Lebtag nicht passiert war und womit er sich selbst überraschte: Er packte mit an, kam in Fahrt, krempelte die Ärmel seiner Feldbluse hoch.

Tante Motylicha, die beim Wärterhäuschen wohnte und auch vom Dorf war, aber zu den Datschenbewohnern gezählt wurde, weil die Parzellierung die Erde so zugeschnitten hatte, dass ihr Haus umfasst wurde, und die genau wegen dieser Müllhalde, die ihr die Datschenbewohner vor die Nase gesetzt hatten, ständig mit ihnen stritt, holte aus dem Keller eine große Flasche frischen, prickelnden Kwass und Gläser und goss allen vieren ein.

Und dann schlossen sich noch andere an, wer gerade vorbeiging. Sie kamen von ihren Parzellen dazu, wie magnetisiert. Da wurde ordentlich angepackt – und zum Mittag waren sie fertig, kratzten die schwarze Sohle des Bergs mit Schaufeln aus, streuten sauberen Sand darüber. Niemand hatte sich verletzt, zerkratzt, Kleidung oder Fäustlinge zerrissen.

Die Männer kamen ins Schwatzen, ernannten einen Laufburschen, im Laden Bier zu holen. Und hatten alle vergessen, dass niemand den Müllhaufen hatte beseitigen wollen. Dass alles vom ungeselligen Kaljuschny ausgegangen war.

Marejew schaute sich um – Kaljuschny war weg, als wäre er nie dagewesen. Sogar sein Vater, normalerweise kompromisslos, haarspalterisch wie ein Apotheker, wenn es darum ging, Ruhm, Ehre, Auszeichnungen zu teilen, hatte versagt und es nicht bemerkt, als er einen halben Liter kaltes Bier leerte – sie hatten einen Eimer mit Flaschen befüllt und in den kalten Brunnen versenkt.

Erst zu Hause, beim Essen, sagte er zerstreut und verlegen: »Den Kaljuschny haben wir vergessen, wir Schlafmützen.«

Marejew träumte nachts von diesem gewandten alten Mann, grau wie ein weiser Affe. Von seinem wundersamen

Stapfen, seinem Klatschen – hopp, und schon hatte sich der Müllberg von innen gelockert, gelöst.

Das wollte er auch können.

Von da an ließ er Kaljuschny nicht mehr aus den Augen. Hörte genau hin, wenn in einem Gespräch der Erwachsenen dessen Name fiel.

Kaljuschny war Ingenieur. Niemand wusste übrigens genau, in welcher Richtung: ob es mit Bauen zu tun hatte, mit Gruben, mit Fundamenten. Oder vielleicht mit Tiefbohrarbeiten oder dem Verlegen von unterirdischen Kabeln. Etwas mit dem Boden also. Seine Frau war gestorben, und seine Tochter, eine Apothekerin und alte Jungfer, kam nie mit auf die Datsche. Marejew war insgeheim erfreut, als er erfuhr, dass Kaljuschny eigentlich weder Freunde noch Kinder hatte; also konnte er versuchen, dessen Schüler und Adept zu werden.

Seine Parzelle hielt Kaljuschny in Ordnung. Nur baute er kein Gemüse an, nicht einmal Kartoffeln oder frische Kräuter für sommerliche Gerichte. Sein gesamtes Stück Land hatte er mit ausladenden Apfelbäumen bepflanzt, als wäre die Sonne gefährlich für seine Haut. Aber Marejew spürte, dass der Baumschatten nicht die Haut des alten Mannes schützen sollte. Es war etwas anderes. Was nicht an der Oberfläche lag.

Einmal im Spätherbst waren sein Vater und er gekommen, um das Haus winterfest zu machen. Alle ringsum fürchteten Diebe, vernagelten die Fenster, versteckten Wertsachen im Keller, dabei war noch nie jemand auf ihre Grundstücke eingedrungen, so wie bei den Nachbarn hinter dem Wald, wo jedes Frühjahr drei oder vier Datschen aufgebrochen, Graupen und Konserven herausgeholt worden waren.

Aber der Vater bekam mitten am Tag Fieber. Marejew

überredete ihn, in die Stadt zurückzukehren: Die kleineren Aufgaben würde er selbst erledigen und mit dem Abendzug nachkommen.

Marejew wurde bis halb sechs, bis zum Einbruch der Dunkelheit fertig. Der Zug ging um sieben Uhr zwölf. Er trank Tee, knabberte einen Dörrkringel. Lief über die knarrenden Dielen des frostigen Hauses. Und auf einmal wurde ihm klar, dass in der Nähe, auf dem übernächsten Grundstück, ein ebenso leeres, bis zum Frühling verwaistes Haus stand – das Haus von Kaljuschny.

Marejew trat durch die hintere Pforte in den Wald hinaus. Alle Nachbardatschen waren leer, nur aus der Ferne zog Ofenrauch herüber, jemand wollte noch übernachten. Er schob die verwelkten Brennnesseln auseinander, überwand den Graben zu Kaljuschnys Zaun.

Selbstverständlich schlich sich Marejew nicht das erste Mal auf ein fremdes Grundstück. Sie stibitzten Erdbeeren, Äpfel, und da konnte man immer sagen: Also, der Ball ist beim Spiel über den Zaun geflogen, den suchen wir. Aber so etwas ging nur im Sommer, bei dichtem Laub, da konnte man sich auch verstecken. Und die Gärtner selbst wussten ja, warum die Kleinen sich einschlichen.

Nun aber, im Herbst, waren die Äste kahl, die Ernte eingebracht … Marejew geriet in Verlegenheit. Die Grundstücksgrenze hatte jetzt eine andere Bedeutung. Ja, und was würde er sagen, wenn ihn jemand bemerkte? Was für einen Ball konnte er da herbeiflunkern?

Er versuchte, sich davon abzubringen: Wozu eindringen? In die Gebäude würde er sowieso nicht lugen können, die Fenster waren mit Läden verschlossen. Und ihm wurde klar, dass er nur seinen Fuß auf den Boden des Grundstücks setzen wollte. Um ihn zu spüren.

Marejew quetschte sich unter dem Zaun durch. Vorsichtig ging er an der Gartenküche vorbei zum Haus. Niemand sah ihn, das einzige Geräusch war das müde Kreischen einer Säge in der Ferne. Dennoch hatte er das Gefühl, beobachtet zu werden. Er ließ seinen Blick über Haus, Küche, Apfelbäume, Toilette, Holzstapel gleiten. Er spürte eine seltsame Berührung; als hätte er die von frühen Nachtfrösten ergriffene Erde aufgeweckt, und die Erde würde seine Sohlen nicht loslassen, ihn in sich hineinziehen.

Er wollte weg, und es kam ihm so vor, als müsse er seine Füße aus dem Boden reißen, und dieser packe ihn, zöge an ihm mit eisigen Händen.

Zurück zu Hause, brach er abends mit hohem Fieber zusammen. Seine Mutter meinte natürlich, er habe sich beim Vater angesteckt. Marejew aber wusste, wovon er sich erkältet hatte: von der zähen Kälte der fremden Erde.

Im Winter entschied er für sich, das alles sei eine Prüfung, ein Examen. Ihm gefiel, dass sich das Geheimnis nicht einfach lüften ließ, dass es sich schützte, Geist und Gefühle dazu zwang, sich zu üben, wach zu sein, ihn der nächsten Altersstufe zuführte. Das Lernen fiel ihm nun leichter, als hätte das Geheimnis ihm dazu verholfen und die Fähigkeit verliehen, das Leben zu bewältigen, und auch seine Eltern wurden ihm gegenüber nun unbeschwerter, vertrauensvoller, sie sahen, wie gut er in der Schule war – endlich hat er Vernunft angenommen, sagten sie einander und dachten, er höre es nicht.

Seine Großmutter wurde über den Winter sehr schwach, wollte im Sommer aber unbedingt auf die Datsche. Noch ein Jahr zuvor hätten sie Marejew nicht mit ihr alleingelassen. Jetzt aber berieten sie sich und entschieden: Das geht. Er ist reifer geworden und wird, so Gott will, keine Dummheiten machen. Seine gleichaltrigen Spielkameraden hingegen wurden in der ersten Schicht ins Pionierlager geschickt, nicht den Großeltern überlassen.

Es setzte Hitze ein, und seine Großmutter lag in ihrem Zimmer, hatte die schweren Vorhänge zugezogen, sich in ihrer Krankheit eingenistet, in der Last ihres Körpers, und ging nur morgens und abends in den Garten und zum Kochen in die Küche; erstmals in seinem Leben war Marejew ganz allein mit der ausgedehnten Zeit des Sommers.

Schon immer hatte er eine Neigung zum Spähen gehabt, ein Verlangen nach halbgeöffneten Türen, nach Schlüssellöchern. Als Kind stellte er sich gern vor, wie die Mäuse unter dem Schnee lebten – die Zugänge zu ihren Höhlen hatte ihm der Vater bei Spaziergängen im Park gezeigt. Ihn reizten Ferngläser, Feldstecher, Teleskope, Mikroskope, Kameras, Lupen, Brillen, jegliche optische Geräte, die mit dem Raum spielten. Mittlerweile hatte sich dieses Verlangen in die Fähigkeit zur Beobachtung verwandelt, die Fähigkeit zu erkennen, was scheinbar auf der Hand lag, aber in Wirklichkeit nicht das war, was es schien.

Marejew hatte gelernt, die Datschen als Gesamtheit wahrzunehmen, die Gewohnheiten der Erwachsenen zu registrieren, den Tagesablauf eines jeden Nachbarn zu memorieren: Wäsche aufhängen, Wasser holen, Gurken gießen, einkaufen gehen. Frauen, Männer – sie alle waren berechenbar. Nur Kaljuschny schaffte es, unbemerkt zu bleiben. Aufzutauchen und zu verschwinden, als würde er den Raum teilen oder unterirdische Gänge benutzen.

Dann bemerkte Marejew, dass der alte Mann dieses Spiel auch weit außerhalb der Datschen spielte. Zum Beispiel konnte er am Haltepunkt in einer ewig langen, hitzegeplagten Menschenschlange auftauchen, die nach Eiern anstand, und zwar mittendrin, wohin die wutschnaubenden Dorftanten so einfach niemanden reinließen: hart und unerbittlich, wie sie waren. Marejew, den seine Großmutter nach Eiern geschickt hatte, war zehn Minuten zuvor mit dem Fahrrad an Kaljuschnys Grundstück vorbeigekommen und hatte ihn, wie er meinte, im Garten entdeckt, sein Matrosenhemd schimmern sehen. Aber das konnte Marejew nicht als unwiderlegbaren Beweis dienen; das Matrosenhemd konnte auch an der Leine zum Trocknen gehangen haben, Irrtum.

Es herrschte eine noch nie dagewesene Dürre. Die Blätter der Bäume waren welk, und nur selten erzeugte ein Lufthauch ein fächerartiges Rascheln.

Die Gärten grünten noch, das ganze Wasser wurde zum Sprengen benutzt, Druck in den Schläuchen entstand erst spät in der Nacht. Aus der Ferne, von den großen Wäldern, zog der Rauch von Bränden heran, der Himmel war getrübt, die Sonne ging in grauem Dunst unter. Wenn sich die Männer Zigaretten anzündeten, spuckten sie abergläubisch auf das verglimmende Streichholz.

Am Montag, als die Erwachsenen zur Arbeit in die Stadt fuhren, loderte es auf dem weitläufigen Ödland hinter dem Dorfrand, wo die Eisenbahner im Frühjahr nach dem Freiräumen der Schienen Berge von abgeholzten Erlen abgeladen hatten.

Bislang brannte nur das Gras. Aber der aufkommende Wind trieb den sich schlängelnden Brandstreifen zu den ausgetrockneten Erlenästen. Hätten sie Feuer gefangen, hätten die Flammen an Stärke gewonnen und sich auf Gärten und Datschen ausgebreitet.

Sie riefen die Feuerwehr vom Wärterhäuschen aus – alle

Fahrzeuge waren im Einsatz. Sie wollten Wasser aus Wasserhähnen in Eimer laufen lassen und hintragen, aber unmöglich! Die Wasserhähne stotterten oder spuckten wie ein Baby nur ein gelbliches, schwaches Rinnsal aus. Es versammelten sich vorwiegend Frauen, Jugendliche, die versuchten, das Feuer mit Ruten niederzuschlagen, mit Schaufeln Erde aufzuschütten, unkoordiniert, ungeschickt. Das Feuer schien diese Ungeschicktheit zu fühlen und wütete noch erboster, drang weiter vor, zielte mit Funken auf ihre Augen, griff nach ihren Ärmeln, betäubte sie mit Rauch.

Marejew bekam einen sauren Geschmack in seinem ausgetrockneten Mund. Ihm war völlig klar, dass es höchste Zeit war, nach Hause zu laufen und seine Großmutter in Richtung Landstraße zu bringen. Die vagabundierenden Flämmchen, die mit nur einer treffsicheren Salve aus einem Feuerwehrschlauch hätten gelöscht werden können, würden jeden Moment das Erlengestrüpp erreichen, sich zu einer Feuerwand aufrichten, ihre Zungen nach den Häusern ausstrecken …

In diesem Moment kam von irgendwoher Kaljuschny angerannt, furchtlos und kampfbereit, wie es kriegerische Kleintiere sind: Wiesel, Iltis, Marder. Er lief mit einem Dutzend Eimern an jedem Arm, und die Eimer krachten, polterten, vertrieben die Schockstarre, forderten das Feuer zum Rückzug auf.

Kaljuschny hatte wohl nichts gesagt, nur mit den Armen gerudert, aber die Menge regte sich, war zur Einmütigkeit erwacht. Die Menschen stellten sich in einer langen und daher ausgedünnten Kette bis zum Dorffeuerteich auf, der fast völlig ausgetrocknet war, mit Wasserlinsen überzogen und von Gänsen verdreckt. Natürlich waren sie schon selbst darauf gekommen, hatten aber gemeint, er wäre zu weit weg, das Schleppen zu schwer. Und Wasser gab es dort, besonders bei einer solchen Dürre, nur am Grund. Wobei das kein Wasser war, sondern eine faulige Brühe.

Aber die Menschenkette streckte sich so weit wie nötig, und das Wasser reichte. Sie übergossen und löschten das Feuer, als es schon auf das Erlengestrüpp übergegriffen hatte. Als sie, leicht angesengt, auseinandergingen, schauten sie sich fragend an – woher war diese Gewandtheit gekommen?

Kaljuschny war bereits verschwunden. Und auch die Eimer. Niemand erinnerte sich recht an ihn, niemand sagte – wie toll, er ist damit fertig geworden. Marejew, verschwitzt und verwirrt, schaute sich um, überlegte – und begriff, dass auch ein anderer, zum Beispiel sein Vater, hätte überblicken können, was zu tun sei und wie. Auch er hätte die Leute organisieren können. Und trotzdem hätte etwas gefehlt: wenige Sekunden, wenige Meter, noch ein Händepaar, ein letzter Eimer Wasser. Sie hätten das Feuer nicht eingedämmt.

Wie ein Zauberkünstler hatte Kaljuschny von irgendwoher diese unentbehrlichen Sekunden und Liter genommen. War mal hier, mal dort aufgetaucht, um die gefährlich ausgedünnte Menschenkette von Wasserträgern zu schließen. Hatte gezielt und sparsam das Feuer gelöscht und vorhergesehen, wohin die Flamme ausschlagen würde.

In der Nacht toste ein Gewitter. Platzregen schlug als Wassermasse auf das Dach und zerschellte. Und im Halbschlaf bildete sich Marejew ein, es sei Kaljuschny, der am Himmel wandelte. Mit Eimern rasselte, die Wolken zum Melken zusammenrief.

Im folgenden Jahr hatte Marejew aufgehört, Kaljuschny zu beobachten. Von den ersten Tagen an war der Sommer gefüllt vom Aufblitzen der Beine, Knie und Ellbogen von Mädchen, die ihn aus der Ferne anzustupsen schienen. Ständig verbrachte er seine Zeit am Teich, radelte über die Wege der Genossenschaft, hielt Ausschau, wo sie sich trafen, wohin sie spazierten, und nur sehr selten, wenn er an Kaljuschnys Grundstück vorbeikam, fragte er sich: Hatte er diesen langweiligen Alten tatsächlich Tag und Nacht beobachtet? Jetzt schien ihm, dass gerade diese Lossagung echtes Erwachsenwerden bedeutete.

Dann schloss er die Schule ab und immatrikulierte sich an der Baufakultät, ohne darin den Einfluss einer lenkenden Hand zu sehen. Er machte seinen Abschluss, verschwand immer häufiger auf Dienstreisen in den Norden, um Häuser und Industriegebäude auf dem dortigen, tückischen Grund zu errichten, mit dem Permafrost zu kämpfen, der Mauern und Fundamente zertrümmerte. Immer seltener kam er auf die Datsche: nur um den Eltern zu helfen, sie zu bringen und abzuholen. Doch die Nähe zur Erde, die tagtägliche Betrachtung ihrer driftenden, dunklen Eigenart, die Bauherren manchmal in eine Sackgasse führte, richteten Marejews Augenmerk bei seinen kurzen Besuchen erneut auf Kaljuschny.

Dieser lebte mittlerweile ganzjährig auf der Datsche: Seine Tochter hatte spät einen Mann gefunden und den Vater aus der Stadtwohnung verdrängt. Die Datschenbewohner hingegen waren zu Geld gekommen und bauten häufiger. Trotz seines Alters wurde Kaljuschny nun zum ersten Erdarbeiter, hob alles Mögliche aus – Gräben, Brunnen, Senkgruben, Vertiefungen für den Betonverguss. Geschickt und schnell war er, als hätte er sein Leben lang die Kunst des Schaufelns erlernt, obwohl man sich das nicht aneignen konnte, dafür reichte nicht einmal ein Jahr. Muskulös war er, stark, verjagte die Altersschwäche durch diese Arbeiten. Die Datschenwitwen, die ihre Männer bereits in ihren Sechzigern begraben hatten, machten geradezu Jagd auf ihn, schließlich trank und rauchte er nicht, schaffte Geld heran. Aber Kaljuschny erteilte den Damen eine Abfuhr. Ein gutes Dutzend von ihnen hegte Groll gegen ihn, begann sich zu rächen und das Gerücht zu verbreiten, er sei unredlich, lasse dort, wo er grub, Kleinigkeiten mitgehen oder vergreife sich am Werkzeug, dabei brachte Kaljuschny immer sein eigenes mit. Aber ließ sich so etwas widerlegen? Kaljuschny verlor also seine Kundschaft, und es tauchten auch neue Erdarbeiter auf, die weniger nahmen, aus dem Kaukasus, Zugereiste.

Sein Grundstück verwilderte, verdreckte, die ungepflegten Apfelbäume wuchsen ungestutzt, Haus und Gartenküche verfielen. Kaljuschny hingegen, immer noch munter, ratterte auf einem Motorroller mit Anhänger umher und schleppte von den Müllhalden allerlei Krempel, Sofas und Fernseher nach Hause. Schubkarrenweise fuhr er Lehm in eine Waldschlucht, folglich grub er etwas.

Wieder schien es Marejew, als bemerke allein er die seltsamen Aktivitäten des zurückgewiesenen Alten. Auch er hätte es nicht beachtet, wäre da nicht seine Kindheitserinnerung gewesen, jenes Bild: Wie Kaljuschny auf den Müllberg kletterte, stapf, klatsch – und das Band der Dinge war gelöst.

Diesen Sommer hatte man Marejew einen Fünfjahresvertrag in Afrika angeboten. Eine deutsche Firma, Bau eines Wasserkraftwerks, Projektierung des Abraumbetriebs. Ein ganz anderes Gehalt. Ein anderes Leben. Die Böden dort waren schwierig, schlammig, von Flusswasser durchtränkt, aber wenn er sich bewährte, konnte er nach Deutschland übersiedeln, zur Ingenieurselite aufsteigen, um die man sich auf dem gesamten Erdball riss.

Seine Angelegenheiten hier hatte Marejew schneller regeln können als gedacht. Und so fuhr er für zwei, drei Tage auf die Datsche: Ordnung machen, während seine Eltern auf einer Pauschalreise am Mittelmeer waren, gebucht schon im letzten Winter, vor diesem Stellenangebot. Eigentlich hätte er es nicht zu tun brauchen. Sie kümmerten sich gut um die Datsche, und er sparte nicht am Geld. Auch fühlte er keine Verbundenheit mit ihr. Er empfand sie als klein, eng – und abschreckend durch ihre unwandelbare Ordnung, durch die Anziehungskraft zwischen den Dingen, die ihre Zeit überdauert hatten, nicht für den vorgesehenen Zweck verwendet wurden, sondern von den Eltern lediglich um der Unveränderlichkeit ihres eigenen Lebens willen aufbewahrt wurden.

Marejew redete sich ein, er müsse noch einmal nach dem Rechten sehen: Aus Afrika kam man nicht alle Tage geflogen. Seine Eltern waren ängstlich geworden und erwarteten, dass Marejew Fürsorge zeigte. Natürlich wäre es ihnen lieber gewesen, wenn er gar nicht fortgegangen wäre, hier eine Familie gegründet, Kinder gezeugt hätte …

Als er sich bereits der Datsche näherte, dachte er: Eigentlich war er doch gekommen, um den alten Kaljuschny zu sehen und sich von ihm zu verabschieden. Der Gedanke war absurd und traf daher mit überirdischer, höchster Präzision ins Schwarze.

Kaljuschny war da, zeigte sich aber nicht im Garten. Abends schaltete sich ein Licht im Fenster seines Hauses ein, das um Mitternacht erlosch. War er krank? Einmal stand Marejew früh am Morgen nach schlechtem Schlaf auf und bemerkte von der Veranda aus, dass das Licht bei Kaljuschny noch brannte. War er ebenfalls aufgewacht? Oder hatte er das Licht am Abend nicht gelöscht?

Sofort hatte er die Vorstellung, wie der Alte dort lag, halb tot, unfähig, den Lichtschalter zu erreichen, und hoffend, dass es jemand bemerkte und erriet, warum das Licht noch angeschaltet war. Wahrscheinlicher war natürlich, dass der Alte eingeschlafen war und die brennende Lampe vergessen hatte. Nieselregen fiel, ein schläfriger, grauer Tag begann.

Dennoch zog Marejew eine wasserdichte Jacke an und ging nachsehen. Kaljuschnys Pforte war unverschlossen, und er fragte laut:

»Guten Tag! Ist jemand zu Hause?«

Die Stimme zerstreute sich, durchtränkt vom Nieselregen. Marejew öffnete das Tor und ging den Weg entlang zur Gartenküche. Er erinnerte sich, wie vor vielen Jahren dieser Boden seine Füße gepackt, ihn mit Kälte gebissen hatte. Jetzt aber blieb die Erde ruhig, als hätte der langanhaltende Regen sie eingelullt.

Die fadenscheinige Absicht, dem Alten zu helfen, zeigte nun ihren wahren Kern. Er war gekommen, um das Geheimnis zu erkunden, es zu lüften. Er würde hier nicht länger leben, es bestand keine Notwendigkeit, den Anstand zu wahren.

Marejew ging die Stufen zur Küche hinauf. Das Licht brannte nicht in der Küche. Er hätte nicht hierhin zu kommen brauchen, wenn er Kaljuschny retten wollte. Es ähnelte schon einer Hausdurchsuchung. Aber Marejew öffnete trotzdem die Tür und schaltete die Taschenlampe an seinem Mobiltelefon ein.

Kaljuschnys Küche war riesig, fünf mal fünf Meter, fast ein zweites Haus. Früher hatte sich Marejew bei diesem Anblick immer gefragt: Wozu brauchte der alte Mann so viel Platz? Was kochte er da, was aß er, ganz allein inmitten eines leeren Raums?

Nun jedoch war die Küche bis unter die Decke vollgestopft, angefüllt mit Kopfteilen von Betten, Schüsseln, Pfannen, Fässern, Fensterrahmen, Rohren, Fahrradrahmen, Harken, Heugabeln, Blechgießkannen, Kisten, Körben, Bienenstöcken, Sieben, Brettern, Stühlen; mit Müll. Marejew erkannte den abgenutzten, rostschuppigen Boiler, den er selbst vor zwei Jahren zum Müllcontainer gebracht hatte. Hier gab es Gegenstände von jedem Grundstück, von jeder Familie. Der frühere Müllberg war hier wiedererstanden, als wären sie damals in die wirkliche Behausung von Kaljuschny eingedrungen und er hätte selbst seinen Schlupfwinkel abgebaut, um ihn später hier neu zu errichten.

Es war seine Kraft, die den Berg damals zusammengehalten hatte, erriet Marejew. Deswegen konnte er ihn so einfach auflösen: stapf und klatsch. Er führte dort, beim Wärterhäuschen, ein zweites Leben als unsichtbarer Hüter, bewachte die Parzellen, denn sie gehörten ihm, und er nahm von ihnen eine Steuer in Schrott, hatte zu jeder einen Schlüssel. Zum Feuerlöschen war er geeilt, damit die Domäne, die zu hüten er sich verpflichtet hatte, keinen Schaden nahm. Deshalb wurde in unsere Datschen auch nie eingebrochen, dachte Marejew: Kaljuschny beschirmte sie. Seine Kraft hatte sie sogar dann geschützt, als er selbst noch in der Stadt überwinterte.

Marejew schloss die Tür zur Gartenküche. Er war sich sicher, dass hier keine Kraft mehr ruhte. Weder in der Erde noch in den Gegenständen, mit denen die Küche vollgestopft war. Etwas war mit Kaljuschny passiert. Und er würde sein Geheimnis nicht für sich behalten können.

Marejew betrat die Veranda des Hauses – die Stufen waren verschmutzt, der Alte hatte sich dort Lehm von den Sohlen gekratzt – und zog an der Türklinke. Die Tür ging auf.

»Ist jemand da?«, fragte er.

Stille.

Er erwartete im Inneren ebensolches Gerümpel. Doch nein: Hier war es geräumig, spärlich möbliert. Und es hatte seit mindestens einigen Jahren niemand mehr hier gewohnt. Niemand hatte im Bett geschlafen, auf den Stühlen gesessen, die Gegenstände berührt; der Staub verriet das unbestreitbar. Als wäre Kaljuschny gestorben, und das Haus stünde herrenlos da.

Marejew spazierte durch die Zimmer. Erfasste das Haus mit dem räumlichen Blick eines Ingenieurs. Erinnerte sich an den Lehm auf den Stufen. Schob mit dem Fuß einen abgetretenen Läufer beiseite – und erkannte die Ränder einer Luke.

Die Datschenbewohner hatten ihre Häuser nicht unterkellert. Da gab es nur flache Unterböden in den Küchen. Der Gedanke an Triebtäter flackerte auf und erlosch. In seiner Kindheit hatte man sich von so einem erzählt, sie nannten ihn den Würger, er hatte eine Riesengrube unter der Garage gehabt und Jungs angelockt, ihm bei der Reparatur eines Autos zu helfen.

Aber Marejew, der Baumeister, hatte schon üble Orte gesehen, ungute Häuser gekannt. Hier war es anders.

Auf dem Tisch, unter Zeitungen, lag ein zum Haken gebogener Metallstab. Marejew verhakte ihn in der Öse an der Luke und hob sie langsam an, bemühte sich dabei, nicht mit den Scharnieren zu quietschen.

Von unten drang Erdgeruch, abgestandene, verbrauchte Luft. Und es roch noch nach etwas anderem, nicht nach Mensch, nicht nach Tier. Das war kein Geruch der Straße, des Waldes, aber auch kein Wohnungsgeruch, auch wenn er Marejew bekannt vorkam. Er kannte den Geruch aus alten Häusern, die abgerissen werden sollten, aus denen die Mieter ausgezogen waren, wo es nur noch Verwüstung, kahle

Wände, herausgerissene Heizkörper, eine schreiende Leere anstelle von Wohnlichkeit gab.

Nach unten führte eine aus Erde geformte Treppe. Marejew beleuchtete die Stufen mit der Taschenlampe: Blutspuren? Nein, alles sauber.

Er zwängte sich durch die Öffnung und stieg hinab. Stickig war es und urkomisch, er sah sich selbst von außen, und die Hirngespinste zerstreuten sich. Meine Güte, dachte er, der Alte ist verrückt geworden! Er hatte doch sicher in seiner Jugend Zivilschutz pauken müssen. Jeden Tag stand damals ein Atomkrieg bevor, wurde im Fernsehen über Nato-Raketen schwadroniert. Und das hier war einfach ein Amateurbunker. Da unten befanden sich wahrscheinlich Liegen, ein Gewehr, Konserven. Ein dummer Bunker ohne Luftzufuhr, keine zwei Tage konnte man dort drinsitzen. Kaljuschny hätte das als Ingenieur wissen müssen. Und wenn nicht, dann hatte er ganz sicher den Verstand verloren.

Diese einleuchtende Erklärung beruhigte Marejew. Er stieg in das unterirdische Zimmerchen hinab. Tatsächlich: Die betonierten Wände waren mit selbstgebauten Regalen vollgestellt, darauf standen Dreilitergefäße mit Graupen, Nudeln, Mehl, Zucker. Auf einem Holztisch brannte eine Petroleumlampe. Warum hat er keine Stromleitung hierhergelegt? Meinte er, nach der Apokalypse werden die Kraftwerke abgeschaltet? War das seine Vorbereitung darauf?

Die Decke war niedrig, als hätten sich hier Kinder einen Unterstand gegraben, Marejew ging gebeugt. In der hinteren, dunklen Ecke stand ein Gitterbett, darauf lag ein Bündel Lumpen, Wattejacken und Decken.

Er hob dieses zusammengepresste Bündel hoch. In einer durchgelegenen Vertiefung, wie in einem Loch oder einer Höhle, lag zusammengerollt und kaum hörbar atmend Kaljuschny, geschrumpft, als hätte er sich verausgabt beim Graben; überwuchert von grauen Locken, dreckig, kaum ein Mensch, eher wie ein Maulwurf, dessen Körper für die unterirdische Enge geschaffen ist. Er verströmte diesen Geruch, der Marejew an verlassene Häuser erinnert hatte.

Marejew nahm die schwache Hand des Alten. Betrachtete Kaljuschnys Nägel, gelb, steinern, spitz. Der Puls war kaum zu ertasten. Aber Kaljuschny kam auf einmal zu sich, schnellte hoch, packte Marejews rechte Hand und presste sie mit der Innenfläche gegen die Innenfläche seiner Hand, die durchzogen war von den Linien des Schicksals.

Marejew konnte sich nicht losreißen, und die Handflächen wurden *eins*, blieben aneinander haften, und die fremden Schicksalslinien gingen auf ihn über. Prägten sich brennend ins Fleisch.

Er war abgestürzt in ein fremdes-schon-nicht-mehr-fremdes Gedächtnis. In eine Kellerwohnung, wo durch schmutzige, mit Laub behaftete Fenster unterhalb der Zimmerdecke nur die Schuhe von Passanten zu sehen sind. Er wohnt in diesem Verlies, vorbeifahrende Straßenbahnen treiben Erdwellen vor sich her, die das Geschirr im Schrank erzittern lassen. Und auf der anderen Straßenseite ist ein alter Friedhof, so ist er auf einer Höhe mit Särgen, in unmittelbarer Nachbarschaft der Toten.

In der Wohnung gibt es eine kleine Kammer, abgetrennt durch ein behelfsmäßiges Türchen mit Vorhängeschloss. Mutter bewahrt dort alte Dinge auf, die sie verbirgt, weil sie irgendwie falsch, sogar gefährlich sind und sich verstecken müssen. Dabei haben sie gar nichts Schreckliches an sich. Ein verstaubtes Sofa. Eine geschnitzte Etagere. Ein ausländisches Fahrrad mit der Nickelschnecke einer Klingel. Lederne Kavalleriestiefel mit gezahnten Rädchen von Sporen. Eine Standuhr mit der langen, glänzenden Zunge eines stillstehenden Pendels und dünnen, launischen Zeigern, die auf sechs Uhr dreiunddreißig stehen. Funkelnde Behälter zum Abkochen medizinischer Instrumente. Ein zerknautschtes Hörrohr. Mit Zwirn verschnürte Bündel fremdsprachiger Zeitschriften. Hirschgeweihe. Anmutige Stühle, dünnbeinig wie jene Hirsche, ohne Sitzpolster und Rückenlehnen.

Mutter hat strengstens verboten, ohne sie diese Kammer zu betreten. Anderen Kindern oder gar Erwachsenen von den Dingen zu erzählen, die dort lagern. Er hat sie gefragt, warum, da wurde sie wütend und laut: Weil es so sein muss! Weil ich dich darum bitte! Und ihr Gesicht war schmerzlich verzerrt.

Er aber will ja mit diesen Schätzen spielen, mit ihnen vor Freunden prahlen, besonders mit dem Erwachsenenfahrrad mit der kristallenen Leuchte vorn und dem roten Warnlicht am hinteren Schutzblech; er hat gelernt, wo der Schlüssel zum Schloss zu finden ist.

Daraufhin vertraut Mutter, eine meisterliche Märchenerzählerin, ihm ein ganz großes Geheimnis an: In der Kammer lebt Barmas. Das sind seine Sachen. Ihm gehört der Keller, in dem wir wohnen. Ein zänkischer, bösartiger Alter, er kann uns verjagen, die Kammer ist sein Zimmer, dort lässt er Fremde und vor allem Kinder nicht hinein. Er kann Kinder nicht ausstehen, die laut und unartig sind, die ihre Nase in das stecken, was ihnen verboten wurde.

Nun glaubt er an Barmas – ein für alle Mal. Aber auch er ist ein Geschichtenerzähler, ein Fantast, Sohn seiner Mutter. Das hat sie nicht bedacht.

Er modelt diese Gestalt auf eigene Weise um. Barmas wird in seiner Vorstellung zum Wesen aus einem vielzähligen geheimen Völkchen, das unterhalb der Stadt lebt, Gänge zwischen Kellern gräbt, überall auftaucht und alles – von unten – sieht; aus einem grimmigen Völkchen, dem Menschen nicht ganz gleichgültig sind, das jene beschützt, die ihm gefallen, und das sich mit alten Gegenständen bezahlen lässt.

Mutter hat schon einen Buckel, verliert die Sehkraft durchs Korrekturlesen, nimmt immer mehr Nachtarbeit mit nach Hause; er spürt ihre Angst, die Angst, einen Fehler zu machen, die Angst, einen Termin nicht zu schaffen, die Angst vor nächtlichen Schritten am Vordereingang, die Angst vor allem auf der Welt.

Und als würde er schon einen Schlupfwinkel herrichten, stellt er sich vor, dass in der Kammer bei Barmas, sobald Barmas den Befehl gäbe, sofort bequeme Betten, verschiedene Vorräte, Säcke voll Graupen, süße Zuckerhüte, Fässer mit Hering in Salzlake, Schachteln mit Süßigkeiten auftauchen. Barmas kann sie verstecken, falls ein Unheil einbricht. Und es dann so einrichten, dass das Türchen von außen nicht zu finden ist.

Einmal, als Mutter zur Nachtschicht in der Druckerei ist und draußen ein so heftiger Wind aufkommt, dass auf den Dächern lose Eisenbleche poltern, schleicht er sich mit der Petroleumlampe in die Kammer und bittet schutzsuchend:

»Barmas, zeig dich!«

Da regt sich etwas in der Dunkelheit unter dem Sofa. Selbstverständlich eine Ratte, aber genau diese Bewegung reicht ihm, um glauben zu können: Barmas hat reagiert.

In den folgenden Tagen fängt er an, vom Abendessen Brotkrusten, Zuckerkörnchen, Keksstückchen abzuzwacken. Darin liegt keine Logik: Warum sollte Barmas deine Krümel brauchen, wenn er unzählige Vorräte hat? Aber er meint, das muss so sein. Ein Opfer. Barmas wird es verstehen.

Die Opfergaben werden von einer Ratte aufgefressen. Und er glaubt – Barmas hat es geholt und wacht. Über ihn, über Mutter. Über das ganze Haus. Sogar über den boshaften Hausmeister Tschubak und seine bissige Hündin Maruska. Er wacht – und hat für den Ernstfall einen Platz für sie in der Kammer reserviert. Hält seinen Teil der Abmachung ein.

Dann beginnt der Krieg. Bald bleiben die Straßenbahnen stehen, versetzen der Erde keine Stöße mehr, rütteln nicht an den Mauerziegeln. Durch das Kellerfenster sind immer wieder Soldatenstiefel zu sehen, die über das Kopfsteinpflaster klappern, später Halbstiefel und Wickelgamaschen, und schließlich wird das Fenster verhängt: Tarnung.

In die Schule geht er nicht mehr. Aber Mutter geht arbeiten; außer Müdigkeit bringt sie jedoch fast nichts mit nach Hause. Wie zuvor versteckt er Krümel vom Tisch, bringt sie in die Kammer, aber sein Glaube verbittert. Mehrmals hat er Barmas schon gebeten, sie einzulassen, zu ernähren; aber Barmas hat nicht geantwortet. Mutter beklagt sich manchmal darüber, dass auch viele Erwachsene sich gegenseitig nicht mehr helfen. Das macht Barmas ganz real. Also hatte Mutter recht: Barmas ist tatsächlich ein widerlicher alter Mann, wenn er im Verlies sitzt und fett wird vom Mampfen.

Und auf einmal wird ihm klar: Seine Vorräte sind gestohlen. Von den Leuten gestohlen. Und das bedeutet, man muss sie ihm wegnehmen. Und den Dieb bestrafen.

Selbstverständlich wendet sich sein Glaube nicht sofort. Zuweilen hofft er noch, der alte Barmas kommt zurück. Er ist nur weg, nicht in der Kammer, immerhin herrscht Krieg, dieser Krieg hat auch sein Völkchen erschreckt: Die Bombeneinschläge reichen gar bis zum Keller.

Nun sind nicht einmal mehr Krümel da. Aber er geht immer wieder in die Kammer, um zu zeigen: Ich weiß es noch, sobald etwas Essbares auftaucht, bringe ich was.

Inzwischen hat der Winter Einzug gehalten, die Straßen sind zugeschneit, man kommt kaum aus dem Haus. Früher hätte der Hausmeister Tschubak sie freigeschippt. Aber zuerst verschwand die Hausmeisterhündin Maruska, und nun ist auch er nicht mehr da. Der Schnee am Fenster schmilzt nicht, türmt sich, droht, das Fensterglas einzudrücken, in den Raum zu stürzen. Mutter geht dazu über, den Ofen mit Dingen aus der Kammer zu heizen.

Das ist wohl der Moment, in dem er sich durchringt. Die Wende hat sich ganz langsam in ihm vollzogen. In dieser Zeit geht einfach alles ganz langsam, wie bei grimmigem Gegenwind.

Zuerst wählt er das Messer. Früher hat das Messer Fleisch und Gemüse geschnitten, jetzt hackt Mutter ungeschickt Holzscheite damit. Sie bricht mit Kohlhackmesser Holz aus dem Fußboden in der Kammer und macht Scheite.

Jetzt ist dort ein Loch, in der Kammer. Ein Loch nach unten, ins Verlies, durch das Barmas wohl verschwunden ist.

Eines Tages ist Mutter gegangen. Durch die vereiste Stadt zur besten Freundin. Deren Vater ist Arzt, ein Militärchirurg, mit großer Ration.

Er, völlig entkräftet, durchsucht wie im Halbschlaf das Zimmer, um etwas Essbares zu erschnüffeln. Und in dem Kistchen, wo Lottosteinchen, Karten und Würfel liegen, findet er ein Stück Würfelzucker. Vor langer Zeit, als es noch Zucker auf der Welt gab, hat er aus irgendeinem Grund dieses Stück Würfelzucker entwendet, schwarze Punkte an die Seiten gemalt: eins, zwei, drei, vier, fünf, sechs. Er hat sie aufgemalt und das Stück in der Lottoschachtel versteckt.

Er stopft es sich in den Mund und nagt daran, aber der Zucker gibt nicht nach, der wird ja mit einer Zange zerkleinert. Und dann sagt in seinem Kopf eine unangenehme Stimme, ähnlich der Stimme des Hausmeisters Tschubak, der früher den älteren Jungs gern Diebestricks beigebracht hat:

»Tja, du Dummerjan! Leg doch das Zuckerstückchen in die Kammer, direkt neben das Loch. Und warte daneben. Dann kommt dein Barmas. Was bleibt ihm übrig? Die sind auch hungrig.«

Und als sich dann etwas Kleines, Flinkes im Loch regt, sticht er mit dem Messer zu. Barmas stürzt los, springt ihn an, und er schleudert ihn von sich, stößt mit dem Messer zu, trifft dabei den Fußboden, die Erde, Lebendiges und Klebriges, Pelziges und Schwaches, aber Bissiges. Barmas versucht wegzukriechen, sich in seinem Verlies zu verstecken, aber schon hat er dessen kleinen Körper gepackt und schleudert ihn gegen den Rand des Lochs, gegen die spitzen, abgebrochenen Dielen.

Als er innehält, merkt er, dass Barmas weg ist. Da herrscht nur noch schreckliche Leere an dem Ort, den er in seinem Herzen eingenommen hat.

Am Morgen kommt Mutter zurück – mit einer Dose Milchpulver; einem Glas Zukunft, die sich bis zum Frühjahr ausdehnt.

Sie zerlegt und kocht die tote Ratte – und lobt ihn für seinen Mut.

Er isst das Rattenfleisch, und es kommt ihm so vor, als fülle sich die Leere in seinem Herzen mit etwas, was beunruhigend ist und ekelerregend, als ob der getötete Alte, der sich im Tod in eine Wanderratte verwandelt hat, ihn auslachen würde.

Würgend und hustend zog Marejew seine Rechte aus Kaljuschnys gefühlloser, kalter Hand.

Er spürte ein seltsames Jucken unter den Nägeln, als würde dort etwas einschneiden.

Er wollte graben.

DIE SCHEUNE

Die Scheune stand weit entfernt zwischen den Hügeln, an einer halb überwucherten Biegung der Straße, die früher zum Nachbardorf führte – im vergangenen Krieg trugen dort sowjetische Pioniere die Hütten ab, um Balken für Knüppeldämme in den Sümpfen zu gewinnen. Drei Felder liefen keilförmig an der Scheune zusammen. Der magere, klumpenfreie Boden, der nicht am Eisen der Pflugschar haftete, durch helle Sandkörnchen fein schimmerte, drückte jedes Frühjahr Steine an die Oberfläche: so groß wie ein Hühnerei, wie die Faust eines Schmieds, wie ein menschlicher Kopf, wie ein Ferkel … Von uralten Gletschern wunderlich geschliffen, durch Regenfälle vom Staub befreit, wirkten die wie Gemüse geformten Felsbrocken – glutrote Quarzite, rosafarbene Granite mit gelb funkelndem Glimmer – wie Gaben dieses freudlosen Bodens, wie üppiges, knorpeliges Steinfleisch für den Tisch der Kobolde aus Wald und Sumpf, für die knochigen Riesen, die Bewohner der Hügel.

Auf einem kniehohen Fundament aus Feldsteinen, die von fetten weißen Quarzadern durchzogen und mit Flechten bewachsen waren, stand sie, die Scheune. Sie war aus Ziegelstein, so dunkel, als wäre er im Brennofen überhitzt worden und angekohlt, eine hier unbekannte Sorte, die Ziegel etwas schmaler und kürzer als üblich. Die Mauerung war ebenmäßig, mit einem derart erschreckenden Übermaß an Präzision ausgerichtet, dass man sich fragte: Ist das tatsächlich eine Scheune? Wurde sie wirklich von Menschen gebaut?

Ein einfaches Rechteck von Wänden. Ein mit rostendem Eisen gedecktes Giebeldach. Aber die äußerste Strenge der Mauerung ergab ideale Winkel, und dieses Ideale, das hier, in dieser kargen und ärmlichen Gegend mit Hügeln und Sümpfen völlig unnötig war, reizte das Auge. Und je länger ein zufällig Vorübergehender hinsah, umso mehr wollte er die Augen zusammenkneifen, die Scheune ungesehen machen, als würde in der geometrischen Genauigkeit der Linien eine unfreundliche, hellwache Kraft hervortreten.

Die Scheune wirkte überdimensioniert. Egal, was man angepflanzt hätte, es gab kein Gewächs, kein Obst, kein Gemüse oder Getreide, mit deren Ernte von den drei anliegenden Flickenfeldern man sie zumindest zu einem Drittel hätte füllen können. Daher konnte man meinen, die Scheune sei nicht für eine alltägliche Ernte gebaut worden, sondern für irgendein Fruchtbarkeitsfest, für einen unbekannten Pflanzenstamm, für wundersame Samen, die dreimal, viermal so ergiebig waren wie andere.

Die Scheune war lang, erstreckte sich parallel zur Talachse. In den Abendstunden, wenn das kupferfarbene Sonnenlicht sie hinter dem Bergsattel hervor anstrahlte, wuchs und dehnte sie sich noch mehr aus. Die umliegenden kargen, gesprenkelten Wälder, die abschüssigen, ausdruckslosen Hügel, die moosbewachsenen, kahlen Flecken der Sümpfe hingegen neigten, beugten, kauerten sich nieder. Und dann schien es – für Minuten –, als könnte man die gesamte Umgebung in die Scheune stecken, wie in einen Schrein, nachdem man sie sorgfältig zerlegt, die Einzelteile aus Stecklöchern und Fugen gelöst hätte. Und nur die Scheune selbst, außen riesig und innen grenzenlos, würde dann im leeren Raum schweben, völlig regungslos, ohne das Gewicht all des Untergebrachten zu spüren.

Großspurige Kenner, Landstreicher, vorüberziehendes Volk, sie glichen die Prägung auf den Ziegeln ab und erklärten, die Scheune sei wohl von Deutschen gebaut worden. Ein altes, vorrevolutionäres Gebäude, die wollten wohl Zuckerrüben anbauen, hatten sich weitere Felder abgeteilt und gerodet. Aber derartige Gerüchte prallten an der Scheune ab, fügten sich nicht in die volkstümliche Genealogie.

Die Vögel bauten dort keine Nester. In den Sparren siedelten keine Holzkäfer. Und nur die scheuen, leichtfüßigen, flinken Rehe kamen am frühen Morgen, wenn das Fundament sich mit Tautropfen bedeckte, um das Salz abzulecken, das als weißlicher kristalliner Belag auf den Zementfugen zwischen den Felsbrocken hervortrat, woraufhin sie davonstoben, hinter Schatten und Nebeln in die nahegelegenen Waldstücke verschwanden.

An den hölzernen Scheunentoren, die mit Bändern aus pockennarbigem, die Abdrücke des Schmiedehammers wahrendem Eisen beschlagen waren, hing in breiten Ösen ein brüniertes Vorhängeschloss, so wuchtig wie ein Stierherz.

Das Schloss bestand offensichtlich aus Waffenstahl, war nach Waffenstandards geschmiedet; es stand in enger Verwandtschaft mit den klugen und präzisen Mechanismen des Krieges; es roch nach Waffenöl, und dieser Geruch verflüchtigte sich auch über die Jahre nicht. Das Schloss war ebenfalls überdimensioniert, wie ein Starkasten oder ein Puppenhaus, und es schien, als könne darin der Beschließer leben, Geist und Wächter der Scheune.

Einen Schlüssel hatte niemand.

Und niemand hat ihn je gesehen.

Alle Einheimischen wussten oder waren davon überzeugt, dass die Scheune leer stand – was hätte darin auch sein können? Aber das Schloss, kompliziert wie ein Uhrwerk, demonstrativ und einschüchternd wie ein Amtssiegel, bezeugte, dass es in der Scheune etwas gab, das einen solchen Schutz wert war.

Jedes Gebäude in der Gegend hatte eine Aufgabe. Ob nun Getreidedarre, Stall, Schuppen, Haus, Zimmer oder Keller, alles diente einem Zweck. Aber die Scheune zwischen den fernen Hügeln war vom Kreislauf bäuerlicher Angelegenheiten ausgeschlossen. Sie verfiel zwar nicht, stand aber einfach nur verlassen, unbenötigt, unzweckmäßig da, war zu groß für die kleinen Unternehmungen des Ortes. Es kam vor, dass irgendein Neuling, ein hierher beorderter Hitzkopf die Ziegel abtragen oder dort eine Zweigstelle der Kolchose einrichten, Fenster einsetzen, Strom verlegen, die Straße ausbessern wollte. Aber dann verschob er es immer wieder, vergaß die Sache über Routine, in der alltäglichen Tretmühle, wurde heimisch, mürrisch, schläfrig – oder er ging fort in einen anderen Bezirk, wo er dann seinen neuen Saufkumpanen von dieser seltsamen Kuriosität erzählte. Es kam vor, dass überraschend eine Kommission kam, Prüfer hereinschneiten und auf die Scheune stießen, sie öffnen lassen wollten. Wenn sie erfuhren, dass es keinen Schlüssel gab, warfen sie mit stumpfsinnigen Obszönitäten um sich, stießen Drohungen gegen Menschen, den Himmel, die Hügel aus und forderten einen Werkzeugmacher an, der das Schloss mit einem Brenner entfernen sollte. Aber während noch einer gesucht und gebracht wurde, hatte sich der Furor der Fremden gelegt, eine stumpfsinnige Trägheit trat an seine Stelle, und schlecht gelaunt fuhren sie davon.

Die Ansässigen hingegen betrachteten die Scheue nicht als ihr Eigentum, als ob sie hinter einer unsichtbaren Linie des Erschlossenen stünde, das durch Fäden des Besitzes und der Erbfolge zusammengehalten wird. Bei ihrem Anblick wurden sie sich ihrer erneut bewusst, empfanden erschaudernd ihre Wuchtigkeit, ihre Eigenart – und hatten sie wieder vergessen, bis zum nächsten Mal. Kinder, die unabhängig von den wortlosen Absprachen der Älteren sind, hätten von ihrer Rätselhaftigkeit fasziniert sein können. Aber in dieser Gegend kamen nur selten Kinder zur Welt, als gäbe es eine verborgene Zwietracht zwischen Mann und Frau. Und wer geboren wurde, schien – von Kindesbeinen an – bereits wie ein Erwachsener, umweht von der rußigen, bitteren Fadheit des Lebens.

Eines Tages jedoch, in einem seltsamen Jahr, als im August die Gegend von Hasen überschwemmt wurde, von großen grauen Hasen, die alle Vegetation abnagten, wochenlang durch die Büsche huschten, den Donner der Jagdgewehre nicht zu hören schienen und offenbar auch nicht vor den Todesfällen in ihrem Stamm erschraken, brachte Anna, die unverheiratete Buchhalterin der Kolchose, einen Jungen zur Welt. Der Vater war nicht von hier; im Herbst zuvor hatte Anna einige Kurse im Regionalzentrum besucht, dort wurde sie auch schwanger. Niemand verurteilte sie dafür, schließlich war das eine Angelegenheit von erwachsenen Menschen. Als Buchhalterin war Anna die beste, so eine fand man kein zweites Mal, lockte so eine nicht in die abgelegene Kolchose, und Anna war ja auch 35, bald wäre es zu spät gewesen.

Anna war flachsblond, sommersprossig, schlaff, hatte aber einen kräftigen Knochenbau; Fleisch vom Fleisch der kargen Hügel und Felder war sie, auf denen anspruchslose rotbraune Kühe mit weißen Wolkenflecken weideten. Langsam und ruhig addierte sie die Zahlen, und immer stimmte bei ihr die Rechnung, als würde sie durch die Buchhaltung, durch das Zählen von Menschen, Geld und Dingen allmählich das Leben in diesem Landstrich verbessern, aus wenig viel machen.

Ihr Junge jedoch, Iwan, geriet anders, kam nicht nach der Mutter, war von fremder Art – von klein auf auch ohne Sonne braungebrannt, schwarzhaarig, munter. Er kletterte von selbst aus seiner Wiege, kroch eigenständig aus dem Haus, konnte stehen, bevor er ein Jahr alt war, verließ das häusliche Terrain, bevor er zwei war ... Und da erwachte bei den Dörflern ein argwöhnisches Interesse, ein Gefühl wie ein Lufthauch. Es begannen die Ältesten, Alteingesessenen, ihn wie von ungefähr zu beobachten, ihn in Gesprächen scheinbar zufällig zu erwähnen, ohne Lob oder Missbilligung, doch weil sie es immer wieder taten, erzeugten sie mit dieser Reibung der Wörter eine Art unguter Elektrizität, eine wachsende Spannung.

Dann, als er drei war, zeigte sich: Der Junge spricht nicht. Und er wird auch nie sprechen, sagte der angereiste Arzt, da braucht man sich keine Mühe zu geben, Operationen helfen nicht, Psychotherapie hilft nicht, es liegt am Kehlkopf, dort fehlt ein wichtiger Muskel.

Die Dörfler bemitleideten Anna wortreich. Doch dabei fassten sie scheinbar neuen Mut: Die Häme blitzte nur auf und erlosch, versank im sandigen Boden.

Bis zu seinem achten Lebensjahr lebte Wanja unter allgemeiner Aufsicht. Die Mutter war bei der Arbeit, im Büro, und er spazierte durchs Dorf, kam manchmal in die Gärten, in die Häuser. Ruhig war er, höflich, aber ausdauernd wie eine Ameise. Einige waren froh über seine Anwesenheit, andere hielten ihn um Annas willen aus: Sie war eine wichtige Person, konnte eine Auszahlung zurückhalten oder aber ein Rubelchen aufschlagen.

Aber dann bemerkten sie, dass er oft in dieselben Häuser ging. Und dort die immergleichen Dinge anschaute.

Er stand nur da, eine Minute, zwei – und schaute.

Zur dunkelblauen, emaillierten Zweiliterkanne.

Zur kaputten Kuckucksuhr.

Zum flaschengrünen Aschenbecher.

Zur Blechgießkanne.

Zum weinroten Lampenschirm aus Samt, von Motten zerfressen und mehrfach gestopft.

Zur zusammengerollt an einem kleinen Nagel hängenden Peitsche aus seltenem Leder, die einen lauten Knall machte.

Zur Schaufel, einer ganz gewöhnlichen Schaufel, angelehnt an die Scheunenwand.

Zur Porzellanfigur einer Ballerina mit abgebrochenem Rand am aufgebauschten Ballettrock.

Zum Rollbandmaß im Regal.

Zum dicken, bleiernen Mantel aus dunkelgrünem Vorkriegsstoff.

Zur breiten Schneiderschere.

Zur Nähmaschine mit Pedal.

Zur Petroleumlampe.

Zur gestanzten Wetterfahne – einem Blechhahn auf dem Dach.

Zum langen Glasthermometer am Fenster, mit leuchtend roter Ader.

Zum verstaubten kleinen Wandteppich mit Hirschen.

Zum Tischspiegel.

Zum schmiedeeisernen, verrußten Schürhaken.

Zum Stuhl mit geschnitzter Rückenlehne.

Zum Bild an der Wand, eine Reproduktion in einem Billigrahmen, Schischkins »Morgen im Kiefernwald«.

Sie hatten es nicht sofort bemerkt, denn Wanja verstand es, zu entwischen, sich aus Zeit und Aufmerksamkeit zu stehlen. Aber eines Tages, als er beim alten Markel war, dem Wächter der Kolchose, fing unter Wanjas Blick jene Kuckucksuhr wieder an zu gehen, die vor Jahrzehnten stehen geblieben war.

Markel war ein entfernter Verwandter von Anna, Onkel zweiten oder dritten Grades. Ein unbedeutender Mann und irgendwie primitiv, von allen herumgeschubst: Markel mach dies, Markel mach jenes, Markel hol mal, Markel bring mal. Alle schienen dabei zu wissen, dass Markel diese Rolle freiwillig und zu seinem Vergnügen spielte, aber jederzeit damit aufhören konnte. Deshalb machte ihm niemand Vorwürfe, dass er die Anweisungen eigentlich nie richtig ausführte, Markel nirgendwo hinging, nichts suchte. Er war Langschläfer, stand erst nach Mittag auf, hing tagsüber im Schuppen herum, fertigte an einer Werkbank irgendwelchen Tinnef, Figürchen wohl, aus Holz und Metall, oder er schliff Blinker fürs Angeln. Und gegen Abend nahm er seine schwarze Joppe, putzte sein Gewehr, füllte hochwertiges Petroleum in seine »Fledermaus«-Lampe. Während die Dämmerung der Dunkelheit wich, rauchte er noch eine Zigarette auf der Veranda und ging fort bis zum Morgen – seine hellgelbe Lampe schimmerte in der Dunkelheit hinter Bauernhöfen und Kuhställen, auf nahen Weiden, an Feldmesssteinen, an Brunnen, an der Wassermühle am Bach, in der Nähe der Schwarzen Schlucht, wo man Kadaver und Müll ablud, am Teich, an der Kreuzung von Feldwegen – und an jener fernen Feldscheune ebenfalls.

Weit schritt Markel aus, Werst um Werst lief er in der langen Nacht. Nie war er krank, nie hatte er Wehwehchen. Ob Sonne, Schneewand, sintflutartiger Herbstregen – immer ging der Wächter mit seiner Laterne, mit dem Militärgewehr hinaus, um das nächtliche Böse zu vertreiben.

Die Jüngeren fragten sich: Was genau bewachte Markel eigentlich? Was gab es im Dorf schon zu holen? Und vor allem, wer würde hier stehlen? Menschenleer war die Gegend, nur unausgefüllte Kilometer. Weder Diebe noch Banden. Nur alte Schützengräben und Massengräber unter bescheidenen, versilberten Pyramiden. Wenn sie ein wenig älter wurden, spürten sie jedoch das Leben auf Erwachsenenart und begriffen eines Tages: Markel tut, was getan werden musste, zum Wohle aller, und sie schauten aus den Fenstern ihrer Häuser auf die in der Nacht flackernde gelbe Laterne mit einem Gefühl aus Dankbarkeit und Besorgnis: Dankbarkeit gegenüber Markel, dass er rund um das Dorf in Verteidigungsstellung gegangen war, und Besorgnis, weil der nächtliche Markel etwas wusste, was der Markel des Tages nie erzählen würde.

Markel war es auch, der am Abend, vor seinem Dienst, nun zu Anna kam, um zu reden. Seine Joppe war gegürtet, das Gewehr hing über der Schulter, und auf dem Kopf trug er eine Mütze ohne Kokarde. Hochgewachsen war er, größer als jeder andere im Dorf, hager, und er roch nach Tischlerlack. Wie nach einem Erwachen dachte Anna zum ersten Mal, dass Markel den anderen Dorfbewohnern unähnlich war, von einem besonderen Schlag, gleich dem ihres Sohns Iwan und dessen unbeständigen Vaters, an den sie sich kaum noch erinnerte, weil sie ziemlich betrunken und angeheitert gewesen war.

»Grüß dich, Anna«, sagte Markel und rückte argwöhnisch seine Mütze zurecht, bewegte sie um einen Millimeter, um dadurch eine allein ihm bekannte, unverzichtbare Exaktheit zu erreichen.

»Grüß dich, Onkel Markel.« Anna hatte bereits von den Nachbarinnen gehört, dass sich Markels alte Uhr unter Wanjas Blick wieder in Gang gesetzt hatte, und sie wollte ihren Sohn in Schutz nehmen, dem Wächter sagen, er solle doch dankbar sein, zwei Uhrmacher hätten die Reparatur abgelehnt, und hier habe es weder Geld noch Mühe gebraucht, der Mechanismus habe sich von allein in Gang gesetzt. Aber Markel rückte nochmals seine Mütze zurecht, hob sie ein wenig und schaute Anna eindringlich an. Anna zuckte zusammen und empfand das, was sie sich lange Zeit nicht hatte eingestehen wollen: dass Iwan nicht ihr Sohn war, denn er hatte nichts, auch nicht ein Blutströpfchen von seiner Mutter, und das spürte sie. Alles an ihm stammte vom Vater, dem zufälligen, flüchtigen Vater. Und vielleicht nicht nur vom Vater allein, sondern vom ganzen verstreuten väterlichen Stamm, von all seinen Geschlechtern und Generationen, den vielen Verzweigungen der Lebenden und noch mehr der Toten. Aus Staub und Asche wurde der Sohn geboren, aus dem Nachtwind des Ödlands. Mit ihr jedoch hatte er nichts Verwandtschaftliches und würde es nie haben.

Und deswegen sagte Anna:

»Wanja kränkelt etwas. Fieber hat er, Schüttelfrost, bildet sich alles Mögliche ein. Er bleibt eine Woche zu Hause, liegt auf dem Ofen.«

Markel kaute auf seinen dünnen, blutleeren Lippen, knetete seine Schläfe mit dem Finger und sagte:

»Nun gut.«

Von diesem Tag an ging Wanja nur noch selten im Dorf spazieren, und anderer Leute Häuser betrat er überhaupt nicht mehr. Anna hatte einen großen Garten, drei Dutzend altersschwacher Apfelbäume, durch Pfähle abgestützt, mit Draht zusammengehalten, – die konnten jeden Moment auseinanderbrechen: innen verfault, Ameisen lebten darin. Die Kronen verwildert wie eine ungekämmte Mähne, die Äpfel klein, ganz fleckig. In diesem Garten hatte er sich nun eingerichtet, einen kleinen Schuppen aus Gerümpel gebaut, irgendwo im Gras Werkzeug gefunden. Er schrubbte nun mit einer Kupferbürste die faule Rinde von den Apfelbäumen, sägte mit einem Fuchsschwanz die unnötigen Äste ab, die nur die Säfte aus dem Stamm zogen. Und am Ende des Herbstes erhellte sich der alte Garten, atmete auf.

Im Frühling dann erblühte er explosionsartig. An nur einem Morgen hüllte er sich in Rosa und Weiß: kein Nebel, sondern dicke, undurchdringliche Wolken mit einem glatten, abgerundeten Rand, wie von einem Künstler gemalt.

Bei den Dörflern löste der neuerblühte Garten eine vage, flüchtige Verwirrung aus. Als hätten die malerische Anmut, die Wiedergeburt der Bäume und die Verheißung von Früchten keineswegs das erweckt, was sie erwecken sollten. Schön war er, aber in dieser Schönheit lag etwas Beunruhigendes. Zu duftend, zu grell war sie – und dahinter schien alles unlebendig; als wolle sie etwas andeuten.

Deshalb gingen sie ihren alltäglichen Angelegenheiten nun so nach, dass sie den Garten nicht sehen konnten. Sie sprachen nie direkt über ihn, erwähnten ihn nicht einmal, warteten insgeheim auf die kommenden Fröste, auf eine Kälteattacke, die die Blütenblätter schwarz färben, schrumpfen und abreißen würde. Aber in jenem Mai blieben die Fröste aus, auch wenn sie sonst jedes Jahr kamen. Daraufhin sprachen sie in Andeutungen darüber, dass manchmal die ganze Kraft in die Blüte überging: Die Blütenstände sind dann üppig, eine Augenweide, Fruchtknoten bilden sich aus – aber dann reifen die Äpfel nicht weiter, bleiben grüne Zwerge, Missgeburten.

Verstohlen spähten die Weitsichtigsten von ihnen und mutmaßten: Reiften die Äpfel? Wurden sie rund? Füllten sie sich mit Saft? Und aus allem ergab sich, dass die Experten wohl recht behalten sollten: Im Juni waren die Äpfel an den Ästen eingeschlafen, wie ein lebloses Baby im Mutterleib.

Sie wuchsen nicht.

Und das verschaffte allen irgendwie Erleichterung und Freude, als hätten sie vor Gott weiß was, einem Narrenstreich Angst bekommen, ihn als echte Bedrohung wahrgenommen. Wieder gingen sie die gewohnten Wege, blickten spöttisch in den Garten, zeigten einander, Daumen und Zeigefinger auf zwei Zentimeter gespreizt: So kleine Äpfelchen sind das, ja!

Sie wuchsen immer noch nicht.

Im Juli gab es gleich in den ersten Tagen einen Sturm. Die Gegend war ja windig. Zwischen den Hügeln flossen Luftströme, nur ganz selten gab es einen Tag, an dem die Ähren auf dem Feld stillstanden und die Äste nicht schwankten. Immer gab es Arbeit für den Wetterhahn, und für die gewaschene Wäsche Labsal und Kühle. Auch nachts ließ der Wind nicht nach, er blies und blies, und dann zitterten und belebten sich die Schatten, die Markels Laterne warf. Die Alteingesessenen fühlten sich in anderen Gegenden fremd: Dort war die Luft träge, verdickt, wenn einer ausatmete, atmete ein anderer ein, als würde man aus derselben Schüssel essen. Doch hier zu Hause, wenn man da seine brennende Papirossa nicht in der Faust verbarg, rauchte sie der Wind in einer Sekunde selbst auf, brannte sie nieder, dass die Funken flogen!

Jener Orkan jedoch war ungewöhnlich. Normalerweise sammelten sich die Wolken über eine Woche, zogen umher, gärten am Himmel wie in einem Bottich. Jetzt aber wurde der Himmel gegen Abend grau, dann verdunkelte er sich, als würde er sich wölben, als drücke ihn etwas von der anderen, der Oberseite nieder. Im Laufschritt sammelten sie ihr Zeug auf, trieben das Vieh hinein, schlossen die Fensterläden, prüften die Riegel und verschanzten sich in den Häusern, und nicht einmal Markel ging zum Wachdienst hinaus. Drückende Stille, fast schmerzten die Ohren, knirschten die Fensterrahmen, und es drückte und drückte, einer der Kleinen bekam Nasenbluten, eine Katze warf tote Junge, in einem leeren Raum zerbarst eine Glühlampe, eine Ikone weinte harzige Tränen …

Und in der Nacht dann brach es los. Der Wind sauste, als käme er von einem Berg herab, brüllte mit hundert Stimmen: Schreie und Stöhnen, Gebete, Schluchzen und Weinen. In seinem Flug drückte der Wind die Häuser in den Boden, durchbohrte die Balken der Wände, blies die stickige Luft heraus, füllte Zimmer, Schränke, Keller, Kommoden, Körbe, Kissen, Gläser, konnte nur in Glühbirnen und Thermometer nicht eindringen; heller und rascher brannten die Kerzen herunter, fortgepustet und davongetragen wurde der Staub der Jahre, und die Dinge klirrten und rasselten.

Draußen herrschte tiefe Dunkelheit. Die Dorfbewohner lauschten: Ob wohl die Apfelbäume im alten Garten umfielen? Die morschen Stämme brachen? Und alle meinten, ein Knistern der Bäume zu hören, und der Orkan ließ sich leichter ertragen, als wäre er geschickt worden, um den Garten zu zerstören, doch wir, sagten sie sich, haben nichts damit zu tun, nicht für uns ist das Unwetter bestimmt.

Der Garten stand am Morgen unversehrt da. Der grimmige Nachtwind schien ihn erfrischt, seine Frisur verändert zu haben. Der Garten war derselbe und dennoch verändert, als wäre er über Nacht gewachsen, hätte mit seinen Wurzeln eine Süßwasserader ertastet und sich sattgetrunken, Haltung angenommen.

Und die Äpfel – scheinbar noch dieselben, steinhart, grün, Erbsen eigentlich – sie schienen nun größer als am Tag zuvor.

Wohl hatten die Stimmen des Windes sie geweckt, sie aus ihrer Benommenheit, ihrem Schlaf geholt, denn im Juli schwollen die Äpfel rasch an, holten an Größe und Gewicht auf, entwickelten eine zarte Röte. Der Garten wurde fülliger unter der Last der Früchte. Und die Dorfbewohner sprachen wie von ungefähr davon, dass die Stämme ja morsch seien. Innen nur Mulm. Und auch die Zweige seien morsch, das Mark verdorben. Bald würden sie brechen, egal, welche Stützen man hinstellte. Und dann vernichtet sich die Apfelernte selbst.

Die Äste knackten, neigten sich tiefer und tiefer – aber kein einziger brach. Der Junge Wanja hatte im Wald tatsächlich mit einer kleinen Axt Stützen gehackt, sie geschickt aufgestellt, Winkel und Neigung stimmten – aber die Feinfühligsten, und ganz besonders der alte Markel, spürten, dass nicht sein Können der Grund war. So viele Äpfel waren gediehen, ein solches Gewicht drückte auf die Äste, da halfen auch keine Stützen. Sie mussten versagen, mussten brechen, es gab immer eine Schwachstelle … Aber sie brachen nicht, als hätten sie noch einen anderen Halt als den der Stützen.

Sie hielten sich in der Luft.

Markel wachte nun auch tagsüber. Da ging Wanja, mähte das Gras. Die Halme waren ordentlich hochgewachsen, als wäre auf sie die Kraft der Apfelbäume übergegangen. Das geschnittene Gras breitete Wanja um die Stämme herum aus, damit es verrottete und düngte. Er schleppte Wasser aus dem Brunnen, goss die Bäume: gewohnheitsmäßig und gleichgültig wie alle anderen Dörfler.

Aber schaute man genau hin, wie nur Markel es konnte, der nicht umsonst Wächter war, ein Sehender unter Blinden, dann war zu erkennen, dass Wanja leicht gebeugt ging: als drücke eine Last auf seine Schultern, als schleppe er sie, diese Last, mit sich umher. Die Äste waren erstarrt, bewegten sich nicht, die Äpfel reiften, wurden schwerer. Der Junge hielt sie, hatte die Bürde aller Bäume auf sich genommen, und dabei wuchs er selbst, wuchs schneller, als die Kleinen gewöhnlich durch die Sommerarbeit, durch sonnige Sommertage wuchsen; das Knabenhafte verflüchtigte sich, das Erwachsensein nahte. Und Markel spürte, dass er, der Wächter, versagt hatte. Jahrzehntelang war er auf Patrouille gegangen, hatte das Dorf mit einem unsichtbaren Zaun umgeben, und trotzdem konnte sich ein Schatten einschleichen. Und was sollte er nun machen? Wie konnte er ihn ausmerzen?

Die Äpfel in Annas Garten erreichten in einer Augustnacht ihre volle Reife, alle auf einmal: Noch am Vortag etwas hart, waren sie nun ausgereift. Aber diese Reife war seltsam, beispiellos. Die Äpfel hatten die Färbung der Steine auf den Feldern angenommen, von Glutrot bis Rosa; sie leuchteten, als enthielte ihre wächserne, glänzende Hülle keine weiße, süße Frucht, sondern Fleisch, blutiges Fleisch.

Und sie begannen zu fallen.

An einem Tag fielen fast alle ab, schlugen sanft im trockenen Stroh auf, das der Junge ausgebreitet hatte.

Und am nächsten Morgen fingen sie an zu faulen.

Und sie verfaulten nicht wie Äpfel, die vergären, sich bräunen, mit Schimmel bedecken: Da stand ein Geruch wie in einem Schlachthaus. Fliegen strömten herbei wie zu echtem Schlachtvieh, doch hielten sich Wildschweine, Hasen, Federvieh, alle, die auf Aas gierten, dem Garten fern. Und der Nachbarhund, ein angeketteter Mischling, verzog sich in seine Hütte und wimmerte leise.

Der Junge holte indessen die alte, rostige Schubkarre mit knarrendem Rad und machte sich daran, die Äpfel wegzuschaffen. Und zwar nicht irgendwohin auf den Kompost oder in die Schwarze Schlucht, wo Gartenabfälle entsorgt wurden. Er ging über das Feld, an der Scheune vorbei, zum Moossumpf. Die Dörfler trieben sich dort nie herum, wozu auch, Morast war da, ein Sumpf, eine üble Einöde, keine Beeren, keine Pilze. Gase blähten den Sumpfleib auf, traten stöhnend und gurgelnd aus. Nur Markel kam da manchmal hin, stand am morastigen Ufer, schaute abwesend auf Erdhügel und den Rost, auf die metallisch schillernden Schlieren im schwarzen Torfwasser. Und ging wieder.

Und nun hatte sich der Junge darangemacht, die fauligen Äpfel, die Nicht-Äpfel im Sumpf abzuladen. Markel wollte ihn schon zurechtweisen, ihn dazu zwingen, sie in die Schlucht zu bringen, hielt sich aber zurück; ihm gefiel nicht, was der Junge tat, aber er spürte, dass es so sein musste, sollte er sie hinschaffen, den Sumpf füttern, dem schon einmal *Fleischliches* einverleibt wurde, sollte er doch …

Innerhalb von zwei Tagen hatte Wanja sie alle weggebracht. Dann knickte er ein, wurde still, verschwand im leeren Garten, in seinem Verschlag. Aber Markel konnte niemand täuschen; er wusste bereits, wohin es Wanja jetzt ziehen würde. Er wusste es und wartete.

Und tatsächlich. Der Junge begann, heimlich das Dorf zu verlassen, wanderte allein umher. Immer öfter kam er dabei in die Nähe der Scheune, die auf den abgeernteten, kahlen, windumwehten Feldern wie eine leere Truhe stand.

Seltsam ergötzlich war es für Markel zu sehen, wie der Junge umherschlenderte, ohne zu wissen, welcherart Kräfte ihn trieben, ihn bereits beherrschten. Er stromerte, vagabundierte umher, zog seine Kreise, puhlte mit einem spitzen Stein in den Furchen, aß die späten, violetten, sauren Pflaumen in den Schonungen, spähte nach vorbeihuschenden Rehen, die ihr weißes Hinterteil hochwarfen, kaute nachdenklich winzige Hagebutten, rotgesprenkelt gleich Blutströpfchen bei einem Schuss aus nächster Nähe; verfolgte ein Falkenpärchen, das über dem Feld kreiste – und immer wieder zog es ihn zur nachgedunkelten Scheune.

Zuerst wollte Markel den Jungen aufhalten, ihm zuvorkommen, wie es seine Wächterschulung verlangte. Dann änderte er seine Meinung: Sollte er doch hingehen, sollte er das Schloss berühren, es fühlen, was damit war …

Markel ließ sich hinreißen, es stockte sein flatterndes, die Jahre abstreifendes Herz. Nun nahm er immer ein altes, abgenutztes Fläschchen mit erstklassigem Schnaps mit, um einen zu kippen, das Blut in Wallung zu bringen, die innere Hitze anzufachen. Es waren die Tage mitten im Herbst, Krähen saßen zu Scharen auf den Feldern, auf dem Weg zur Scheune, dort, wo sich wie Schildkrötenpanzer die alten, glatten Pflastersteine hervorwölbten, und sie hackten mit ihren starken Schnäbeln auf Kastanien ein, und andere Kastanien lagen daneben, von Lastwagenrädern zerquetscht, und sie erinnerten Markel daran, wie genau hier, auf diesen Pflastersteinen, einst von Füßen zertretene Knöpfe, Mundstücke, Münzen, Brillengläser gelegen hatten …

Markel schwelgte in der Verflechtung von Vergangenheit und Gegenwart, die einem Spiel von Licht und Schatten im welken Laub glich. Er wusste nicht genau, was eigentlich passieren würde, wenn der Junge das Schloss berührte, war sich aber absolut sicher, dass die Scheune in diesem Moment aufmucken würde, dem Frechling die Nase einklemmen, ihm dermaßen eine schmieren würde, dass die Fetzen flogen … Immer häufiger bildete er sich ein, den Jungen zu erkennen.

Der andere damals war natürlich etwas größer und schlanker gewesen, aber egal, es war ein Stamm, ein Same. Also war er lebendig geworden, zurückgekehrt, der quirlige Schlingel, sagte sich Markel und strich argwöhnisch über den devoten, glatten Gewehrschaft.

Und dann berührte Iwan endlich das Schloss. Markel dachte, er würde auf der Stelle tot umfallen, aber es passierte absolut gar nichts. Er stand da, hatte eine Eisenstange aufgehoben, stocherte im Schlüsselloch.

Markel spürte, dass der Junge einen Schutz hatte, er spürte es, konnte aber seine Wut und Enttäuschung darüber nicht bremsen, dass die Scheune sich nicht wehrte. Die alten, von der freigebigen Scheune geerbten Soldatenstiefel – die sich nicht abtrugen, wo nur die Sohlen ab und zu erneuert werden mussten –, sie liefen von selbst los, brachten seine Beine in einen Wachsoldatenschritt, und es trug Markel den Stiefeln hinterher, er schrie:

»Halt, du Strolch! Halt, du Sauhund, halt!«

Auf dem Weg zurück ins Dorf schlug Markel den Jungen ein paarmal. Eigentlich wollte er das nicht, aber es musste sein, der Ordnung halber, zur Abschreckung, denen war nicht anders beizukommen, diesen Schlingeln. Und da kriegte der Junge mir nichts, dir nichts Nasenbluten. Markel hatte seine Nase ja nur zufällig erwischt, das wollte er gar nicht, und selbst wenn er es gewollt hätte, wie sollte er wissen, dass die Nase so schwach war wie bei einem Mädchen … Ein helles Kattunhemd trug der Junge, das war nun mit hellem Blut befleckt, es tropfte unaufhörlich. Markel zerrte den Jungen an seinem schwarzen Strubbelhaar, ach, wie gut das tat, so gut, denn er hatte seine Wachpflicht erfüllt, es nicht zugelassen, dass jemand an der Scheune herumschnüffelte. Und nun konnte er seinen eigenen, den Markel'schen Eifer walten lassen.

In der Kolchose fand gerade eine Zusammenkunft statt, diskutiert wurde über die Pumpstation, die Verwendung von öffentlichem Wasser für den privaten Bedarf, für die Bewässerung der Gärten und die Tränkung des Viehs. Die Streithammel waren bereits in Rage, hatten sich in den Haaren – wer Kühe besaß und wer nicht, wer wie viel Kartoffeln anbaute, die Kosten wurden ja auf alle gleichmäßig verteilt, Anna berechnete die Ausgaben, sagte, das sei eine amtliche Anweisung, da könne man nichts machen. Lärm, Gebrüll, einige wollten sich schon prügeln, guckten sich die härtesten Zaunpfähle aus.

Und da schleppte Markel den Jungen an. Und sofort beruhigte sich alles, als würden die Leute ahnen, was an der Scheune passiert war und was gleich hier passieren würde, auf dem verwahrlosten Platz vor der Verwaltung; lange hatten sie auf diesen Moment gewartet, ihn ohne Erwartungen erwartet, aber vage gewusst, dass eine Rolle zu spielen war. Markel brachte ihn zu Anna, ohne den Entgegenkommenden etwas zu erklären, und sagte, wobei er den Jungen in den Rücken stieß:

»Hier hast du ihn. Den bringen wir morgen in die Stadt. Ins Internat.«

Und Anna nahm ihn in Empfang, umarmte ihn, ohne etwas zu fragen, als wüsste auch sie, dass es so sein musste.

In der Nacht dann war es in den Häusern, trotz des klaren, frischen Spätseptembers, irgendwie stickig, verraucht, als hätten sie eine Ofenklappe zu früh geschlossen und müssten nun den Kohlendunst atmen. In der Dunkelheit erwachten die Dinge: die dunkelblaue, emaillierte Zweiliterkanne, die kaputte Kuckucksuhr, der flaschengrüne Aschenbecher, die Blechgießkanne, der weinrote Lampenschirm aus Samt, die Peitsche, die zusammengerollt an einem kleinen Nagel hing, die Schaufel, angelehnt an die Scheunenwand, die Porzellanfigur einer Ballerina mit abgebrochenem Rand am aufgebauschten Ballettrock, das Rollbandmaß im Regal, der Mantel aus dunkelgrünem Vorkriegsstoff, die Schneiderschere, die Nähmaschine, die Petroleumlampe, die gestanzte Wetterfahne, das lange Thermometer, der verstaubte kleine Wandteppich mit Hirschen, der Tischspiegel, der schmiedeeiserne Schürhaken …

Ohne sich zu rühren, machten die Dinge die Geräusche ihrer Tätigkeit, ihres Daseins: Klingeln, Knarren, Klicken, Rascheln. Und die Menschen, erweckt durch die Schwüle, lauschten voll Angst und Wut, denn sie fühlten zweifelsfrei, welche Dinge es waren, die da tönten, woher sie gekommen waren, wem sie genommen wurden.

Am nächsten Morgen hatte der dösige, von der Schlaflosigkeit benommene Fahrer alle Mühe, den Lastwagen zu starten. Und als er endlich bei Annas Haus ankam, hatte sich dort bereits das ganze Dorf versammelt. Schweigend standen sie da, fast bewegungslos, ausgelaugt vom nächtlichen Wachen. Aber hinter der Mattheit, hinter der schläfrigen Haltung war die Entschlossenheit wilder Tiere zu spüren.

Anna selbst brachte ihren Sohn heraus. Markel wartete am Fahrerhäuschen, der Einzige mit klarem Kopf, mit einem scharfen, unguten, fixierenden Blick. Als es aber nur noch zwei Schritte bis zum Wächter waren, drehte sich der Junge flink wie ein Hase um, entwischte der Markel'schen Hand und rannte die Straße entlang, aus dem Dorf hinaus, an den überraschten Dörflern vorbei.

»Schnappt ihn!«, schrie Markel mit angespannten Lungen.

Er schubste den Fahrer:

»Hinterher!« Und zu den Jungs, den Männern, wer flinker war: »Rein mit euch, hinten, steigt ein! Los!«

Auf einmal kam die Menge in Bewegung, fiel auseinander und sammelte sich erneut zu einer Bewegung. Die Männer, die in den Wagen passten, die Jungen und die Forschen unter den Frauen – sie alle liefen hinter dem Jungen her, als hätten sie sich genau dafür versammelt, als wollten sie mit saurem Angstschweiß ihre nächtlichen Ängste austreiben. »Schnappt ihn!«, drang der Ruf nach vorne. »Schnappt ihn, los!«

Der Lastwagen hatte den Jungen in wenigen Minuten eingeholt. Zehn Meter noch, und er wäre von ihm überfahren worden. Aber der Junge bog ab zum Feld, lief leichtfüßig über den frischgepflügten Acker, schräg auf die Scheune zu. Der Lkw bog ebenfalls ab, blieb aber in einem Straßengraben stecken. Die Kerle sprangen aus dem Lastwagen, liefen dem Jungen nach, aber der Boden war nach dem Pflügen locker, umschlang ihre Füße; sie blieben zurück. Markel hingegen warf den Fahrer aus der Kabine, setzte sich selbst ans Steuer, lenkte geschickt zurück und umfuhr das Feld in einem Winkel über die Straße, erreichte direkt nach dem Jungen die Scheune. Da kamen auch die Männer an, mürrisch, erbost von dieser Treibjagd; ihr Blick fiel auf die Furchen, und in den Furchen lagen blanke Kiesel, vom Pflug aufgeworfen, rot und purpurn, so glatt, so einladend, als würden sie selbst darum bitten, in die Hand genommen zu werden … Einer hob einen Kiesel wie von ungefähr auf, und nach ihm der Zweite, Dritte, Vierte, Fünfte … Hinter ihnen grölten die Frauen und die Kinderschar, sie kamen übers Feld gerannt, und Markel blockierte mit dem Lastwagen die Straße.

Der Junge wartete ab, bis die Erwachsenen ganz nah waren, drehte sich mit dem Rücken zu ihnen, schaute zum Scheunentor – und öffnete mit seinem Blick die Türen. Der Bügel des Schlosses platzte, fiel aus den Ösen, ein langgezogenes Echo flog zu den Hügeln, in der Ferne stiegen Vögel auf, die in den Pflanzungen gepickt hatten, über das Feld sauste eine bunte Wildschweinherde; die Männer ließen die Steine fallen.

In die Scheune ergoss sich das klare Licht des wie Jod bitteren Herbstes.

Drinnen war sie leer.

Wie ausgekehrt.

Aber alle begannen zu beben vor dieser Leere.

Alle fühlten, sie war nicht leer.

Sie schrie nach den Opfern, den Verlorenen; nach jenen, die nicht mehr waren und nicht mehr sein würden.

Markel war erstarrt. Zum ersten Mal seit Jahrzehnten erinnerte er sich daran, wie sehr ihn diese *Hohllöcher* gequält hatten. Da betrat man ein Haus und sah sofort, dass hier jemand gewesen war, gelebt hatte: *Hohllöcher.* Sie ließen sich weder mit Möbeln vollstellen noch mit Teppichen verhängen. Auch das Wort hatte er damals erfunden: *Hohllöcher.*

Er lernte, wie man sie ausmerzte, damit das Leben sie überwuchs, glatt zuzog und abschloss. Nicht mit einer Zange, nicht mit Axt, Eisen, nicht mit Salz, nur mit tätigen, starken Händen; man zieht sie heraus, zerdrückt sie und trägt sie hierher, zur Scheune, wohin sonst, hier war der rechte Ort für sie, die *Hohllöcher*, hier waren Anfang und Ende, von hier waren sie gekommen …

Deshalb hatten die Jüngeren auch keine Erinnerung, wussten von nichts, weil er seine Arbeit für das Gemeinwohl vollendet hatte. Dafür brauchte es auch eine so große Scheune.

Markel sah jetzt nicht mehr sie, die Dörfler, die bestürzt und niedergeschlagen dastanden und verwirrt den Blick gesenkt hielten. Er sah nun jene, von einer anderen Menschenart, dunkelhäutig, schwarzhaarig, die aus dem Umkreis hierher zusammengetrieben worden waren, und deren Blicke ebenfalls das Scheunentor gemieden hatten.

Und sein ganzes nachfolgendes Leben war ihm wie ein Traum, ein Unding vorgekommen. Und wahr schien nur jener Tag, als ein staubiges ausländisches Auto ins Dorf kam und ein fremder Offizier fragte, ob hier jemand Deutsch spreche. Er hatte sich gemeldet, war ja Kadett gewesen, ein kleiner Soldat in imperialistischer Gefangenschaft, und so *sprechte* er ein wenig. Er meldete sich und dachte, der Offizier würde nach dem Weg fragen, wäre ja nicht das erste Mal, und für den Hinweis bekäme er mit etwas Glück eine Papirossa als Lohn. Und als jener anfing, nach Kuhställen und Scheunen zu fragen, meinte er sogar, der käme von der Nachhut, sei ein Versorgungsoffizier, dass sie Getreide und Vieh requirieren, abtransportieren, forttreiben wollten, und er gab bereitwillig den Hinweis: Da gibt es hinter dem Dorf eine große Scheune, die steht leer, die habt ihr Deutschen ja gebaut, für Zuckerrüben.

Er, Markel, hatte in dieser Nacht auch Wache gehalten. Auf Befehl jenes Offiziers. Das Gewehr hatten sie ihm gegeben, eins, das die Sowjets zurückließen, dazu die Joppe, die Laterne. Er ahnte, was am nächsten Morgen passieren würde, denn er verstand ihr Reden, das Deutsche. Und er lief die Wände ab, machte sich Licht mit der Laterne, wollte nicht hören, was in der Scheune vor sich ging, wer dort stöhnte, wer weinte; scharf fühlte er den kalten Wind, den Tau, sein Leben, in dem ihm weitere Jahre, Jahrzehnte bevorstanden, er musste nur die Nacht durchlaufen, diese lange Nacht am Ende des Septembers durchstehen, ableisten.

Nun ja, sein Leben wurde tatsächlich lang; länger als viele andere. Es hätte damals ja auch enden können, der Offizier hatte ihm gedroht – wäre der pfiffige Junge entkommen, der durch das Lüftungsfensterchen gekrochen war, durch das enge runde Luftloch über dem Tor; doch er fiel unglücklich herunter, verletzte sich am Bein, und durch sein Stöhnen auf dem Feld fand ihn Markel dann auch, wie ein verletztes Karnickel.

»Wo steckst du, kleines Judenkind-Wirbelwind, Judenkind, komm her geschwind, Judenkind, kleiner Fink«, flüsterte Markel nun, erinnerte sich daran, wie er mit der Laterne über das dunkle Feld gestöbert war, »Judenkind, flink, stark, sei nicht zag, Jüdlein, Feldstein, Tischbein, Süßwein, gesotten, gebraten, gedämpft, wohlgeraten, gleich frisst dich der Hans, gebratene Gans, mit Haut und mit Haar, dich Jüdlein ganz gar …«

Und er meinte, wieder dort zu sein, auf dem ungepflügten herbstlichen Feld, unter den spitzen blauen Sternen, und dass er den wimmernden Jungen am Schopf zur Scheune zerrt; das Tor kann er nicht öffnen, den Schlüssel hat ja der deutsche Offizier, also wird das Jünglein den Morgen draußen erwarten, unter seiner Aufsicht, und bis zum Morgen ist es nicht mehr lang, im Osten hellt sich bereits der Himmel auf … Und dann treiben Männer mit MPs die Gefangenen zum Moossumpf, zum Morast – auch das hat er, Markel, ihnen gesagt, wo sie am besten die Hinrichtung machen; und den Jungen führen sie über die Pflasterstraße ab, wo die Krähen gerne Kastanien picken, und es blieb etwas wie Kehricht, menschlicher Abfall, diese Knöpfe, Lumpen, zertretenen Mundstücke … Und den Schlüssel zur Scheune überlässt ihm dann der deutsche Offizier. Streckt ihn hin, gibt ihn weg. Als Belohnung wohl oder zur Aufbewahrung. Nun, was soll's, er nimmt ihn und bringt das zu Ende, was die Bratwurstfresser nicht vollendet haben, er merzt den Geist dieses Stammes aus, verteilt an die Dörfler ihre Sachen, die die Deutschen nicht genommen haben, und den Geist – ihren Geist, den sperrt er in die Scheune, ans Tor kommt ein Schloss, und in den Moossumpf der Schlüssel.

Markel sah nicht, dass sie sich bereits zerstreut, zurückgezogen hatten, die Dörfler, und dass der Junge entwischt war. Und er selbst suchte nicht auf dem nächtlichen Feld nach dem Entlaufenen, nach dem »Judenkind-Wirbelwind«, das er flüsternd beschwor, denn er war am Moossumpf angekommen und kletterte in den Sumpf hinein: Das Wasser stand ihm bis zur Brust, und bald würde ihm die schwarze, stinkende Brühe in den Mund fließen.

Gegen Abend holte Markels Neffe, Markel der Jüngere, aus Onkels Haus die Laterne, die Joppe, das Gewehr. Er schaute gleichmütig zu den Nachbarn, den Dörflern, die vor der Verwaltung zusammengekommen waren, alles furchtsam besprachen-beschwatzten. Ruhig sagte er zu ihnen:

»Geht nach Hause, Leute. Ich werde wachen.«

Das Dorf schlief in dieser Nacht wie tot. Und am Morgen fand man am hintersten Flechtzaun den Jungen. Bewusstlos.

Steif war er, ganz leicht. Er schien es zu sein, aber eigentlich nicht: ausgeblichen, blass, weißhäutig und blond war er nun, wie sie alle hier. Wie zuvor sprach er nicht, und das war gut, dass er nicht sprach.

Die alten Bäume im Garten erfroren in diesem Winter bis zu den Wurzeln, wurden im Frühjahr gefällt, das Holz in den Öfen verbrannt. Im Frühjahr auch brachte Markel der Jüngere aus der Stadt ein neues Schloss für die Scheune mit, härter als das vorherige, Importware, sechsunddreißig Rubel gemäß Kaufquittung. Eine horrende Summe.

DAS KURZE i

Klack, klack, klack.

Die Finger der Frau gegenüber im ICE klappern mit den Tasten.

Klack.

Klack, klack. Klack, klack, klack, klack.

Klack-klack.

Klack-klack-klack.

Klack-klack-klack-klack-klack-klack-klack-klack-klack.

Klack-klack

Klack-klack.

Klack.

Gewohnheitsmäßig steckt sich Iwanow Ohrstöpsel in die Ohren, schraubt den biegsamen Kunststoff in die Ohrmuscheln, schirmt sich ab mit dem dämpfenden Schaumstoff.

Und dennoch dringt es durch, wenn auch nicht mehr so stark. Das hallende »k« ist fast verschwunden. Geblieben ist nur das flache Glucksen der gedrückten Tasten.

Spätzug. Der Waggon ist fast leer. Er hätte sich einfach weiter wegsetzen können. Aber er hat den Moment der ersten Empörung, einer spontanen Reaktion verpasst, den verpasst er immer. Und nun sitzt er da, grollt unnütz, fühlt schmerzlich in sich das Passive, Abwartende, Amorphe, das er anstelle des Muskels der Willenskraft hat, der anderen Menschen zu einem klaren und eindeutigen Vorgehen verhilft.

Das Klappern – die Dame hat lange, harte Nägel – pocht auf seine Gelenke, entlang einer geheimen, schlummernden Körperakupunktur. Und sein Körper scheint wie auseinandergenommen, wie ein entseelter Satz, der mit Kreidestrichen auf einer braunen Schultafel in seine Glieder zerlegt wurde.

Auf ihrem Bildschirm hat sie vermutlich Tabellen und Graphiken. Eine Unternehmenspräsentation. Und die Wörter, die sie schreibt, sind sicherlich völlig abgedroschen, abgenutzt, Gewinn-Verlust, Soll-Haben, Zinsen, Finanzen. Es sind verbrauchte, besudelte Wörtchen, die kennt jeder.

Doch sind es nicht die Worte, die in seinem Körper klopfen, ihn zerhacken und lähmen, sondern das Geräusch entstehender Buchstaben, diese stanzenden Klangschüppchen: Klack, klack.

Es war der Rhythmus, die Geheimschrift seiner Kindheit.

Er lag in der Wiege, wortlos, noch nicht ganz hier, suchte noch nach den ersten Verbindungen zur Welt. Und im Nebenzimmer war seine Großmutter, die tagelang – und manchmal auch nachts, wenn dringende Arbeiten anfielen – auf einer Schreibmaschine hämmerte.

Mal laut, mal gedämpft. Hastig oder langsam. In Schnellschrift, in absteigenden Klavierpassagen. Die tönenden Buchstabenabdrücke erfüllten die Luft wie summende Mückenschwärme – Großmutter hielt die Fenster verschlossen, damit kein Luftzug die Blätter wegfegte –, und er, der Säugling, atmete sie bis zur Sättigung. Die straffen Typenhebel schlugen hart aufs Papier. Und sie prägten, stanzten ihn, buchstabierten ihn durch.

Früh bekam er rote Hautausschläge. Sie waren sprunghaft, spielten Verstecken, traten mal hier hervor, mal da – eine Stoffwechselstörung. Sie dachten, das käme vom Staub oder vom Pappelflaum. Von den Abgasen der nahen Gradierwerke, vom Gestank der Kleisterfabrik. Von den allgegenwärtigen Kakerlaken. Von Hühnereiern.

Dabei waren es Scheuerstellen, Schwellungen – von Buchstaben. Es war seine Großmutter, die auf ihm herumtippte, als wäre er ein Text, den ein Lektor immer wieder korrigierte. Die Stoffwechselstörung, die Hautausschläge – ja, sie kamen von den Buchstaben. Von den geschliffenen, stechenden Typen. Vom Tempo und der Energie des Tippens selbst, denn sie tippte und redigierte nicht irgendwelche Artikelchen, keine Dissertationen für einen Hungerlohn, sondern Dokumente, die über Leben und Tod entschieden.

So betrat er dieses Leben, wuchs völlig umgeschrieben, umgeändert auf: ein Wesen mit einem Dutzend von Verpuppungen und Anfängen. Wacklig, schwankend, und deswegen mit einer seltsamen Gabe ausgestattet, die sich allmählich zeigte.

Der Gabe der Nachahmung.

Er war mehr als nur ein Parodist.

Er wiederholte nicht, sondern borgte, stahl.

Er stahl die Worte anderer.

Das Ganze fing harmlos an. Philologische Fakultät: Er war ja in die Fußstapfen seiner Großmutter, einer verdienstvollen Professorin getreten. Studentenkabarett, Theaterstudio, wo sie äsopische Spiele mit der Sprache liebten, Sketche, Aufführungen mit Anspielungen auf verbotene Bücher. Und natürlich Parodien, Sticheleien, intellektuelle Frotzeleien gegen die Klassiker des Sozialistischen Realismus und des Marxismus, die nur ihnen verständlich waren.

Dort blühte er auf. Wurde zum Vollzeit-Clown der Fakultät: ein Streich nach dem anderen. Er vereinbarte Verabredungen, indem er von einem Münztelefon anrief und sich als jemand anderer ausgab. Stellte sich als irgendwer aus dem Rektorat vor und verlangte die Korrektur einer Benotung. Sagte einmal sogar einen Subbotnik ab – mit der Stimme des stellvertretenden Dekans. Und dann erst die Laienkunstabende, die Sketche und Feierstunden zu Jahrestagen, runden Geburtstagen, an denen man zum Schluss des Abends etwas Pikantes mit antisowjetischem Gerüchlein einstreuen konnte, wobei der Wachhund von der Partei nachsichtig wegschaute, sogar ein wenig lächelte, als wolle er sagen: ach ja, die Jugend, ich versteh das, die muss Dampf ablassen, aber übertreibt es nicht …

Er war Lenin auf der Bühne. Dserschinski. Marx. Sogar Ronald Reagan. Und hinter den Kulissen nach der Aufführung, in trunkener Runde dann Stalin, Mao Tse-tung, Hitler und Breschnew – zum Totlachen! Die Mädels waren hin und weg. Eine bat ihn, er solle im Bett mit ihr wie Alain Delon sprechen. Eine Leichtigkeit, das machte er gern. Und er sprach tatsächlich mit der Stimme von Alain Delon, und man hätte ihn nicht vom echten unterscheiden können … Er verfügte bereits über ein eigenes Repertoire, da ging es los mit Zimmertheatern, halblegalen Clubs, er kriegte Honorare, knüpfte Bekanntschaften.

Dann bekam er von der Universität eine Vorladung zum stellvertretenden Dekan für allgemeine Angelegenheiten. Er wusste, das war kein unzweideutiger Rang, da stand man mit einem Fuß in der Universität und dem anderen im KGB. Aber er hatte keinen Bammel, als er hinging, sie hatten ihn ja eingeladen, um über die Neuinszenierung des Studententheaters zu sprechen, die in der Uni-Zeitung gelobt wurde. Er war sich sicher, dass die Vorladung anders ausgesehen hätte, wenn sie ihn rügen wollten. Doch hatte ihn nur der Komsomol-Sekretär des Studienjahrs im Flur angehalten – wenn du eine Minute hast, dann schau mal bei Fedjanin rein, der will dir ein Lob aussprechen …

Aber dort, in Fedjanins Büro, wurden alle seine Scherze neu umgebrochen und summiert: Paragraph 70 Strafgesetzbuch. Antisowjetische Agitation und Propaganda. Vor allem bei jenem Vorfall, als er sich auf zynische Weise über die Rede des Genossen Generalsekretärs auf dem Parteitag lustig gemacht hatte. Im schlimmsten Fall – Prozess und Haft. Im besten – Ausschluss aus der Hochschule und Einberufung zur Armee. Aussendung zu den aktiven Streitkräften. Nach Afghanistan.

»Du wurdest doch in eine angesehene Sowjetfamilie hineingeboren«, sagte der fettleibige, eberähnliche Fedjanin mit gespieltem Bedauern zu ihm. »Und was ist aus dir geworden?«

Er wollte antworten: »Ich wurde in keine Familie hineingeboren. Meine Oma hat mich mit einer Schreibmaschine empfangen.« Aber er schwieg.

»Nur deiner Großmutter zuliebe«, sagte Fedjanin, »werde ich versuchen, dir zu helfen. Aber auch du musst uns helfen. Hast du mich verstanden? Hast du es richtig verstanden?«

Er nickte. Jetzt verstand er es. Verstand es richtig.

Fedjanin traf er nie wieder und kam auch nicht mehr in sein Büro. Seinen Kameraden erzählte er, er habe einen Rüffel wegen einer missratenen Nummer zum Jahrestag der Oktoberrevolution bekommen.

»Mehr sowjetische Inhalte. Mehr!«, sprach er mit Fedjanins Stimme. Alle lachten.

Er traf nun immer mit einem operativen Mitarbeiter in einer konspirativen Wohnung zusammen. Sein Führungsoffizier, Major Demjanin, Fedjanin-Demjanin, das reimte sich, hatte einen gewissen Klang, fragte ihn zunächst ausführlich, in ruhigem Ton aus: wie sie gescherzt hatten, mit welchen Parodien, wer sich beteiligt hatte, wer organisiert, wer gelacht hatte und wer nicht. Keine Angst, schien er sagen zu wollen, keine Hemmungen, das bleibt unter uns, das ist jetzt dienstlich. Aus irgendeinem Grund wollte Demjanin unbedingt wissen, ob es sich um eine professionelle oder eine laienhafte Parodie gehandelt habe. Ob sie als künstlerische Darbietung einzustufen sei oder als amateurhafte.

Nun, und daraufhin gab er für ihn den Generalsekretär.

Demjanin konnte sich das Lachen kaum verkneifen. Mit seinem Blick gab er ihm zu verstehen, dass er diese Frechheit schätzte. Und er fragte:

»Und kannst du mich nachmachen? Den Generalsekretär hast du hundertmal im Fernsehen gehört. Das konntest du proben.«

Iwanow gab sofort zurück:

»Und kannst du mich nachmachen? Den Generalsekretär hast du hundertmal im Fernsehen gehört. Das konntest du proben.«

Demjanin zuckte zusammen. Er erbleichte, errötete, atmete aus und fragte höflich:

»Kannst du das noch mal machen? Zum Beispiel: Der Metzger wetzt das Metzgermesser mit des Metzgers Wetzstein. Mit des Metzgers Wetzstein wetzt der Metzger sein Metzgermesser.«

Ihm war anzumerken, dass er ebenfalls Philologie studiert hatte. Und sprachlich begabt war.

»Kannst du das noch mal machen? Zum Beispiel: Der Metzger wetzt das Metzgermesser mit des Metzgers Wetzstein. Mit des Metzgers Wetzstein wetzt der Metzger sein Metzgermesser«, antwortete Iwanow und fuhr mit der Demjanin-Stimme fort: »Im Namen des Komitees für Staatssicherheit spreche ich Ihnen, Genosse Iwanow, meine Dankbarkeit aus.«

Platt war da Demjanin. Übel wurde dem Major.

Beängstigend war das, monströs – auf sein vollkommenes Double zu treffen. Als ob man gegen einen Spiegel rennt und dort das Blut kommt.

Das war sein, Iwanows geheimer Einsatz in diesem Spiel. Und er spürte, dass die Buchstabenhämmerchen den Major gefügig gemacht, ihm Membranen, Gelenke, Knochen und Bänder weichgeklopft hatten, und nun war der Major bekehrt, unterworfen, auch wenn er es nicht wusste.

Bald darauf stand er an einem Münztelefon auf der Pokrowka und wählte eine Nummer, die Demjanin ihm auf ein Stück Papier geschrieben hatte. Nichts Neues für ihn: Noch kurz zuvor hatte er ebenfalls im Scherz die Schöne ihres Studienjahres angerufen und sich als verliebter Tollpatsch Kostja vorgestellt. Kostjas Stimme kannte er. Die neue Stimme, mit der er ein paar Worte sagen sollte, hatte ihm Demjanin von einer guten Tonbandaufnahme vorgespielt. Und er gab ihm eine in gewachstes Papier eingerollte Wurst mit Zweikopekenstücken, sauber, blank, frisch aus der Münze. Iwanow amüsierte diese kleinliche buchhalterische Ernsthaftigkeit – und die Billigkeit menschlicher Schicksale. Zwei Kopeken – das war eine Streichholzschachtel. Zwei Kopeken – das war eine Packung Analgin. Zwei Kopeken – das war ein Schuss am Schießstand. Zwei Kopeken – das war ein Briefumschlag. Zwei Kopeken schluckte nun das Münztelefon, klick, tut, tut, tut, tut, dann eine ruhige Stimme:

»Hallo.«

Iwanow sagte dem fremden Freund:

»Hallo! Komm um acht. Bring das, worüber verabredet war. Bis heut Abend.«

Und legte auf.

Genau so sagte er es, »worüber verabredet war«, grammatikalisch falsch. Ein Zweikopekensatz. Ihm blieben noch neunundvierzig Münzen.

Dann brachten sie ihn in ein Institut außerhalb der Stadt, machten Tonbandaufnahmen mit ihm, ließen ihn die Stimmen anderer Leute imitieren, laut und dumpf, flüsternd und halbflüsternd, stöhnend, heulend, schluchzend, schreiend, stotternd. Hier stellte sich heraus, dass er alles nachmachen konnte – bis auf das Singen. Er konnte nicht mit fremder Stimme singen. Das gaben die Stimmbänder nicht her.

Dort beschäftigten sich auch Graphologen mit ihm, die Meister der gefälschten Handschrift, Maestri der graphischen Gestalt, Spezialisten für Bedeutung und Intonation, deren Arbeit nicht nur darin bestand, eine Handschrift zu imitieren, sondern auch die Art zu sprechen, die sprachlichen Eigenheiten. Sie waren es auch, die seine zweite Gabe entdeckten: das Schreiben.

Und sie alle trafen in einem Scharmützel der Theoretiker aufeinander: Was primär sei, was sekundär – ein Laut oder der Buchstabe. Er schwieg, spielte Unwissenheit, obwohl er sich klar war, dass der Buchstabe primär war, Buchstaben hatte ihm seine Großmutter eingehämmert, Buchstaben, Buchstaben, Buchstaben, von Buchstaben war er besessen.

Der Laut hingegen war – in seinem Fall – sekundär. Obwohl historisch gesehen der Laut früher entstanden war als das Zeichen.

So begann ein neues Leben.

Offiziell wurde er, nach dem Vorbild seiner Großmutter, Doktorand, hockte in der Fakultät, schrieb an seiner Dissertation. Manchmal aber wurde er gebeten, einige einstudierte Worte ins Telefon zu sprechen. Oder ein, zwei Absätze auf ein von den Technikern ausgewähltes Blatt Papier zu schreiben, das dramaturgisch zu einer geplanten Inszenierung passte.

Die Blätter wechselten: mal liniert, aus einem Notizbuch, mal ein Stück Zeitung, mal irgendein Formular. Die Worte wechselten: Geständnisse, Anklagen, Bekenntnisse, letzte Worte. Er verbog Schicksalslinien, veränderte Biographien – und fühlte dabei organische Unschuld, ein naturgegebenes Alibi.

Wenn das Leben so beschaffen war, dass er, ein Magier, den Begriff des Originals zerstören konnte, dann folgte daraus, dass für ihn auch eine andere Identität denkbar war, die aus freiem Willen die vom KGB benötigten Worte sagte oder schrieb. Wenn das Original zerstört war, gab es auch keine Echtheit mehr. Also konnte man ihm keine Fälschung vorwerfen, denn auch sie existierte nicht. Da war einzig die ursprüngliche, übermoralische, naturgegebene Kraft seiner Gabe, eines Geschenks, und das bedeutete, er hatte das natürliche Recht, sie einzusetzen.

Klack, klack, klack – die Mitreisende hetzt, hämmert, drischt. In den Ohren hat sie Kopfhörer, Popzeug, wahrscheinlich ein modernes Soundkompott, bumm-bumm-bumm.

Eine solche Musik ist ungefährlich.

Denn auch das war schon vorgekommen: Mitten in einem Konzert, in der stürmischen Bewegung der Musik, ertönt als Kontrapunkt unerwartet ein trauriges Hämmerchen, nur einmal in der ganzen Symphonie, und für Iwanow hört es sich inmitten des konsonanten, ineinander verschlungenen Tonstroms wie der Schlag eines Schreibmaschinenhebels an, wie ein kurzer Aufschrei eines entstehenden Buchstabens, und sein Wesen ist noch eins, nicht zweigeteilt in Graphik und Laut, wodurch Iwanow eine süße Entladung ergreift und durchdringt, in der Strafe und Liebkosung zu einem Schlag vereint sind.

Klack, klack.

Die Computertastatur ist aus Kunststoff.

Das Geräusch ist kitzelnd, kratzend, ein Spiel auf den abgestumpften Nerven.

Lateinisches Schriftsystem, QWERTY-Tastatur. Fremde Buchstaben entstehen. Die nicht seiner Macht unterliegen. Seine Gabe existiert nur in seiner Muttersprache. Die fremden Buchstaben widerstehen ihm, wie zum Spott, lassen sich nicht auswendig lernen, nicht niederschreiben. Nicht einmal die Alphabete bleiben im Kopf hängen.

Es ist sein Gängelband und sein Brandmal. Er ist Tributzahler der russischen Sprache und deswegen dazu verdammt, der Macht des russischen Wortes zu dienen – und damit auch der russischen Macht.

Hier, in einem fremden Land, inmitten einer fremden Sprache, schwächt sich seine Gabe rasch ab und ertaubt, wenn sie nicht genährt wird.

In den ersten Jahren schnorrte er sich durch, sozusagen. Aß in Emigrantenrestaurants, »Kalinka«, »Moskwa«, »Ermitage« und dergleichen, studierte die Speisekarten, belauschte die Reden von Landsleuten. Seine Lebensmittel kaufte er in russischen Läden, wählte in Ruhe die Waren, las die Zusammensetzung von den Etiketten ab: Rindfleisch, Fett, Salz, Wasser, Pfeffer, Lorbeerblatt, Zwiebel, E-soundso; scannte mit den Ohren die Schnellsprechverse der Verkäufer: Manja, Wanja, kassier mal, bring mal; wanderte in die Bibliotheken, in die dürftigen Abteilungen mit russischer Literatur, wo es Krimis in zerknitterten Umschlägen und ein paar Bände von Tolstoi und Dostojewski gab; in Antiquariate, wo man auf eine Emigrantenausgabe aus den zwanziger Jahren stoßen konnte. Oder er schloss sich den Ausflügen russischer Touristen, einem Menschenschwarm an, fing das einfältige »guck mal«, »cool«, »ach was« auf, degustierte die rauen Provinzdialekte, in denen immer mal wieder ein Juwel aufblitzte, ein reiner Goldklumpen der Sprache, grob und poetisch, primitiv und lebensspendend.

Er setzte sich in Touristenrestaurants zu ihnen an den Tisch, ergötzte sich beim Bier am Schnattern und Grummeln, am Rülpsen, an den urmenschlichen und vertrauten Geräuschen der Nahrungsaufnahme.

Aber keineswegs gefräßig. In Maßen, als Imbiss. Wäre er auf eine Moskauer Straße getreten, hätte er ihre Stimmen verschlungen, wäre satt und trunken gewesen. Aber wo war es, dieses gastfreundliche Moskau? Es hatte ihn ja hierhergeschickt. Hier sollte er wohnen. Hier die Aufträge entgegennehmen und bestimmte Dinge tun.

Wie man sich satt isst, satt trinkt, entdeckte er fast zufällig. Und es zeigte sich – es war genau das Heilmittel, das er brauchte.

Ja, der Arzt, sein Hausarzt, hatte ihm dieses Heilmittel verordnet, dieses umständliche alte Herrchen, dieses Herrchen-viele-Jährchen, das Herrchen-mit-dem-grauen-Bärtchen.

»Zu den Quellen«, hatte Herr Ostermeier gesagt, »Sie sollten zu den Heilquellen fahren, wissen Sie, das hat allgemein eine stärkende, beruhigende Wirkung, normalisiert den Schlaf, die taktilen Empfindungen …«

Iwanow hätte fast losgelacht. Zu den Heilquellen! Grüßt euch, Turgenjew und Dostojewski, grüß dich, 19. Jahrhundert, grüßt euch, Russen in Europa! Bloß nicht! Bin ich eine literarische Figur, oder was?

Zu Hause dann änderte er hysterisch seine Meinung. Und wie ein Verdammter fuhr er los in dieses Baden-Baden, dreihundert Kilometer entfernt – um sich einzuweichen.

Dabei hatte er Wasser nie gemocht. Er bevorzugte Gestein.

Und tatsächlich beeindruckten ihn die Wasserbecken nicht. Das Wasser machte plitsch-platsch, floss, gurgelte, umspülte ihn – ja und?

Schäbige Hotels. Rheumatische Rezeptionisten. Überalterte Schoßhunde an den Leinen überalterter Schoßhunde der menschlichen Rasse. Die grünlich verfärbten Marmormasken in feuchten Grotten stießen mit ihren von Kalkablagerungen vernarbten Mündern kein leidenschaftlich heißes Vulkanwasser aus, sondern nur ein lauwarmes, leicht dampfendes Wässerchen. Langweilig. Auf Dutzenden von teuren Golduhren in den Schaufenstern der Einkaufsstraßen tickte die gleiche leere, fruchtlose Zeit der Reichen, die ihre Zeit überlebt hatten.

Doch der Ruhe und dem begüterten Trübsinn zum Trotz, überzog sich sein Körper bisweilen mit der russischen giftigen Gänsehaut, mit an den Zwiebeln der Körperbehaarung geschwollene Bläschen des Entsetzens, das der russische Körper von innen atmet. Seine Großmutter hatte das in ihm erweckt, als sie auf der Schreibmaschine tippte. Auf seiner Haut zeigte sich ein heller, schmerzhafter Ausschlag, wie in der Kindheit von den hämmernden, erhabenen Schreibmaschinentypen.

Zuerst meinte er, sich irgendeine Pilzinfektion eingefangen zu haben, einen glitschigen Keim, und eilte zum Hautarzt. Auf der Brücke über den Fluss blieb er jedoch stehen, was für ein ulkiger Name: *Oos*, – und dort hörte er eine Gruppe von Russen, die am Ufer ein Picknick veranstalteten, reckte sich mechanisch, um zu lauschen, sich zu stärken ... und erkannte, dass seine Gabe voll aufgeladen und gekräftigt war, wie sonst nur in Russland.

Dann lüftete er das Geheimnis, dechiffrierte die Landschaft. Fand heraus, dass hier das gesamte Gebiet von Karlsruhe bis Basel der sogenannte Oberrheingraben war, eine für Mitteleuropa einzigartige Narbe, ein Abdruck der seit Urzeiten der Erde wirkenden tektonischen Bewegungen. Ach, wie traf ihn dieses Wort Graben, *grab-grob-grub*, gleichzeitig Deutsch und Russisch.

Nach der Lektüre geologischer Artikel stellte er sich diesen Oberrheingraben im Querschnitt vor: eine Fuge, eine verdeckte Bruchstelle, eine Zone chaotischer Kompressionen und Spannungen der Erdkruste. Die Felsfundamente Deutschlands und Frankreichs stießen sich entlang der Rheinlinie voneinander ab, was zu einem tektonischen Beben, dem Brechen des Gesteins, zur lärmenden Vermischung der Gesteinsarten führte. Von daher kamen auch die geothermischen Quellen, die heißen, salzigen Heilwasser, die unter Druck entlang der Risse nach oben strebten und sich an der Oberfläche ergossen: ein Übersprudeln der Überschüsse aus der feurigen Teufelsküche der Tiefen. Und die russischen Schriftsteller, Vampire, feinfühlig für die Bruchstellen der Realität, für die Abgründe unter der zerbrechlichen Hülle des Seins, hatten die verborgene Mechanik dieses Ortes gespürt – und wurden von ihm angezogen.

Das Wasser an diesem Ort, mit Salz übersättigt, dick wie Hühnerbrühe, nährte und sättigte die Stadt, indem es sich in den Thermen ergoss. Das listige Element Wasser gerierte sich in einem unablässigen Spiel mit dem Schicksal, in dem die Spielkarten einander zuzwinkerten und das Roulette sich wie das Rad einer Wassermühle drehte. Und unter der Erde, unter den Fundamenten der Spielbanken, drehten sich die Zahnräder der Tektonik, entbrannten und verebbten Impulse, die von der Dehnung der Erdkruste hervorgebracht wurden. Und das Wasser brachte das Echo der Unterwelt, die heißen Stimmen von Hades, das Klappern unterirdischer Hämmer mit sich hinauf in Schwimmbecken und Bäder …

An ihnen *nährte* sich auch die russische Sprache.

Die Mitreisende hat aufgehört zu tippen. Nun hört man nur noch das gedämpfte Klappern der Räder. Sie trägt eine Maske im Gesicht, weiß, mit einem Ventilverschluss. So sieht sie aus wie die Wissenschaftlerin aus einem Labor (derzeit sehen alle aus wie Wissenschaftler oder Bankräuber). Die Maske erzeugt den Eindruck von Geheimnis und Gefahr. Ja, genau diese Mischung, Geheimnis und Gefahr. Immer schwebte sie über Großmutters Tisch mit der Schreibmaschine.

Andere Kinder wünschten sich ein Haustier, eine Katze oder einen Hund. Aber Iwanow wollte sie, die Schreibmaschine, ein mechanisches Wesen.

Ihn zog die Aussparung auf ihrer roten Metalloberfläche an, die den Blick in den dunklen, ein wenig nach Graphitschmiere riechenden Schoß freigab, wo sich in einer Blumenkrone die stählernen Staubfäden der Hebel mit den aufgelöteten Buchstaben reihten. Mit seiner nur schwachen Ahnung von den Geheimnissen des Geschlechts definierte er *das da* dennoch unfehlbar als Knospe, als Ort der Vereinigung, der Bestäubung. Die Farbe der Schreibmaschine war scharlachrot, frivol und aufregend, wie bei einem Lippenstift; und das verstärkte nur die Verführungskraft der Aussparung.

Wenn niemand zu Hause war, hob Iwanow die graue Stoffhülle von der jugoslawischen Schreibmaschine, die seine Großmutter ihr immer überzog und sie, die Schöne, in einen unförmigen, geschwollenen Pilz ohne Fuß verwandelte. Er strich über Kanten und Flächen. Berührte die Tasten mit seinen Fingern. Drückte sie, brachte vorsichtig einen Buchstabenhebel zum Papier.

Er konnte nicht verstehen, warum die Buchstaben auf der Tastatur nicht alphabetisch angeordnet waren. Warum waren sie vermischt, durcheinander? War es ein Code? Er hatte noch keine anderen Schreibmaschinen gesehen und dachte, dass diese sicher über eine normale Tastatur verfügten, die mit dem Alphabet übereinstimmte. Großmutter hingegen, eine Professorin, Lektorin, hatte vermutlich eine besondere Schreibmaschine für besondere Schreibarbeiten.

Er hatte ein paarmal gesehen, dass sie Texte in der allergewöhnlichsten Sprache produzierte – aber war diese Sprache wirklich gewöhnlich? Oder barg sie einen doppelten Boden, eine Codierung, eine geheime Botschaft? Nicht umsonst schloss sich Großmutter, wenn sie arbeitete, oft ein und untersagte den Zutritt.

Das Alphabet begann mit A, einem gewöhnlichen, einfältigen Buchstaben, der sich in unzähligen Ausrufen verschwendet hatte. Die Schreibmaschinentastatur begann mit Й, dem kurzen i.

Й – was war das für ein Buchstabe? Eigentlich gar kein Buchstabe, sondern ein Missverständnis. Ein Schluckauf-Geräusch. Ein Aufschluchzen, als wäre jemand eingeklemmt worden.

Aber Großmutters Schreibmaschine, rot wie Blut, wie die Kremlsterne, wie die Flagge des Landes, behauptete: Й ist der wichtigste Buchstabe, geheimnisvoll und unergründlich; ähnlich einem Mann mit Kopfbedeckung.

Nachdem er das erkannt hatte, bemerkte er immer öfter, wie ihm das Й zunickte – in Diktaten und Lehrbüchern, von Ladenschildern, Aushängen an Pfählen, an Zeitungskiosken, Plakaten, Fahrplänen. Es flimmerte auf, folgte ihm in der Menge, in der Metro als Gestalt mit Hut. Ja, in einem grauen Hut, in den sich dieser namenlose Strich über dem Buchstaben verwandelte.

Er fühlte keine Gefahr durch den Verfolger. Aber er spürte eine erstarkende Verbindung zu ihm. Der Й-Mann wurde wie ein Teil seiner selbst, und er wollte ihn aufs Papier bringen, nicht handschriftlich, sondern gedruckt, mit den Tasten getippt.

Aber seine Großmutter hatte ihm verboten, die Schreibmaschine auch nur anzurühren, als wäre sie ein kostbares Musikinstrument.

Hätte die Maschine jemand anderem gehört, Mutter oder Vater, hätte er sich längst durchgerungen. Aber es war Großmutters Maschine. Und ihre Sachen galten als unantastbar, das war Gesetz bei ihnen.

Großmutter ragte empor wie ein Berg. Ihre Körperfülle hatte nichts Luftiges wie Torten, nichts Aufgebauschtes wie ein Federbett, sondern war schwer und massig wie abgeflachter Kalkstein, wie gefaltete Bergschichten.

Wenn sie aufstand, schien sie damit das ganze Haus erschüttern zu können. Überall fühlte sie sich eingezwängt, jedes Kleidungsstück war ihr zu eng. Solch dicke Menschen waren in seinen Bilderbüchern immer die Bösen: Popen, Kapitalisten, die vor Völlerei und Habsucht platzten.

Aber Großmutter aß wenig und bescheiden. Alles war mager, geschmacklos, zerkocht. Ihr Körperberg wuchs nicht vom Essen, sondern so, wie ein Chagapilz am Baum oder ein Tumor wachsen; scheinbar von selbst.

Ihr Gesicht schien nicht zu diesem Körper zu gehören. Scheinbar stammte er von einem anderen Menschen. Es war ein Miniaturkopf: geisterhaftes ergrautes Haar, zu einem eleganten Knoten gebunden. Feine Schädelknochen, die wie zerbrechliches Porzellan unter der Haut hervortraten. Spitze, vogelartige Gesichtszüge. Der Kopf eines ätherischen, schwerelosen Wesens, fähig zu flattern, sich in eine Sylphe zu verwandeln und zu fliegen, als habe er kein Gewicht, als gäbe es keine Schwerkraft.

Und Großmutter, dieses Schwergewicht, liebte das Ballett. Sie ging ins Theater oder sah sich Übertragungen im Fernsehen an. Und er schaute verstohlen zu. In solchen Momenten geschah etwas Seltsames. Es war, als erwache ihr wirklicher, junger, früherer Körper, der in einen Fleischberg eingekerkert war. Und nun bebte er, nahm die Tanzfiguren auf, wiegte sein pralles Flöz.

Iwanow fürchtete sie. Sie sprach, fast ohne den Mund zu öffnen, flüsterte die Worte, formte sie nur mit den Lippen.

Aber es kam vor, dass sie sich vergaß – und ihre eisernen Zähne entblößte. Er fühlte, wie nah, wie ähnlich dieser Mund mit seinen matten Stahlkronenreihen der dunklen Aussparung in der Schreibmaschine war, in der die Buchstabenhebel zum Halbmond eines Grinsens zusammenkamen.

Wie oft hatte Vater sie gebeten, ihre Metallkronen gegen goldene zu tauschen oder ein künstliches Gebiss machen zu lassen, mit glatten, weißen, schicken Zähnen. Aber Großmutter, die sonst Mode, Lippenstift, Frisuren und Schmuck liebte, weigerte sich strikt. Dann lächelte sie unschön, als bleckte sie ihre Metallkronen mit unverständlichem Stolz zur Demonstration, dass diese falschen Zähne trotz allem der wichtigste, kostbarste, übernatürlichste Teil ihres Körpers seien. Verwirrt ließ Vater ab von ihr. Er jedoch, Iwanow, spürte, dass in Großmutters Zähnen die Kraft eines Wolfsbisses steckte, etwas wie die mechanische Kraft der Schreibmaschine, die Dellen von Buchstaben ins Papier schlug.

Wieder macht es klack und klack. Ausgedünnte Salven, kurze Sequenzen. Die Frau gegenüber korrigiert den geschriebenen Text, ganz klar.

Sie denkt, ihr Geschriebenes bliebe ein Geheimnis, wenn niemand ihren Computerbildschirm sieht. Lebe, atme in deine Maske, süßes Geschöpf. Iwanow wird dein Geschreibsel nicht laut vorlesen.

Bald kommt der Bahnhof, und vor dem Bahnhof – die Rheinbrücke. Eine Pause. Ein großartiges Leerzeichen.

Du hast keine eisernen Zähne, Kindchen, und du tippst einfache Buchstaben, von denen gibt es Myriaden. Du steigst am Bahnhof aus, gehst zur U-Bahn oder nimmst ein Taxi. Niemand wird dir folgen, kein Schatten huscht vorüber, in der

Menge blitzt kein grauer Hut des Й auf. Gott möge dich mit Unwissenheit segnen, Mädchen.

Da ist sie schon, die Brücke, und links nähert sich der Koloss der Kathedrale wie ein gehörnter Klumpen von Finsternis. Sie ist in der Dunkelheit der Dezembernacht nicht zu erkennen, aber Iwanow sieht und spürt sie unablässig. Die Stadt wird beherrscht von ihren beiden Turmspitzen, zwei spitz zulaufenden Kegeln, die in den Himmel stechen, verhärtete Lava des Infernos, wie jene vulkanischen Stalagmiten, die »schwarzen Raucher«, die speiend aus tektonischen Verwerfungen am Meeresgrund wachsen.

Ach, hier ist eigentlich die ganze Stadt durchbohrt; die gotischen Turmspitzen wachsen aus dem fruchtbaren Boden des Flussufers wie die scharfkralligen Schwänze unterirdisch schlafender Drachen.

Die Kathedrale ist ein Steinschwamm. Sie wird immer schwärzer, nimmt Nebel und Regen in sich auf. Sie ist so gebaut, dass die unaussprechliche Größe des Wortes darin atmet. Aber das Wort ist in ihre Steinporen gedrungen, hat Strebebögen und Stützpfeiler durchsetzt, und so überragt sie die Stadt als riesiger *Buchstabe*: ein russisches N oder ein И.

Es ist ein И, das weiß Iwanow. Von seinem Balkon aus ist nur der obere Teil zu sehen, zwei Achsen ohne Querstrich.

Selbstverständlich ist er da. Das versteht sich von selbst.

Chimären schreien mit dünnen Kalksteinstimmen in die Nacht. Und deshalb ziehen nachts ganze Herden von Buchstaben durch die Stadt. Ihre metallbeschlagenen Schuhe klappern auf dem alten Straßenpflaster. Das wird übel, wenn man auf diese Bande trifft – sie verprügeln dich, brechen dir die Rippen. Kommt man wieder zu sich, ist man ein Anderer, wurde umgeschrieben, und man hat einen anderen Namen im Pass und ein anderes Gesicht in der tanzenden Spiegelung des Schaufensters.

Aber Iwanow fürchtet sie nicht. Ihn schützt das Й, das ihn aus seiner Heimat hierher begleitet hat. Й ist der russischste Buchstabe, der russischste Laut, etwas Zusammengepresstes in der Kehle, ein ungeborenes, fortgegangenes, verschlucktes Stöhnen; Й.

Й hat gelernt, Kraft aus der Form der Kathedrale zu schöpfen, hat sich eingelebt, ist erwachsen geworden und kann laufen, es läuft Iwanow in der Stadt hinterher. Fatum der Sprache. Mann mit Hut. Й. Ein »Er«. Maskulinum.

Iwanow geht gerne am Rhein spazieren. Große Flüsse bringen Kulturen hervor. Schenken ihnen die ersten Götter, flüstern ihnen die ersten Laute ihrer Sprachen zu. Er fühlt sich wohl hier, am strömenden Wasser, obwohl er weder Heines Gedichte noch »Das Rheingold« mag.

Er kommt hierher, um zu beobachten. Die Rheinkähne, lang wie deutsche zusammengesetzte Wörter, fahren flussaufwärts und -abwärts. Sie transportieren Kies, Getreide, Altmetall, Sand. Und einige, mit dem größten Tiefgang, mit schwarzen Bordwänden, transportieren Buchstaben.

Er erfuhr von diesem Geheimnis Europas fast zufällig. Gerade hatte er für einen Monat ein abgelegenes Haus in den Alpen gemietet. Er sollte im Auftrag von Demjanin, der längst Generalmajor war, einen Abschiedsbrief erstellen und studierte satzweise die Vorlagen für zwei Telefonate ein, die die Zielperson vermeintlich selbst führen musste, bevor sie den Brief schrieb und Selbstmord beging.

Die Zielperson lebte in einem allein stehenden Haus im nahegelegenen Dorf. Iwanow sah den Mann einige Male im

Restaurant am Dorfplatz. Der geflohene russische Bankier war hier untergetaucht und schrieb seine Memoiren. Und Iwanow schrieb langsam, mit spärlichen Details, seinen Tod.

Den Brief würden Graphologen und Linguisten lesen. Sie würden die Handschrift, die Redewendungen analysieren. Sie würden eine Fälschung unbedingt als solche erkennen.

Er aber garantierte Authentizität.

Was ein Sprachsimulationsprogramm generiert hat, konnte ein anderes Programm erkennen und aufdecken.

Er aber garantierte Authentizität.

Dort in den Alpen schrieb er morgens und abends, und tagsüber ging er in die Berge. Er spazierte die mit dunklen Fichten bewachsenen Schluchten entlang, inhalierte die Kühle des gefallenen Schnees. Hier belästigte Й, sein ewiger Begleiter, ihn nicht, Iwanow traf nur in den Straßen von Genf auf ihn, wohin er dreimal zur Zusammenkunft mit seinem Führungsoffizier fuhr. Ach, die Straßen von Genf, die von russischen Revolutionären und russischen Spionen ausgetretenen Pfade! Й war hier ganz in seinem Element, verdoppelte, verdreifachte sich: ein schielendes Männchen mit grauem Hut.

Und dennoch spürte Iwanow, dass er auch in der Wildnis nicht ganz allein war. Rehe flitzten an den Hängen vorbei, Uhus schrien, über den Schluchten kreisten Adler. Aber da war noch jemand. In den Felsen selbst, dem Wurzelreich der Berge.

Er lauschte, legte sein Ohr an die Felsspalten und hörte das Knirschen des steinernen Leibs, der sich nach dem Winter enteiste. Darunter lag ein weiteres Geräusch, verborgen, fern, dumpf. Als ob jemand beständig pochte. Wie der Meißel eines Bergmanns, der das Gestein abklopft. Oder wie das Tippen einer Linotypesetzerin.

Und dann, als er sich gegen Abend verirrte und sich am Bachlauf orientieren wollte, fand er eine Höhle. Eine schwere Felsenstirn hing über dem Bach, und darunter, umgeben von felsigen Vorsprüngen, klaffte dunkel ihr Rachen.

Er betrat sie, ohne Licht zu machen, fühlte, dass es die erste Behausung des Menschen gewesen war, als er noch keine Hütten bauen konnte. Hier, im Uterus tiefster Dunkelheit, war die Sprache zur Welt gekommen, hatten Hände mit Feuersteinsplittern die ersten Zeichen auf den Kalkstein gebracht. Er lehnte sich an die vom Quellwasser aufgeweichte Lehmwand der Höhle, als wolle er sich entkörpern, um als seelenloser Lehmklumpen in den Leib der Erde zurückzukehren – und da sah er, wie in den alten Stollen grimmige, stumme, winzige Kobolde arbeiteten. Sie schlugen Gesteinsstücke ab und meißelten daraus Buchstaben, jene alten Buchstaben der inzwischen abgeschafften Frakturschrift, mit der Deutschland fast anderthalb Jahrhunderte Europa seinen Willen verkündet hatte, die als Verkörperung des nationalen Geistes galt, bis sie 1941 verboten, auf einmal des »Jüdischseins« bezichtigt wurde.

Das waren die Minen, wo das Primärerz der Sprache abgebaut wurde. Die Quelle seiner Macht. Aber es wurde nicht mehr mit diesen Buchstaben geschrieben, und sie meinten nicht jene Wortbedeutungen, für die sie geschaffen wurden. Die neuen, umweltfreundlichen Buchstaben wurden in einer Fabrik in der Nähe von Bonn aus recyceltem Kunststoff hergestellt.

Aber da die neuen Wörter nicht mit den alten übereinstimmten, konnte niemand den alten Zauberspruch aussprechen, die Tore unter den Bergen aufschließen und die Kobolde aus ihrem Dienst befreien. Hier, in den Verliesen der Alpen, wurde die alte Sprache noch immer hergestellt, denn sie starb langwieriger als die Menschen, und den Kobolden waren die historischen Verläufe unbekannt. Wie ein Fahrradventil waren die Tore nur in eine Richtung aufzustoßen, und die Kobolde gaben das Einzige heraus, was sie zu produzieren wussten.

Deshalb transportierten die Lastkähne eines geheimen Amts diese gefährlichen Buchstaben über den Rhein und versenkten sie in der Nordsee, um so am Grund künstliche Riffe zu schaffen, die die Stürme zu bändigen halfen.

Als er an jenem Abend in der Hütte einschlief, lauschte er auf den Wind, das leise Klopfen der Kobolde im Wurzelreich der Berge und dachte: Und wie ist das alles bei uns, in Russland eingerichtet? Denn die alten Waldgeister und ihre geschützten Wälder, wo sie die früheren, altkirchenslawischen Buchstaben der Zarenzeit, *Jat* und *Jer*, aus Linden und Eichen schnitten, sind ja sicher schon mit dem Bürgerkrieg verschwunden?

Und die neuen, dachte er, woraus sind sie? Und er gab sich selbst die Antwort: aus Metall. Aus schwarzem Gusseisen. Da stand irgendwo am Ural ein Werk aus den dreißiger Jahren, das bei keiner Behörde gelistet war. Und eine schwere Presse stanzte dort von selbst diese Buchstaben des neuen Jahrhunderts, das neue bolschewistische Alphabet.

Und da musste Iwanow an seine Universitätsvorlesungen denken. Er erinnerte sich, dass Й, auch wenn der Buchstabe im vorrevolutionären Alphabet vorhanden gewesen war, irgendwie nicht die vollen Rechte eines Buchstabens genossen hatte. Vogelfrei gewesen war. Ein Gnadenbrotempfänger. Й kam nicht ins Alphabet, wurde mal akzeptiert, dann wieder abgeschafft, wurde verdrängt von seinen vollwertigen Verwandten i und и; vom Ischiza, das vom Ypsilon abstammte.

Aber 1918 schaffte die *rote* Rechtschreibreform das i und das Ischiza ab, fegte sie als Relikte der Vergangenheit fort wie Popen, Kapitalisten und Kulaken. Und da wurde Platz frei für Й! Й wurde sofort in die Lehrbücher aufgenommen, eroberte sich sozusagen die erste eigene Behausung. Und 1934 wurde Й offiziell in den Bestand des Alphabets aufgenommen.

Ja, sagte sich Iwanow, ein famoser Buchstabe! Du bist ja haargenau wie meine Großmutter, ein Mädchen aus dem einfachen Volk, das seine Chance ergriffen hat! Kleiner Buchstabe, du Fliegendreck, du hast die Gelegenheit ergriffen und den Hauptgewinn eingeheimst! Ohne die Revolution hättest du ewig irgendwelche Nebenrollen gespielt, hättest nie einen Job gefunden bei Zeitungen oder Büchern.

Aber du hast dich zurechtgefunden, furchtlos, eine Saat der Kommissare! Und schon 1934 warst du ein sowjetischer Buchstabe, du bist, kann man sagen, unsterblich! Jedermann sollte dich kennen, und kein einziges Textchen kommt mehr ohne dich aus – erlauben Sie, ich muss durch.

Ja, das Jahr 1934, dachte Iwanow. Gerade rechtzeitig. Am Vorabend, sozusagen. Als hätten sie nur auf dich gewartet, um mit den Verhaftungen zu beginnen, Verhörprotokolle und Todesurteile zu schreiben. Wie sind die Ermittler und Gefängniswärter davor ohne dich ausgekommen, Й?

Und was ist aus dir geworden, Й? Jetzt bist du abgeschnitten wie die Erinnerung selbst, ein Echo des Jahrhunderts, ein Echo aller Schmerz- und Entsetzensschreie, aller Todesrufe und Schluchzer. Du bist das, was vom »Ej« der Ermittler und Tschekisten, vom »Aj« und »Oj« der Häftlinge übrig blieb, wurdest selbständig und wanderst ruhelos umher.

Wieder zu Hause, isst Iwanow zu Abend und setzt sich mit einem Glas Wein und einer Zigarette auf den Balkon. In der Ferne, jenseits der Dächer der Stadt – glücklicherweise bauen sie hier keine Wolkenkratzer – ragen die paarigen Türme der Kathedrale in den hellen Mondhimmel. Er wartet auf den Moment, in dem der Mond genau über den Türmen steht. In diesem Augenblick verbinden sich für ihn Gegenwart und Vergangenheit.

In der Wohnung seiner Kindheit waren vom Fenster aus zwei Fabrikschornsteine zu sehen. Und manchmal war der Mond ebenfalls über ihnen stehen geblieben, man sah die Form I*I, ein atemberaubender Spalt, den der Mond mit Silberschein erfüllte. Dieser Schein hatte ihn hypnotisiert, ihm ängstliche Entschlossenheit eingeflößt, und eines Tages, als abends niemand zu Hause war, ging er über den Pfad des Mondlichts in Großmutters Zimmer, nahm die Hülle von der Schreibmaschine, setzte sich auf die Kante ihres breiten Stuhls, berührte mit seinem Blick das versilberte, matte Weiß des darin eingespannten Blatt Papiers, verspürte die eingespielte Bereitschaft des Mechanismus und schlug kühn die äußerste Taste an:

Й

Ein Buchstabe? Ein Mensch?

Ein Buchstabenmensch?

ЙЙ

ЙЙЙ

ЙЙЙЙЙЙ

ЙЙЙЙЙЙЙЙЙЙЙЙЙЙЙЙЙЙЙЙЙЙЙЙЙ

ЙЙЙЙЙЙЙЙЙЙЙЙЙЙЙЙЙЙЙЙЙЙЙЙЙ

Eine Salve?

Eine Menschenformation?

Wer waren sie, diese Menschen?

Der Rhythmus des Tippens fügte sich zu einem Marsch, und sie, die Buchstabenmenschen, liefen, während er tippte, lebten und atmeten, während er tippte, und es war wichtig zu tippen, eine

ЙЙЙЙЙЙЙЙЙЙЙЙЙЙЙЙЙЙЙЙЙЙЙ
ЙЙЙЙЙЙЙЙЙ

Linie ihrer Leben und Schicksale auszuführen, ihre marschierenden Reihen.

ЙЙЙЙЙЙЙЙЙ
ЙЙЙЙЙЙЙЙЙ
ЙЙЙЙЙЙЙЙЙ
ЙЙЙЙЙЙЙЙЙ

Das Blatt war voll. Er spannte ein zweites ein, dann ein drittes, ein viertes, hämmerte Zeile um Zeile.

Durch den zu starken Anschlag flog die Й-Taste aus ihrer Halterung. Sie hüpfte über den Tisch, rollte über den Fußboden – und erstarrte irgendwo.

Als wäre sie weggelaufen.

Zuerst dachte Iwanow, er könne sie leicht finden. Was sollte daran schwierig sein – Licht an!

Aber die Taste war weg. Er befühlte jedes Quadrat des Parketts, beleuchtete mit der Taschenlampe die entfernten staubigen Ecken. Ohne Ergebnis.

Й war gegangen, davongaloppiert, die Uhr tickte der Acht zu. Er versteckte die beschriebenen Seiten unter seiner Matratze, verschob das Farbband so, dass das eingestanzte Й nicht sichtbar war, rückte den Stuhl zurecht, legte die Hülle auf die Schreibmaschine. Die Ekstase des Tippens, die Buchstabenmenschen waren nun völlig vergessen. Er hoffte nur kläglich, seine Großmutter würde denken, die Taste sei von selbst abgefallen. Und er wusste, dass er sich selbst belog. Ihr konnte man nichts vormachen.

Einen Tag später, als seine Eltern nicht zu Hause waren, verdrosch ihn seine Großmutter mit Vaters Armeegürtel. Sie schlug ohne Ehrgeiz, aber der schwere Gürtel erledigte von selbst seine Aufgabe, peitschte auf die Pobacken, und Iwanow wurde ganz anders, als der fünfzackige Stern, der auf die Schnalle geprägt war, seinen Hintern berührte, eine schmutzige Stelle.

Großmutter sagte den Eltern nichts. Und die flüchtige Taste fand sich nicht an.

Viele Jahre später, als er Doktorand war und bereits die Bekanntschaft mit Major Demjanin gemacht hatte, von seiner Gabe wusste, kam er einmal in ihr Zimmer, um Papiere und Bücher zu holen, die er ihr ins Krankenhaus bringen sollte; kaum hatte sie sich von einem Herzinfarkt erholt, wollte sie sich entgegen den Anweisungen der Ärzte wieder in die Arbeit stürzen.

»Die Mappe liegt an der rechten Ecke des Tisches, die musst du mir unbedingt bringen«, hatte sie am Telefon gesagt. »Da ist das Wichtigste, eine dringende Bearbeitung.«

Sie war sich sicher, dass er die Mappe nicht aufschlagen würde. Aber er war bereits ein anderer Mensch, er hatte Demjanins Lektionen gelernt. Iwanow belauschte vorsichtige Gespräche in der Fakultät. Erinnerte sich an die Worte des stellvertretenden Dekans:

»… deiner Großmutter zuliebe …«

Großmutter, Großmutter, warum hast du eiserne Zähne?

Er löste die Bänder an der Pappmappe, die mit einem raffinierten Doppelknoten festgezogen waren. Darin lag ein dünner Stapel Blätter. Er nahm das erste von oben.

An dieses Blatt erinnert er sich bis heute. Sein Gedächtnis für Buchstaben ist perfekt.

MUSTER

System (Benennung)
der Schreibmaschine: „Moskau“ Nr. 37645
Name der Einrichtung: Forschungs- und Entwicklungsbetrieb sanitärtechnischer Erzeugnisse

Anschrift: Lentvaris
ul. Tscharno 15

Tastatur mit Farbband
§ № -/«:,. _ %?!
й ц у к е н г ш щ з х ъ
ф ы в а п р о л д ж э)
я ч с м и т ь б ю ё
+ I 2 3 4 5 6 7 8 9 0 =
Й Ц У К Е Н Г Ш Щ З Х Ъ
Ф Ы В А П Р О Л Д Ж Э)
Я Ч С М И Т Ь Б Ю Ё

Tastatur ohne Farbband
§ № -/«:,. _ %?!
й ц у к е н г ш щ з х ъ
ф ы в а п р о л д ж э)
я ч с м и т ь б ю ё
+ I 2 3 4 5 6 7 8 9 0 =
Й Ц У К Е Н Г Ш Щ З Х Ъ
Ф Ы В А П Р О Л Д Ж Э)
Я Ч С М И Т Ь Б Ю Ё

Die Litauische Sozialistische Sowjetrepublik ist eine der baltischen Republiken, die zur multinationalen Familie unseres Mutterlandes gehört. Das litauische Volk hat im Kampf für Freiheit, Gleichheit und Unabhängigkeit einen langen historischen Weg zurückgelegt.

Viele Eroberer, deutschfaschistische Okkupanten versuchten, die historische Entwicklung des litauischen Volkes aufzuhalten, ihm seinen Willen und seine Ordnung aufzuzwingen. Zum gegenwärtigen Zeitpunkt leben in der LSSR neben den Litauern auch Letten, Esten, Armenier und andere Vertreter der Völker der UdSSR. Dank der klugen leninistischen Nationalpolitik der Kommunistischen Partei der Sowjetunion leben alle Völker unseres Landes als einmütige, eng verbundene Familie zusammen.

Unsere Zeit ist reich an wichtigen sozioökonomischen und politischen Ereignissen: dem Kampf der Völker für den Frieden, für eine nationale und soziale Befreiung, für die soziale Umgestaltung der Entwicklungsländer und die Ausweitung der Kontakte in der sozialistischen Gemeinschaft, für den stetig wachsenden Austausch kultureller Werte zwischen den Völkern und für die Entstehung einer neuen sozialen Gemeinschaft – des sowjetischen Volkes – ALL DAS FÜHRT NOTWENDIGERWEISE ZU EINEM DIALOG VON MILLIONEN VON MENSCHEN VERSCHIEDENER NATIONALITÄTEN.

Probe angefertigt __.__. 1988

Er nahm die anderen Blätter.

Estnische Sozialistische Sowjetrepublik ...
Aserbaidschanische Sozialistische
Sowjetrepublik ...
Moldauische Sozialistische Sowjetrepublik ...

Was war das für ein Unsinn? Was für ein ka-ka-ka, Kampf der Völker für den Frieden?

Und da wurde ihm klar, dass sie es war, die diesen Text erfunden hatte.

Es war ein Muster für Schriftproben von Schreibmaschinen. Er wusste, dass die KGBler sie anfertigten. Aber er hatte nie darüber nachgedacht, wie der Algorithmus war.

Er stellte sich Tausende von Schreibmaschinen vor, die unter dem Diktat des Komitees für Staatssicherheit den Text von Großmutter, einer promovierten Philologin, wiederholten.

Zuerst das Aufwärmen, eine einfache Bewegung aller Tasten.

Dann der Unterricht. Ein Diktat.

Es reichte also nicht, einfach nur einen Abdruck aller Buchstaben zu machen! Es war notwendig, dass jede Maschine ein Mantra, einen Zauberspruch wiederholte. Nicht eine zufällige Aneinanderreihung von Wörtern, sondern das hier: DER KAMPF DER VÖLKER FÜR DEN FRIEDEN ...

Absurd war das. Irrational. Und deshalb einfach herrlich.

Hier war sie, die Macht der Sprache.

Er strich mit der Fingerkuppe über die neue Й-Type. Und zum ersten Mal spürte er eine familiäre Zugehörigkeit zu seiner Großmutter. Nicht im Sinne von Nähe, Ähnlichkeit. Zugehörigkeit als Fluch.

Sie arbeitete für *sie*. Auch er arbeitete für *sie*.

Sie war die Erste gewesen, und das war gewissermaßen eine Entschuldigung für ihn, verwandelte seinen KGB-Kontakt zu einem Viertel oder einem Drittel in eine Farce, in eine familiäre Typenkomödie, erteilte ihm den Ablass eines Rückfalls, einer Vererbung, sogar einer gewissen Unvermeidlichkeit.

Er aber fühlte, dass es an den Buchstaben lag.

An diesem entflohenen Й, das der Schlüssel zu ihrem Geheimnis war.

Es waren die Buchstaben, die über ihr Schicksal entschieden. Buchstaben, denen Großmutter ihr ganzes Leben lang treu diente.

Sie starb in ihrem Zimmer, neben jener Schreibmaschine, die am Kopfende stand. Sie hatte schon jahrelang gekränkelt. Die Krankheit hatte allmählich ihre Körperfülle aufgezehrt; auf ihrem Sterbebett sah sie aus wie ein junges Mädchen, das in einen Weinschlauch aus aufgedunsener Haut eingenäht ist.

Sie ging und nahm das Geheimnis mit.

Ihr Atem, abgehackt, heiser, wurde auf einmal gleichmäßiger. Nur ihre Finger, die dünnen, flinken Finger einer Stenotypistin, wollten sich nicht beruhigen und zitterten, als würden sie noch etwas tippen.

»Breve, breve, breve«, flüsterte sie. Wie ein Passwort, ein Passierschein ins Jenseits.

So ging sie dann auch, mit diesem »Breve« auf den Lippen.

Er schloss ihre Augen und dachte: Vielleicht meinte sie bravo? Hatte er sich verhört? Nein, der Laut stand ihm noch in den Ohren: Breve.

Bevor er Polizei und Krankenwagen rief, ging er im Zimmer umher und suchte zumindest nach einer Botschaft, einem Zeichen, einer Spur, obwohl er sicher war, dass Großmutter sich nicht auf die Geschmacklosigkeit einer posthumen Notiz herabgelassen hätte. Sie konnte nur etwas sagen. Aber auch das hatte sie nicht getan.

Mechanisch berührte er ihre Brille, ihre Tabletten, ihren Inhalator, ihre letzten persönlichen Besitztümer.

Und da bemerkte er etwas Vertrautes, Vergessenes: die verhüllte Schreibmaschine, die nun schon viele Jahre schwieg.

Er nahm die Hülle ab, setzte sich und legte mit geschlossenen Augen die Finger auf die Tasten.

Und sie, die Vertraute, Bedienstete, begann zu sprechen.

Er spürt ein feines, ameisenartiges Kribbeln in seinen empfindlichen Fingerkuppen. Die Schreibmaschine ist nach ihrer Besitzerin ebenfalls dabei zu sterben, verwandelt sich in einen einfachen Gegenstand, in Metall, und die Hebel schlagen los, zucken in Agonie unter seinen Fingern, prägen geisterhafte Schatten von Buchstaben durch das vertrocknete Farbband aufs Papier:

ES LEBE DIE SOWJETUNION

Er betrachtet sie, scheint sie aus großer Höhe zu überblicken, und er erkennt, dass die Buchstaben aus weiblichen und männlichen Körpern bestehen, gehüllt in weiße Hemden, Unterhosen, Trikots, die sich wie Striche zu einem Bilderrätsel fügen.

Sie sind die Körper von Turnern, die unter Anspannung ihrer Muskeln auf den gewölbten Pflastersteinen des Roten Platzes in ihren Positionen erstarrt sind.

Er sieht sie wie der Höchste Betrachter, der oben auf dem Mausoleum steht. Ihm, dem Höchsten, opfern sie ihre jungen Körper, indem sie zur sakralen Losung werden.

Es tost wallend ein Marsch. Es bewegen sich die Kolonnen der Parade voran.

Und der Satz, er steht, es gibt keine Körper mehr, nur Buchstaben:

ES LEBE DIE SOWJETUNION

ДА ЗДРАВСТВУЕТ СОВЕТСКИЙ СОЮЗ

Und doch sieht er mit scharfem Blick besonders einen von ihnen, den kleinsten, der zu einem Halbmond gekrümmt ist: der Strich über Й. Das typographische Zeichen Breve. Er kennt es aus dem Setzkasten der illegalen Druckerei.

Ein Mädchen wie eine Feder.

Ein Mädchen wie ein Blütenblatt.

Er, der Höchste, ist es, der sie gerettet hat, auch wenn er keinen solchen Befehl gab.

Er hat sie gerettet, weil er Tippfehler verabscheut. Und das wissen alle nur zu gut. Er hat es ihnen beigebracht.

Sie, das Breve-Mädchen, war schon verhaftet. Die Zähne wurden ihr schon ausgeschlagen beim Verhör, bei dem sie über einen trotzkistischen Studentenkreis ausgefragt wurde. Doch dann hat sich herausgestellt, dass es keinen Ersatz gab. Kein alternatives Breve, keine Zweitbesetzung, die bereits alles gehörig einstudiert hat. Es gibt andere Turnerinnen, aber die können nicht so lange wie nötig ihre Arme ausstrecken.

Und das heißt, dem Wort СОВЕТСКИЙ würde im letzten Buchstaben der Strich oben fehlen.

Daraufhin hat ein Gescheiter unten im Keller angeordnet, man solle sie, das *Breve*-Mädchen, freilassen. Und den Ermittler, im Gegenteil, festsetzen. Und nun liegt sie da oben auf Männerhänden, schluckt Blut.

Sie ist wirklich ein *Breve*. Genau so, wie es sein muss.

Er ist zufrieden.

Er blickt in die Zukunft und sieht: Sie alle, die Buchstabenmenschen, werden umkommen. Verbrennen wie Streichhölzer. Doch das Breve-Mädchen wird überleben, als Einzige.

Weil die anderen sich nicht vollständig in Buchstaben verwandeln können.

Sie aber, die Leidende, kann es. Sie ist nichts als ein Zeichen.

Sie hat es geschafft.

Und *er* wird sie belohnen.

Ihr ein langes Leben und treuen Dienst schenken.

Iwanow nahm seine Finger von den Tasten, aber es war zu spät.

Ohne es zu wollen, erfuhr er alles, was von ihnen gedruckt wurde.

Linguistische Untersuchungen antisowjetischer Dokumente.

Linguistische Analysen anonymer Briefe, Flugblätter, von der Postkontrolle abgefangener Briefe.

Alles Großmutters Werk.

Er sitzt auf dem Balkon und hört, wie sich ein unruhiges Eichhörnchen in den Ästen windet – schlafen die etwa nachts nicht?

Der Mond ist verschwunden, und die Dunkelheit des Dezembers verbirgt die Kathedrale. Auf den Straßen ist kein Laut, da rattert nur das Moped eines ziemlich verspäteten Pizzaboten.

Hinten, im Zimmer, steht auf einem besonderen, nur dafür gedachten Tisch die rote Schreibmaschine.

Er nähert sich, schlägt mit dem Finger leicht auf die Taste, und auf dem schneeweißen Papier erscheint:

Й

HELL WAR DIE NACHT

Der helle Abendhimmel weitete sich, stülpte sich um, verbreitete schlangenförmige Korridore, Vorhänge eines nie dagewesenen Lichts, zitronengelb, violett, grasgrün, aquamarin: flüchtiger als ein Regenbogen, befremdlicher und illusorischer als eine Fata Morgana.

Als ergösse sich eine fremde Welt in die unsere, ohne ihre Form zu verlieren, als dränge sie hier ein und bliebe hängen, löste sich langsam darin auf: wunderliche, luftig-leichte Milch, perlmuttfarbene Hüllen, lebensvolle Nebel von der anderen Seite des Himmels, Kolonien von Wolkenkorallen.

Die leuchtenden Schleier wurden schwer und trüb, während sie sich mit der hiesigen Materie verbanden, in ihr aufgingen; es war Empfängnis und Geburt zugleich, eine qualvolle Vereinigung der Welten, aus der eine herrenlose, scheinbar heimatlose, ephemere Materie hervorging, nach der gestaltlose, körperlose Gespenster und Geister suchen, um sich mit ihr zu umhüllen.

Der Himmel neigte sich, schmiegte sich an die kargen Böden des Nordens: die wüsten, grauen Küsten der eisigen Meere, die vom Rentiermoos zitronengelben, hügeligen Tundren, die grünen, mit Lärchen bewachsenen Hügel. Das Licht kam herab von den Höhen, drang in die Erde, in Steine und Wasser, in die Fasern der Bäume.

In diesen Gegenden brannten viele gelbe Gasfackeln, die aus hohen Rohren ragten, den Polartag und die Polarnacht sinnlos erhellten: So wurde das bei der Ölförderung anfallende Gas verbrannt.

Tausende dieser Fackeln waren geradezu gleichzeitig erloschen – und flammten wieder auf, doch hatte ihre Flamme nun die Farbe jenes Lichts.

Erstarrt waren die Arbeiter an den Tiefpumpen und Bohrtürmen, als sie hörten, wie es unter der Erde durch den Druck hämmerte und klopfte, eine shaitanische Kraft hinaufdrängte, die alle Ventile und Notfallverriegelungen sprengte; und die Erde hatte sich aufgetan.

Die Tundra schluchzte mit allen Bächen, und die demütigen Rentiere des Nordens weinten, und Hirten liefen zu Urenkelinnen und Urenkeln früherer Schamanen, um herauszufinden, was für Geister da aus der Erde kamen.

Die Radiosender des Nördlichen Seewegs fingen umherirrende Stimmen auf, Hunderte von Stimmen in verschiedenen Sprachen, die über alle Bandbreiten schwirrten; der zweite Matrose auf der Brücke eines Eisbrechers, der eine Karawane an der Neupokojew-Insel vorbeiführte, sah einen Schwarm seltsamer Vögel direkt auf ihrem Kurs, der nicht keilförmig, sondern in einer Linie flog.

Bergleute, die in Käfigen zur Nachtschicht in die Minen hinabfuhren, hörten, wie die Stützen in den fernen verlassenen Minen knackten, wie Steine aus der Decke rieselten, und dann war da ein seltsames Geräusch, wie vom Eisgang auf einem Fluss; jemand ging durch die Gesteinsschichten.

Fischer auf einem Seinerboot, das von Nowaja Semlja kam, verhakten sich mit dem Schleppnetz in ein seltsames Ding auf dem Grund; es war schwer und lebendig, brachte das Schiff vom Kurs ab, und der erfahrene Bootsmann gab den Befehl, das Schleppnetz abzuwerfen.

Astronomen im Pamirgebirge, hoch über den Wolken, sahen einen Sternenregen, der dort nicht hätte sein sollen, er war nicht in den Nachschlagewerken aufgeführt, und dennoch flogen im Norden und Osten Sterne vom Himmel, zischten auf wie Phosphorstreichholzköpfchen.

Ikonen tränten und bluteten in jener Nacht, Gedenkkerzen entzündeten sich von selbst; in Konzertsälen erhob sich ein Wandersturm der Musik und verschwand, kein lebender Mensch hatte sie geschrieben, diese losgelöste Musik. Auf den Bahnhöfen war das längst verklungene Pfeifen einer Lok zu hören; an den fernen Haltepunkten, den Schranken auf dem Feld sah man seltsame Züge, die nicht im Fahrplan zu finden waren, als hätte sich in fernen Depots der gesamte Schrott neu zusammengesetzt, all die stillgelegten Waggons, die längst von den Schienen genommen wurden; in der Metro, vor allem in alten Stationen aus den dreißiger Jahren, erschien den Fahrgästen zu später Stunde, dass auf den leeren Bahnsteigen, wo nur Putzfrauen die Böden wischten, in Wirklichkeit Menschenmengen waren wie zur Hauptverkehrszeit; eng war es dort, sie atmeten, flüsterten, husteten und weinten, weinten und husteten, diskutierten, wie man wo hinkam, wunderten sich über neue Linien und Stationen; in den Tunneln vor den Fenstern erschienen Gestalten, die über die Gleise gingen, und die Fahrgäste wurden nüchtern, wollten schnell an irgendeiner Station aussteigen, um Luft zu schnappen.

Aber auch in der Luft der Städte schwebte jenes Geflüster, als ob sich die Denkmäler miteinander unterhielten, und es schien, als seien die Boulevards voller Menschen, als brenne die Beleuchtung mit dem gespenstischen, eisigen Nordlicht.

Generalleutnant Burmistrow, der Kremlkommandant, beschloss, in seinem Büro zu übernachten: Früh am Morgen sollte eine Probe für die Parade stattfinden. Natürlich hätte er auch zu Hause schlafen können, bis dorthin war es nicht weit. Aber er liebte den Kreml besonders nachts, ohne Menschen, wenn nur die Nachtwache ihren Dienst tat. Alle Touristen waren fort. Alle Beamten waren fort. Der Präsident war fort. Nur der Kreml selbst war geblieben. Das heilige Haus der Macht. Ein göttlicher Ort, und ihm allein diente Burmistrow.

Er spazierte die Mauer am Fluss entlang, lauschte, wie durch die schwindenden Geräusche der Stadt das Flüstern der tuschelnden Festungstürme drang. Vom Moskwa-Fluss zog Kälte, obwohl die Wettervorhersage eine warme Nacht versprochen hatte. Der General war danach völlig durchgefroren und konnte nicht einschlafen. Er erinnerte sich auf einmal zufällig daran, wie er in seiner Jugend den Kreml gehasst hatte. Er war zum Militärdienst in das Kreml-Sonderregiment beordert worden. Exerzierübungen, Stunden der winterlichen Wache an der Ewigen Flamme, da war eher eine Ewigkeit vergangen, als dass man abgelöst wurde, eine verdammte eisige Ewigkeit, und vor sich hatte man freie Menschen, verliebte Paare, die in den Alexandergarten gekommen waren und nach hausgemachtem Essen, Parfüm, Zigaretten, Sekt rochen …

Und dann, kurz vor der Demobilisierung, wurde er zu einem Gespräch geladen, und man bot ihm eine KGB-Laufbahn an. Selbstverständlich war er einverstanden. Er hätte auch gar nicht ablehnen können. Er hoffte, sein zukünftiger Dienst würde ihn weit weg vom Kreml führen, paukte Fremdsprachen …

Aber Burmistrow kam nicht zur Aufklärung. Er kam zur Spionageabwehr, zur Zweiten Hauptabteilung. Und nur einmal wurde er ins Ausland geschickt, nach Ägypten, wo sowjetische Spezialisten den Assuan-Staudamm und Hunderte anderer Industrieanlagen bauten.

Offiziell war der KGB dort natürlich nicht tätig. Nicht einmal die Zeitung »Prawda« durfte man dorthin ausführen. Seine Kollegen von den Bauorganisationen, den Gruppen der Geologen nannten sich »stellvertretender Leiter des Vertrags für allgemeine Fragen«. Und seine Zuständigkeit war die Freizeitgestaltung der Werktätigen, getarnt hinter der Kulturabteilung der Botschaft.

Dort, in Ägypten, veränderte er sich. Den »sowjetischen Freunden« wurden großzügig antike Tempel und Nekropole, Grabstätten und Steinbrüche gezeigt. Die einen fanden es interessant, exotisch. Andere kamen um vor Langeweile, Hitze und Staub – sollte doch der Kuckuck diese Pharaonen holen! Und Burmistrow, durch und durch Russe, alles andere als ein orientalischer Typus, fühlte plötzlich etwas … Vertrautes. Es war ihm fremd und zugleich nahe. Er verstand keinen Deut von Hieroglyphen, Mumien, Statuen, merkte sich aber mühelos die Namen von Gottheiten und Herrschern, spürte bei der Betrachtung von Sarkophagen und Pyramiden ihre Existenz als Tote, ihre jenseitige Macht, die ihm, dem ehemaligen Kremlwächter, bestens bekannt waren.

Immerhin haben wir auf dem Roten Platz ebenfalls eine Art Steinpyramide, sagte sich Burmistrow. Und darin liegt eine Mumie. Ich selbst war ja auf Posten, habe Wache gestanden vor den Türen des Mausoleums.

Zu Hause bewahrte der General eine ganze Kiste mit Dias auf. Manchmal schloss er sich in seinem Arbeitszimmer ein, schaltete einen Diaprojektor an, der nach Ozon und dem auf der heißen Linse angekokelten Staub roch: Wie der Geruch nach Wüste. Und er versetzte sich dorthin, wo Osiris und der rotnasige Horus herrschten, beide aus Granit gehauen, wo in einem goldenen Sarkophag der goldene junge Tutanchamun lag; wo jede Wand mit Hieroglyphen überzogen war.

Vor seinem Abschied von Ägypten lud ihn sein arabischer Amtskollege, der als unauffälliger Beamter des Kulturministeriums agierte und ebenso ein verdeckter Spionageabwehroffizier war (ausgebildet von flüchtigen Nazis), zu einer Fahrt ins Tal der Könige ein. Burmistrow stimmte zu und erhielt die Genehmigung für eine Gegenrekrutierung. Aber entgegen aller Vermutungen versuchte Farouk nicht, ihn abzuwerben. Er brachte ihn lediglich zu einer neuen, gerade zwei Monate alten Ausgrabungsstätte. Die Hauptkammer der Gruft war bereits in der Antike von Grabräubern geplündert worden. Die Seitenkammern hingegen waren unangetastet geblieben, und nun holten ägyptische Archäologen vorsichtig die Opferbeigaben des verstorbenen Würdenträgers ans Tageslicht – einbalsamierte Katzen, Hunde, Pferde, Kobras und sogar ein Nilkrokodil.

Die in grobes, graues Sackleinen gewickelten Tiere ähnelten gruseligen Puppen, die zu erwachen drohten, sobald man die Knoten löste, die Bandagen abwickelte …

Farouk war auf tadellose Weise höflich. Er erklärte und zeigte ihm alles, wie es sich für einen vermeintlichen Ministerialbeamten gehört. Aber Burmistrow wurde das Gefühl nicht los, dass hier etwas Seltsames vor sich ging.

Für moderne Menschen, die Anhänger von Nasser, waren die ägyptischen Altertümer ein wichtiges, aber dennoch zweitrangiges Symbol des ägyptischen Nationalverständnisses. Für die vielen Muslime hingegen ein heidnischer Gräuel, ein Schandfleck vor dem Angesicht Allahs, des wahren Gottes.

Farouk hingegen – was für ein Name, der Name des gestürzten Königs! – sprach über das Grab und den verstorbenen Würdenträger wie ein Ägypter eines nicht existierenden Ägyptens, eines Landes, in dem die Linie der wechselnden Königreiche sich bis heute fortsetzte. Burmistrow dachte, das könne ein Versuch sein, ihn anzuwerben, musste aber über sich selbst kichern – Blödsinn, warum so kompliziert?

Dennoch fühlte er, dass er angeworben wurde. Allerdings war es nicht Farouk, der dies tat. Der Spionageabwehroffizier hatte ihn nur eingeladen – aber zu wem? Zum Geist des toten Würdenträgers? Zu den zerlumpten Fellachen, die in der Erde gruben? Zum Archäologen Dr. Kasem, einem Fachmann, Polyglotten und Absolventen der Sorbonne? Zu dieser harten und trockenen Erde selbst?

Dort, an der Ausgrabungsstätte, machte Farouk ihm ein Abschiedsgeschenk. Er flüsterte mit Kasem und brachte ihm etwas, was in seiner Faust steckte.

»Das ist für Sie, als Erinnerung an Ägypten«, sagte Farouk. »Es wurde gerade gefunden. Sie sind ein Liebling der Götter.«

Der Ägypter öffnete seine Hand.

Dort lag ein bronzener Skarabäus mit vergoldeten Flügeln und türkisenen Augenperlen. Er war nicht mit Wasser abgewaschen, nur mit einem Pinsel abgeputzt worden, und deswegen überzogen vom Staub der Ewigkeit.

Burmistrow wusste: Das war ganz sicher eine Falle.

Ägyptische Altertümer durften nicht ausgeführt werden. Auch wenn natürlich – das wusste er bereits – die wichtigen Leute einige faszinierende Dinge nach Moskau schickten.

Am Flughafen in Kairo würde er mit seinem Gepäck durchsucht werden. Sie fänden den Käfer. Und damit würde der Rekrutierungsversuch beginnen. Das war alles nur so dumm. Eine Abwerbung musste in aller Stille erfolgen, die Sowjets flogen aber immer in Gruppen, jeder würde es mitbekommen, das gäbe einen Skandal …

Er meinte, Farouk mache das nur, um seiner Pflicht zu genügen, und ging deshalb so hölzern vor. Doch passte das nicht zum klugen Farouk, den Burmistrow in drei Jahren gründlich studiert hatte.

Nein. Farouk spielte nicht. Es war wirklich ein Geschenk. Aber kein zufälliges. Es gab irgendeinen Plan, einen doppelten Boden …

Burmistrow wollte höflich und vermeintlich treuherzig ablehnen, nach dem Motto, Verbote und Gesetze sind für alle gleich. Aber dann stellte er sich vor, wie er an einem stürmischen, eisigen Wintertag in Moskau den Skarabäus auf seine Handfläche legen und sich an die blendende ägyptische Sonne erinnern würde … Skarabäen kommen aus totem Fleisch … Skarabäen rollen die Sonne dem Morgen entgegen … Chepre war sein Name …

Burmistrow schüttelte den Kopf, verscheuchte die Sinnestäuschung. Und ihm wurde klar, dass er den Skarabäus bereits in seiner Hand hielt. Mit seinen scharfen Beinchen kratzte der Bronzekäfer über seine Haut: Würde er ihn dem Spender zurückgeben, bisse sich der Käfer fest, bis Blut käme. Burmistrow sah auf einmal, wie schön er war, dieser uralte Käfer. Er, der KGB-Offizier, besaß nichts außer Hemden und Hosen in einem Lederkoffer. Der Staat gab ihm eine Uniformjacke, eine Pistole, eine Wohnung, und er hatte einen Eid geleistet, sich selbst gegeben. Nun jedoch würde er einen Käfer haben, seinen Skarabäus, den einzigen Privatbesitz; einen Schatz.

»Lassen Sie uns in den Schatten gehen«, sagte Farouk. »Die Hitze versengt einen.«

Durch diese Worte merkte Burmistrow, der sich bereits an die Hitze gewöhnt hatte, wie stickig es im Tal war, wie er in der von den Hängen fließenden Hitze gebraten, geröstet wurde, wie sich sein Verstand von der Sonne trübte. Und er steckte den Skarabäus in seine Hemdtasche.

Sie tranken Tee im Schatten, im Zelt der Archäologen, Burmistrow wusch sich, machte sich frisch, Farouk brachte ihn nach Kairo. Unterwegs schien der Käfer verschwunden, in der Brusttasche verstummt zu sein, und Burmistrow erinnerte sich erst wieder an ihn, als er seine Koffer packte. Sollte er ihn im Futter verstecken? Hierlassen? Wegwerfen? Jemandem schenken – bitte, ein Souvenir, ein Staubfänger?

Burmistrow war fast entschlossen, ihn wegzuwerfen. Er wusste sogar schon, wo – im Garten des Kulturzentrums, dort würde der Skarabäus im Grünen verschwinden, sozusagen zur Erde zurückkehren, aus der er gekommen war. Aber er konnte nicht. Nicht aus Gier, nein. Aus Angst, er, Burmistrow, würde der Alte bleiben, ein unbedeutender, kleiner Major, wenn der Käfer verloren ging. Mit dem Skarabäus jedoch … Er hatte keine Erklärung, was passieren sollte, wenn er den Käfer mitnähme. Sein Verstand forderte, dass er ihn wegwarf, unverzüglich wegwarf, – und dennoch wickelte Burmistrow den Skarabäus in Zigarettenpapier und steckte ihn in die Innentasche seiner Jacke.

Am Flughafen von Kairo hielt ihn niemand auf. Im Gegenteil, er hatte das Gefühl, Farouk sei irgendwo in der Nähe und decke ihn, halte einen Korridor offen.

Einige Tage nach seiner Rückkehr wurde er zum stellvertretenden Vorsitzenden, dem Verbindungsoffizier der Spionageabwehr, vorgeladen.

Er wollte es wagen und um eine Versetzung in die Aufklärung bitten. Zurück nach Ägypten. Aber kaum sah er das Gesicht des Vorgesetzten, wurde ihm klar, dass sein Schicksal besiegelt war.

»Es gibt hier die Ansicht, dass Sie, Genosse Burmistrow, in den Neunten Dienst versetzt werden sollten. Als stellvertretender Kommandant des Mausoleums.«

Das kam so überraschend, dass Burmistrow dachte: Das hat der Käfer bewerkstelligt.

Auf diese Weise kehrte er in den Kreml zurück, vor dem er hatte fliehen wollen; wie überaus präzise das Leben doch vorging.

Nun mochte er den Kreml. Er hatte gelernt, seine Macht und Stärke zu achten. Oder, genauer gesagt, der Skarabäus hatte es Burmistrow gelehrt. In ihm steckte nun ein ganz anderer Mensch: einer, der nicht den Herrschern des Landes diente, diese wurden zu seinen Lebzeiten viermal ausgewechselt, sondern dem Kreml selbst.

Dieser andere Mensch war mit überirdischen Sinnen ausgestattet: dem Gehör und Sehvermögen des Skarabäus.

Der bronzene Käfer, den er immer in der linken Tasche seiner Uniformjacke trug, übermittelte ihm das Seufzen und Flüstern des alten Gemäuers, das Gezänk der Geister.

Es gab Nächte, in denen er spürte, wie sich die Wände verschoben, seine Rippen quetschten, ihm die Knochen brechen wollten, und dann wachte er auf, gebadet in saurem, abscheulichem Schweiß. Es gab Nächte, in denen er über dem Kreml schwebte, wie ein Funke über einem Lagerfeuer, und dann sah er, dass die alte Festung dieses Feuer war, die große unersättliche Flamme eines Opferaltars, die die roten Zungen der Türme emporstreckte; er ging über die Flure und spürte, wie nah hier die Andersheit war: drückte man leicht, so träten, ähnlich schwarzem Schwamm auf einer Tapete, an der Decke Feuchtigkeitsflecken hervor, grauer Reif des Grauens, Blutflecken auf den Teppichläufern. In solchen Augenblicken juckte es ihn unter den Nägeln, als würden ihm unsichtbare Eisnadeln hineingetrieben, und er bekam eine jugendliche, kadettenhafte Erektion, und sein Glied wölbte sich in der mit Paspeln verzierten Uniformhose.

Nur an einen Ort nahm Burmistrow den Käfer nie mit: ins Mausoleum. Der Skarabäus machte keine Andeutung, drängte nicht; er wartete einfach, wie alte Dinge zu warten wussten. Und deswegen ahnte Burmistrow, dass er es nicht tun durfte. In seiner Vorstellung sah er deutlich, wie der Skarabäus ihm im Mausoleum aus der Tasche gleiten, sein Bein hinab auf den Fußboden krabbeln würde, und Burmistrow, der auf einmal seine Geschicklichkeit eingebüßt hätte, würde ihn nicht einfangen können; und schon würde der Käfer zum Sarkophag flitzen, auf den Sockel klettern und sich auf unverständliche Weise hinter dem Panzerglas wiederfinden. Er würde Iljitschs Stirn besteigen, dort erstarren – und sich dann in den Mund der Mumie zwängen. Und Burmistrow würde fassungslos, wie versteinert dastehen, die Mumie läge dort wie zuvor, aber etwas wäre passiert, abscheulich und unumkehrbar, und es wäre nicht mehr zu ändern.

Nachdem Burmistrow diese Vision zum ersten Mal erlebt hatte, trennte er sich vom Skarabäus – oder der Skarabäus von ihm. Er ließ ihn zu Hause auf dem Regal liegen. Das hielt er aber nur drei Tage durch. Auf schmerzliche Weise fehlte ihm nun jenes transzendente Gehör, jene übernatürliche Verbindung mit dem Kreml, die ihm der Talisman schenkte. Er wusste, der Skarabäus würde eines Tages eine Entlohnung fordern. Aber er beruhigte sich immer damit, dass der Bronzekäfer zu warten wusste. Er hatte in der Gruft ja Tausende von Jahren ausgeharrt! Auf seine persönliche Bitte hin hatten Techniker den Skarabäus untersucht: reines Metall, keine Besonderheiten.

Es gab jetzt nur noch eins, was Burmistrow im Kreml nicht gefiel. Die Neujahrsfeierlichkeiten. Er mochte sie nicht, das war alles. Zwei Wochen Nervereien. Dutzende Aufführungen.

Die kleinen Racker kamen aus dem ganzen Land mit Gutscheinen für Oktoberkinder. Der Kongresspalast, ein Glaskasten aus fremdartigem Kristall; ihm zuliebe waren alte Gebäude abgerissen worden, der ursprüngliche Kreml … Geschenke, Zehntausende Geschenke, Hunderttausende Süßigkeiten … Immer derselbe idiotische Bösewicht Koschtschej, der die Schneejungfrau Snegurotschka entführt, sie in die Dunkelheit zerrt: Der General schaute sich die Proben und auch die Aufführung an, wie es die Dienstvorschriften verlangten.

Und jedes Jahr wurde einem der Kinder übel. Die Eltern dachten, es käme von der Aufregung, von der Begeisterung, vom winterlichen Mief im Palast. Burmistrow jedoch wusste: Diese Ohnmachtsanfälle waren von *anderer* Art. Die minderjährigen Miststücke waren sichtig. Sie sahen das, was niemand sehen durfte. Den Kreml mit seinem wahren Antlitz. Gesichter. Geister.

Für diese Fälle gab es für den Palast einen extra Krankenwagen, die 11. Abteilung der Militärmedizinischen Verwaltung. Den Eltern wurde erklärt, eine gefährliche Geisteskrankheit habe sich gezeigt, das Kind müsse dringend ins Krankenhaus. Was dann weiter geschah, war Burmistrow egal. Das lag nicht in seiner Zuständigkeit.

Ihm war schon lange klar, dass er bis zu seinem Tod als

Kommandant dienen würde. So war eben der Wille des Kremls. So war eben seine Ergebenheit.

Als er aber an diesem Abend die Türme entlangging, dachte er zum ersten Mal wie zufällig an Ruhestand.

An Ruhestand! Un-denk-bar!

Noch einen Tag zuvor hätte er sich das nicht verziehen. Jetzt aber schien ihm, er könne den Kreml abstreifen – wie seine von all den Auszeichnungen schwere Ausgehuniform. Er könne ihn abstreifen und fortgehen durch den unterirdischen Geheimgang, zur anderen Flussseite der Moskwa.

Die Kleidung in einem speziellen Kellerraum wechseln. Einen abgenutzten grauen Umhang aus der operativen Garderobe überwerfen, ein unauffälliges Köfferchen nehmen, mit dem gewöhnlich Geschäftsleute reisen (Geld, Waffe, einen Satz Papiere), und hinausgehen, ins Licht – als ein anderer Mensch, als Waleri Timofejew, zum Beispiel.

Die Hand heben und ein Taxi anhalten. Einen letzten Blick zur gegenüberliegenden Flussseite auf den Kreml werfen. Müde sagen, der Chauffeur solle ihn zum Platz der Drei Bahnhöfe fahren. Und der Chauffeur wäre genau der Richtige, kein Agent, kein V-Mann, einfach nur ein Fahrer, solche gab es noch in den Taxiunternehmen, nicht alle Kollegen wurden angeworben, nicht alle …

In diesem Moment kam ihm das Gesicht des imaginierten Chauffeurs bekannt vor. Wie von einem alten Fahndungsfoto.

Burmistrow hatte ihn erkannt.

Damals in Ägypten hatte es einen Juden gegeben, ein kluges Kerlchen, ein verständiger Geologe. Aber Burmistrow hatte gespürt, dass etwas mit ihm nicht stimmte. Er war einfach zu umtriebig gewesen.

Burmistrow warb daraufhin einen Mann an, einen Russen, ebenfalls Geologe. Und dieser Agent teilte ihm bald darauf mit: Die Sache war faul. Jene Gruppe suchte nach Bodenschätzen. Und der Jude, ein Schlitzohr, schummelte mit den Bohrproben, veränderte leicht die technischen Zeichnungen, und auf dem Papier sah es so aus, als ob die Schichten zum Golf von Suez hin verliefen, was bedeutete, dass auch die Gruppe sich zur Erkundung in diese Richtung bewegen musste. Anscheinend hatte er die Idee, sich im gelobten Land abzusetzen. Warum auch nicht, bei gehörigem Geschick hätte es gelingen können. Ach ja, er hieß Michail. Hatte sich umbenannt, dieser Moses.

Burmistrow hätte Michail-Moses neutralisieren können. Ihn zu einem Gespräch vorladen und wegen verräterischer Absichten in die Union zurückjagen können. Und die hätten sich dann dort was überlegt.

Aber er wollte den Exzentriker bei seinem Fluchtversuch erwischen, ihm die Absicht nachweisen. Und deshalb ließen sie das Jüdlein fast bis ans Ufer heran. Doch dort kam es dann zur Panne. Er entkam den Spitzeln. Und die pharaonischen Soldaten, diese Hurensöhne, veranstalteten im Dunkeln einen riesigen Tumult und knallten den Flüchtling ab.

Niemals hatte Burmistrow an diesen Michail-Moses gedacht. Und jetzt erinnerte er sich auf einmal an ihn. Und scheinbar kratzte der Skarabäus unterhalb seines Herzens.

Widerstrebend griff Burmistrow in seine Brusttasche. Wie oft mache ich das eigentlich, dachte er, die Tasche müsste ja ausbeulen. Die Uniform saß straff an ihm, schwer war er geworden ... Aber nein, die Brusttasche war nicht ausgebeult, als ob sich der Käfer dort streckte, seine Form veränderte ...

Der Gedanke gefiel dem General nicht. Er hielt seine Hand zurück. Erinnerte sich noch einmal an die Hitze im Tal der Könige. An den schlauen Farouk. Den unergründlichen, von

Ewigkeit umwehten Kasem. Ach ja, das war ja nur drei Monate, nachdem die nichtsnutzigen Grenzwächter Michail-Moses erschossen hatten. Seltsam. Er hatte diese beiden Ereignisse noch nie im Zusammenhang gesehen.

Ach, das war es, dachte Burmistrow, das also …

Seine Hand bewegte sich von selbst, holte den Skarabäus hervor, legte ihn auf den Tisch. Die Käferaugen in hellem Türkis leuchteten von innen heraus; blau wie der Himmel, mit einem Hauch von Grün. Der General zog seine Hand zurück. Der Skarabäus krabbelte rasch über den Tisch, nahm Reißaus über das Tischbein hinab zum Fußboden, flitzte unter den Schrank.

Burmistrow atmete fassungslos aus und ein. Die Luft erschien ihm gereinigt, frisch, eisig, wie es vorkommt, wenn man im Winter in einer verrauchten Wohnung die Balkontür weit öffnet.

Er spürte, wie die kaiserlichen Reliquien im Facettenpalast in Aufregung gerieten und flüsterten, diese Verwachsungen von Gold und Edelsteinen, diese Verklumpungen von Stärke, Macht und Schicksal.

Früher hatte Burmistrow nur einige Male ihr leises Rascheln in der Abenddämmerung vernommen, wenn ein Herrscher des Landes im Sterben lag.

Diesmal jedoch wimmerten und stöhnten die Reliquien. Burmistrow spürte, wie Diamanten, Rubine und Saphire starben und erloschen. Perlen wurden matt, gelötete Metalle zerfielen. Edelsteine knackten und barsten, aus ihnen floss stinkende Galle, der Bodensatz herrschsüchtiger Gier, der sich über Jahrhunderte angesammelt hatte.

Der Skarabäus war verschwunden. Aber Burmistrow sah mit seinem verlängerten Blick, wie der Käfer durch die Risse im alten Gemäuer in das Kellerlabyrinth unterm Kreml hinabstieg, und er würde noch tiefer gehen, tiefer als diese Welt, auf dem Pfad der Toten, die keine Grenzen kannten.

Der Skarabäus rettete sich selbst.

Der General stürzte auf den Balkon. Die Kreml-Raben, diese Nörgler, diese Schweigemönchsvögel, sie kreisten über den Türmen – und flogen davon, die Moskwa hinauf; zur Quelle.

Die Sterne!

Die Sterne auf Türmen!

Früher rubinrot, leuchteten sie jetzt grün und blau, zitronengelb, violett; außerirdisch.

Und der unbewohnte Nachthimmel schien sich an ihnen zu entzünden; er blitzte auf mit dem knospentreibenden Licht des Nordens, in Bögen, in Korridoren, in sprießenden Striemen.

Es toste, blitzte, und Burmistrow sah durch das ziegelrote, feste Fleisch des Kremls sein wahres Gerippe: statt der majestätischen Türme – Lagertürme, statt der Mauern – Stacheldrahtstränge.

Der Himmel schwoll sofort zu einem Gewitter an, einer wilden Vermischung der Elemente. Auf den Kreml schlugen Schrapnelle von Regen und Hagel ein, Fenster klirrten, die Dächer erzitterten. Tropfen und Eisstücke verwandelten sich in stacheligen Schnee, rollende Schneesturmwirbel ließen das Gemäuer und den Glockenturm Iwan der Große erzittern, aus dem ein dumpfes, erschüttertes Geläut ertönte.

Grüne und blaue Blitze durchzogen den Raum und schlitzten ihn auf, erhellten die gesamte Stadt.

Wirbelstürme fegten vorbei, rissen die Abdeckung von den Dächern; als wären den Geistern der Lüfte eiserne Schwingen gewachsen.

Burmistrow spürte keine einzige lebende Seele um sich herum. Alle hatten sich versteckt. Waren geflohen. Die Posten hatten sich abgemeldet, und leer standen die Wachhäuschen.

Geblieben waren nur er und der Kreml.

Die letzten Wächter.

Die alte, mit den Wurzeln der Erde verschmolzene, verknöcherte Festung stand noch.

Er schaffte es, Hoffnung zu schöpfen.

Doch dann betraten Menschen das schwarze, vom Regen gewaschene Pflaster des Roten Platzes, der das grelle Licht des Himmels angenommen hatte. Durchscheinend waren sie, wie Nebelschwaden.

Burmistrow sah, was sie in den Händen trugen, und zuckte zusammen bei diesem unverständlichen Detail: *Tannenzapfen.* Riesige, ihre Schuppen abspreizende Tannenzapfen. Sie loderten, als lägen sie im Schlund eines Samowars, mit einer grünen reinen Flamme.

Einen Moment – und die Menschen waren innerhalb und außerhalb des Kremls, auf der Flussseite, im Alexandergarten.

Einen Moment – und sie erschienen an den Mauern, Kathedralen, Türmen.

Einen Moment – und sie knieten nieder, legten die Tannenzapfen auf den Boden nieder, als würden sie Setzlinge pflanzen.

Burmistrow schüttelte den Kopf. Nun war ihm klar, wer hier gekommen war. Jene, die nie und nimmer hätten zurückkehren können.

Die Toten aus den Straflagern der Taiga. Die Häftlinge, die Baumstämme gefällt, sie von Ästen gesäubert, zersägt und zu Flößen gefügt hatten. Jene, die der Führer aussandte, damit sie ihm den großen Nadelwald des Nordens untertan machten, und die dort verschwanden, ein Teil von ihm wurden, sich neu belebten und ansiedelten in Nadeln und Ästen, in Wipfeln und Wurzeln.

Er stürzte in sein Arbeitszimmer, fiel auf die Knie und betete, dass die Kremlmauern, die Krone aus rotem, erstarrtem Feuer die grüne Kraft des Waldes überwinden möge. Und da bemerkte er, dass ein Geruch im Zimmer lag … nach Laub.

Nach frischem Laub.

Eine halbtote, verschlafene Palme, die in einem Kübel schlummerte, hatte sich bis zur Decke gestreckt. Rasch wuchsen ihr scharfkantige, lange Blätter. Der Kübel splitterte, die Wurzeln breiteten sich über den Boden aus. Sie packten, umschlangen Burmistrows Knöchel.

Die Palme … *Dort* hatte es Palmen gegeben, erinnerte er sich widerwillig. Die ägyptischen Grenzwächter hatten den Leichnam von Michail-Moses zum Außenposten gebracht, und dort war im Dunkeln ein wütendes Rauschen der Palmen zu hören gewesen, und das Licht der Suchscheinwerfer hatte sich an den Rändern der Blätter gespiegelt, die aussahen wie die Schneiden von Schwertern …

Burmistrow stürzte voran, er spürte, da draußen überwand gerade die Kraft des Holzes die Ziegel und Steine des Kremls.

Aber die Wurzeln hielten ihn fest. Und eine grüne Palmblattklinge durchstach seinen Rücken, drang in ihn ein, erreichte sein Herz.

Er sah nicht mehr, wie glänzende, spitze Keime die Pflastersteine durchbrachen. Wie Äste und Wurzeln den Stein durchbohrten, sich zu einem Netz verwebten, lebendige Knoten knüpften. Der alte Kreml war zerschmettert, und in seiner Asche schienen als schwache Lichtblitze die versklavten Talente der Baumeister auf, die sich – posthum – über die Erlösung ihres Werks freuten.

LUBJANKA

Oberst Schewkunow, Kommandant der Lubjanka, blieb in dieser Nacht länger bei der Arbeit. Eigentlich wollte er das nicht. Im Gegenteil, er hatte vorgehabt, etwas früher zu gehen. Seine Frau war für eine Woche zu ihren Eltern nach Murmansk gefahren. Kollegen hatten ihn fürs Wochenende zur Jagd eingeladen, einen Eber aufs Korn zu nehmen, er aber hatte abgelehnt. Er musste allein sein. Nachdenken. Marina würde in einer Woche zurück sein, und er müsste ihr *irgendetwas sagen.*

Marina war sich sicher, dass er eine Geliebte hatte. Sie hatte sich in den Kopf gesetzt, er wäre nicht ständig bei der Arbeit. Ich spüre, sagte sie, dass da eine Frau im Spiel ist. Wie sollte er ihr das erklären? Wie konnte er beweisen, dass da nur die alte Lubjanka war? Sollte er schwören?

Sie würde ja ans Parteikomitee schreiben, dachte der Oberst betrübt. In ihrer ewigen Lehrerart. Die Behörden würden ihm den Brief durchgehen lassen, da hatte Schewkunow keine Zweifel. Er war gut angesehen. Niemand beneidete ihn um den Job, der war dreckig, undankbar. Aber er hatte auch keine Fürsprecher. Und die Lubjanka … Sie würde nicht für ihn einstehen. Sie mochte es, wenn die eigenen Leute sich gegenseitig auffraßen.

Er musste eine Weile für sich sein. Nachdenken.

Aber dann reihte sich eine Sache an die andere, und sie ließen Schewkunow nicht los. Ständig diese Vorfälle … Ein verrottetes Gebäude. Das wusste er. Sprach es nicht laut aus, aber wusste es. Von außen sah die Lubjanka großartig aus, ihre Fassade löste Entzücken und ein Gefühl der Überwältigung aus. Aber innen … Ein verrottetes Gebäude. Balken,

Zwischendecken, Rohre – alles durchgefault. Man wusste nie, was als Nächstes kaputtging. Da wurde repariert, ausgetauscht, man verwendete die neuesten Materialien, aber trotzdem – es war wie Flickwerk an einer Leiche.

Selbst bei Kleinigkeiten: Gestern wurden die Türscharniere geölt, und am nächsten Tag knarrten sie wieder. Glühbirnen brannten dreimal, ganze dreimal häufiger durch als im Nachbargebäude. Aber das merkte niemand, man hatte sich daran gewöhnt. Nur er nicht, Schewkunow. Er hatte ja einen Abschluss im Bauwesen, verstand etwas davon.

Schewkunow hatte bis ganz nach oben gemeldet, dass das alte Gebäude komplett umgebaut werden müsse. Oder sogar abgerissen und neu gebaut, statt nur die Fassade auszubessern. Die Kosten waren jetzt schon zwei- oder sogar dreimal höher als die für Abriss und Neubau.

Er bekam selbstverständlich folgende Antwort: »Die Mittel fließen vorrangig in den Bau des Hauptrechenzentrums.« Genau, zu diesem Blödsinn gegenüber, auf der anderen Seite der Kirow-Straße. Aber Schewkunow hatte das Gefühl, dass die Obrigkeit ihn einfach nicht hörte. Sie sah nicht, was in seinen Berichten stand, als würden die Zeilen vor ihren Augen verschwimmen. Sie hatten kein Gespür dafür, in welchem Gebäude sie arbeiteten.

Und nun, als er gerade gehen wollte, platzte wieder ein Abwasserrohr. Und zwar nicht irgendwo in einem fernen Winkel, sondern direkt über dem Besprechungssaal. An der Decke hatte sich ein brauner ekelhafter Fleck ausgebreitet.

Die nächste Leitungsbesprechung war für Montag angesetzt. Schewkunow stellte sich vor, wie ihm einer der ersten Stellvertreter wütend an den Kopf werfen würde: Na, da haben Sie uns ja eine Scheiße untergejubelt, Genosse Schewkunow! Wegräumen! Abwaschen!

Anfangs roch es scheinbar nicht so stark. Aber nun hatte sich die Duftwolke im ganzen Stockwerk ausgebreitet – wer sonderte eigentlich solch stinkendes Zeug ab? Erst roch es nach Scheiße, dann nach Fäulnis, schließlich nach Verwesung – woher kam das? War da ein Rattenvolk krepiert? Vor allem konnten die Klempner nicht feststellen, woher die Überschwemmung kam. Beschissen unklar war das! Und sie würden ihn ja auslachen, diese Teufel, besonders die arroganten Arschlöcher aus der Ersten Hauptverwaltung:

»Wir haben irgendwo ein *Leck*.«

Ja, verflucht nochmal! Mistkuh! Schlampe!

Er hielt inne. Biss sich auf die Zunge. Ja, in seltenen Momenten der Wut nannte er die Lubjanka eine Schlampe. Eine alte Hure. Und er wusste, dass sie es hörte und sich merkte.

Schlampe. Miststück. Eine aufgeputzte Alte, die viele Ehemänner, Volkskommissare und Vorsitzende unter die Erde gebracht hatte. Lebender Abschaum, Giftspinne! Oh, wie brach es da hervor, auch aus ihm, Schewkunow, sickerte einiges aus dem Inneren …

Er kam zur Besinnung. Sah sich um. Es fehlte etwas. Etwas war aus seinem Büro verschwunden.

Hastig ging er die vertraute Möblierung durch. Schränke, Safe, Tisch, Lampe, Stühle. Alles schien am Platz zu sein. Was man sich nicht alles einbildet! Schewkunow trat ans Fenster, ließ seinen Blick über den Platz streifen. Da waren keine Autos. Keine Passanten. Wo waren die alle hin? Kündigte sich etwa ein Gewitter an?

Und die Statue war weg.

Er blinzelte. Es half nicht.

Der Eiserne Felix, der Ritter der Revolution, erster Chef der Lubjanka, stand nicht auf seinem Sockel.

Schewkunow wich vom Fenster zurück. Gott bewahre! Völlig fertig war er von der Arbeit, den vielen Rechenschaftsberichten; verrückt aus Furcht vor dem bevorstehenden Gespräch mit Marina.

Der Oberst spähte vorsichtig aus dem Fenster in der Hoffnung, die Statue würde auftauchen.

Aber sie war nicht da.

Der Gott der Lubjanka, ihr Probst, war verschwunden.

Abtransportiert?

Gestohlen?

Eine geplante Restaurierung? Hatten sie vergessen, ihn zu informieren?

Schewkunow wollte jetzt unbedingt nach Hause.

Ich gehe gleich, sagte er sich. Der Ausgang führt ja zur Furkassowski-Gasse hinaus, von dort ist der Platz nicht zu sehen. Ich gehe zu Fuß bis zur »Kirowskaja«. Die Metro fuhr noch. Und morgen komme ich wieder. Schlafen. Schlafen. Ich komme wieder, und Felix steht auf seinem Sockel. Unbedingt. Und das Leck werden wir schließen.

Er wollte auf den Stempel spucken, um den Tresor zu versiegeln. Aber sein Mund war trocken. Kein Tropfen Speichel. Schewkunow nahm einen Schluck aus der Karaffe – und erbrach sich auf den Fußboden.

Das Wasser war wie aus einer modrigen Pfütze. Derselbe Geruch wie bei dem Leck. Ein Verwesungsgeruch.

Auf dem Tisch klingelte das Telefon. Das rote Lämpchen blinkte auf.

Ich bin nicht hier. Bin weg. Ich bin nicht hier.

Es war der Wachdienst, der anrief.

Das Lämpchen blinkte auf der Leitung des Wachdienstes.

Schewkunow griff zum Hörer.

»Hallo«, sagte er entgegen den Vorschriften, bemühte sich, seine Stimme ruhig klingen zu lassen.

»Genosse Oberst?«, wurde von dort gefragt, sie erkannten ihn nicht.

»Was ist da los bei euch?« Schewkunow schluckte. Verdammte Stimme. Sie brach weg, als hätte er sich erkältet.

»Die Alarmanlage ging los, Genosse Oberst. Im Büro des Genossen Vorsitzenden. Es meldet Hauptmann Wikentjew.«

Schewkunow fiel ein Stein vom Herzen.

Zwei Wochen waren vergangen, seit sie das neue System installiert hatten. Und fast jede Nacht gab es Fehlalarme. Die Elektronik erlaubte sich ihre Scherze. Das waren wieder einmal die Mätzchen der Lubjanka.

»Wurde ein Eintrag gemacht?« Seine Stimme war wieder da.

»Jawohl«, antwortete Wikentjew.

»Rufen Sie die diensthabenden Techniker und die Verantwortlichen des Zentralen Forschungsinstituts«, sagte Schewkunow rachsüchtig. Er mochte diese schlauen Entwickler nicht, die blind an ihre Maschinen glaubten und nichts von alten Gebäuden verstanden. »Sollen die es richten.«

Und er fügte hinzu:

»Ich geh gleich selbst hoch. Zur Kontrolle.«

»Verstanden, Genosse Oberst«, antwortete Wikentjew schon etwas zu lässig und schaltete sich ab.

Schewkunow legte vorsichtig auf. Das rote Lämpchen erlosch.

Warum hatte er das gesagt? Wieso hatte er nicht einen Posten von den Diensthabenden hochgeschickt? Weshalb? Was war mit ihm geschehen?

Schewkunow merkte, dass er eine Erklärung hatte. Aber sie war noch ungefüge, hatte keine Form angenommen. Ein lockendes Gefühl zog ihn dort hinauf. Es hat etwas mit Felix zu tun, dachte Schewkunow.

Der Oberst eilte zum Fahrstuhl. Ich will ja nur gucken, dachte er. Und er fühlte sich wieder wie ein kleiner Junge: Sie hatten in einer Gemeinschaftswohnung gelebt, und das letzte Zimmer am Ende des Flurs war das von Irka gewesen, der Quark-Irka, einer fettleibigen Verkäuferin aus der Molkereiabteilung auf dem Markt, zu der nachts die Kerle kamen, woraufhin aus ihrem Zimmer vollmundige, trunkene Schluchzer drangen, während er, Schewkunow, ein Rotzlöffel, lauschte, nach einem Guckloch suchte …

Der Fahrstuhl kam abrupt zum Stehen. Die Lubjanka-Aufzüge sparten sich jegliche Höflichkeit. Wie Geleitposten. Schewkunow ging hinaus auf die Etage, war immer noch halb da, in seiner Erinnerung, und tat einige mechanische Schritte …

Der Flur stank nach miesem Tabak. Dem Tabak seiner Kindheit. Die Tür zum Büro des Vorsitzenden war angelehnt. Und von dort drang schräg ein gelber Lichtstrahl.

Schewkunow hätte zurück in den Fahrstuhl springen und Alarm schlagen sollen, damit eine bewaffnete Einheit herbeistürmte, Autos mit Agenten auf den Platz geholt und die Ausgänge blockiert wurden.

Aber Schewkunow fühlte eine seltsame, wie von Hunger rührende Schwäche. Er spürte mit der Intuition eines Baumeisters, die fein auf Störungen in einer Konstruktion reagiert, dass die Alarmglocken nicht läuten, niemand ans Telefon gehen würde. Das war keine Havarie, keine Sabotage. Etwas anderes. Unerforschtes.

Langsam, sich an der Wand festhaltend, ging er zur halboffenen Tür. Eine direkte Bedrohung spürte er nicht. Er beruhigte sich. Gedanklich sprach er zum Gebäude: ›Sind das deine Sperenzchen, ja? Wieder deine Sperenzchen? Kommst nicht zur Ruhe, Alte? Na warte! Du wirst schon sehen!‹

Er stellte sich vor, das alte Gebäude sei von Baumaschinen umgeben, eine wuchtige, rostige Metallkugel an einer Kette schlüge gegen die Fassade, und dabei stellte er kühl fest, als würde er eine Liste abhaken, wie sehr er die Lubjanka doch hasste, denn das alte Luder saugte jeden Tag seine Kraft, trank wie eine Alkoholkranke …

›Aber warum gehst du auf Zehenspitzen?‹, fragte er sich. ›Wovor hast du Angst? Vor ihr? Du kennst doch ihren Charakter.‹

›Ich habe Angst vor dem, der im Büro ist‹, antwortete er sich selbst.

Auf der gesamten Etage herrschte absolute Stille. Aber es war die Stille einer Präsenz, eines Hinterhalts.

Er hätte umkehren sollen. Aber die halbgeöffnete Tür zog ihn an, saugte ihn ein, als wäre er nur ein Luftgespenst, das dem Durchzug untertan ist.

Schewkunow spähte hinein.

Im Kamin aus weißem Marmor brannte ein Feuer, tiefrot, lodernd, und seine Flammen züngelten hervor. Es brannte nur eine Lampe, ein trübes gelbes Licht. Die riesige Karte der UdSSR an der Wand, die normalerweise mit Vorhängen bedeckt war, leuchtete ebenfalls – es liefen fliederfarbene, himmelblaue, grüne Lichtflecke darüber hinweg, als ob die Karte etwas spiegelte, was im Land geschah – oder am Himmel über dem Land.

Vielleicht ist der Vorsitzende hergekommen?, kam ihm jäh der Gedanke. Und der Wachdienst hat ihn nicht erkannt?

Instinktiv schloss er sein rechtes Auge. Schaute nur mit dem linken.

Und da sah er es.

Sie waren alle *da*. Standen am Tisch.

Sie waren eines natürlichen Todes gestorben oder hingerichtet worden. Waren in die Unbekanntheit versunken. Zu Helden erhoben. In Ungnade gefallen. Erst verehrt und dann aus Enzyklopädien gestrichen worden. Da standen alle toten Chefs der Lubjanka. Alle ihre sterblichen Liebhaber.

Der bronzene, vom Sockel gestiegene Dserschinski.

An ihn geklammert, wie ein Schatten des Denkmals, Menschinski mit funkelnden, runden Brillengläsern.

Verschwommen und grau – der abgemagerte Jagoda.

Der elegante, aber zugrunde gerichtete Agranow, der sich selbst in der Gefängniszelle überlebt hatte.

Der grauhaarige, zerbrochene, einer Holzpuppe an Fäden ähnliche Jeschow.

Der fleischige, kahlrasierte, einem menschgewordenem Schwein ähnliche Frinowski.

Der fahle, kahlwerdende Berija mit dünnen, sinnlichen Lippen, einem kaputten Zwicker, gekleidet in einen Pullover.

Merkulow mit schweren Hängewangen.

Der pausbäckige Pfundskerl Abakumow.

Der von einem Zug entzweite, sich irgendwie zusammenhaltende, degradierte Kruglow.

Der dicklippige Ignatjew mit fleischigen Ohren, verantwortlich für die »Ärzteverschwörung«, der irgendwohin in die tatarischen Wildnis verbannt wurde.

Der blasse, bewegungslose, immer noch von seinem kürzlichen Tod verblüffte Andropow.

Zwölf.

Zwölf *wer*?

Schewkunow trat einen Schritt zurück.

Und er merkte, dass der Flur nicht mehr leer war.

Hinter allen Türen waren Stimmen zu hören. Sie klangen angespannt. Alarmiert. Erschrocken.

Schewkunow spürte das Timbre, den Ton dieser Angst. Er erkannte sie nach dem Gehör. Auch er hatte einmal solche Angst gehabt.

Er kam ja von ganz unten. Aus der Bauverwaltung des Ministeriums für Staatssicherheit. Anfangs hatte er Sträflinge auf einer Baustelle kommandiert. An einem Wohnhaus hatten sie gebaut, um Wohnraum zu schaffen für die KGBler in einer Stadt im Norden.

Die Sträflinge machten ihre Sache gut: erfahrene Leute. Da fand sich nur einer, Hummel nannten sie ihn, der war ein Störenfried.

Schewkunow hatte Informanten, er wusste eine Menge. Nur über Hummel bekam er nichts erzählt, oder ihm wurde etwas vorgeflunkert. Aber Hummel mauschelte herum, drehte dem einen Naswar an, trieb für den anderen Wodka auf – lässliche Sünden, das kannte man. Normalerweise verschloss man die Augen davor, wenn man wollte, dass die Sträflinge hart arbeiteten.

Aber Schewkunow ahnte, dass dieses Schlitzohr noch großen Ärger machen würde. Und eines Tages erwischte er ihn mit seinen Kumpels im unfertigen Gebäude. Die Sträflinge hatten sich um Hummel versammelt, sich hingehockt: Vermutlich wollten sie gerade Tschifir brühen, oder sie hatten sich Haschisch organisiert. Doch nein – sie schwatzten, schienen zu streiten, und dann holte Hummel einen Löffel hervor, einen gewöhnlichen Aluminiumlöffel. Er legte ihn auf seine Handfläche. Drehte seine Hand um.

Und der Löffel fiel nicht hinunter.

Er hing!

Schewkunow hatte schon einige Tricks von Lagerhäftlingen gesehen, da traf man regelrecht Fakire, kein Vergleich zum Staatszirkus.

Nun aber bekam er Angst. Es war ja nur das: Der Löffel haftete wie angeklebt an Hummels Handfläche. Ein Kunststück, eine Fingerfertigkeit. Aber die Angst war stärker, weil er ahnte: Nein, das war kein Kunststück. Er ahnte es – und war hilflos. Die Ahnung war ihm gegeben, aber kein Schutz.

Dann beruhigte er sich natürlich. Es wurde ihm peinlich. Schewkunow kam zum Schluss, dass Hummel eine Bande um sich scharte, zur Flucht. Er hatte gesehen, wie das ging: Da setzt jemand diesem Abschaum Flausen in den Kopf, faselt irgendwelche Lügengeschichten, und sie gehen dann mit ihm durch Feuer und Wasser, direkt auf die Karabiner der Wachen zu.

Er rief Hummel zu sich. Der wirkte düster und aalglatt, grüßte ihn aber respektvoll.

Schewkunow wollte so tun, als wüsste er von der geplanten Flucht, als habe man ihm bereits alles zugetragen, aber dann ritt ihn der Teufel, und er platzte wie ein Anfänger heraus:

»Was sind das da für Löffeltricks? Du bist mir ja ein Bühnenkünstler! Vielleicht liest du auch noch aus der Hand?«

Hummel hob langsam den Kopf: In seinen Augen lag Verachtung, die Sträflingen nicht erlaubt war. Schewkunow ballte die Faust, konnte aber die Hand nicht gegen ihn erheben, und Hummels Gesicht wurde grau, alt, und da sagte Hummel widerstrebend, als würde ihn jemand zum Sprechen zwingen, als könne er nicht umhin, Schewkunow zu antworten, weil es das Gesetz verlangte:

»Eine Rotznase bist du, Hauptmann. Die Lubjanka verzehrt sich nach dir. Verzehrt, geehrt, auf Lubjankas Geheiß, werde du ihr zum Preis. Das Haus ...«

Und er schaltete sich ab. Ließ den Kopf auf die Tischplatte fallen.

Schewkunow hingegen spannte sich an, wurde zu Stein, sogar die Muskeln schmerzten, als hätte man ihm eine Spritze gegeben, und dann erschlaffte auch er, und Hummels Worte verklangen, verschwanden in der Ferne.

Schewkunow befand es für richtig, Hummel zum Holzfällen zu verbannen. Und als der Bau abgeschlossen, das Wohnhaus von der Kommission abgenommen war, wurde ihm eine Versetzung nach Moskau angeboten. Und da blieb ihm das Herz stehen: Es schien, als hätte Hummel es herbeigeunkt. Doch riss sich Schewkunow zusammen, ja und Marina, seine Frau, hätte es nicht zugelassen, dass er ablehnte, schon immer war die Hauptstadt ihr Traum gewesen.

Und nun fielen ihm *jene* Worte wieder ein, die Hummel gesprochen hatte, sie erklangen erneut in seinen Ohren. Und Schewkunow wich zurück, erkannte, dass er gehen musste, ganz leise, sonst würden ihn jene hören, die in den Büros waren. Er erinnerte sich an das, worüber man hier nicht sprach: Dass Tschekisten hier ihre eigenen Leute, andere Tschekisten zu Tode gefoltert hatten. Und dann wieder andere sie, die Peiniger.

Er erinnerte sich daran und erkannte, dass er sich verraten, durch diesen Gedanken selbst ausgeliefert hatte. Er drehte sich um und rannte los. Nur der Teppichläufer, dieses Scheusal, kam ihm auf einmal entgegengekrochen, ließ ihn auf der Stelle laufen. Und von hinten drängten sie heran, drehten ihm geschickt die Arme um, flüsterten ihm ins Ohr:

»Jetzt bist du dran, verdammt!«

Und er wollte gebieterisch schreien – lasst mich los! – piepste aber nur schwach und dumm:

»Ich gehör doch dazu!«

»Hau ab, Hundsfott!«, schnatterten sie hinter seinem Rücken.

Von seiner Uniformjacke verschwanden die Schulterstücke. Weg war der Dienstausweis in der Tasche. Sein Körper schmerzte, schmerzte unerträglich, schwoll mit alten blauen Flecken an. Sein zahnloser Mund lispelte, nuschelte verkrüppelte Laute, die früher Wörter gewesen waren. Sie zerrten ihn die unzähligen Treppen hinunter, und er hörte hinter sich Gelächter: Spion, Spion, Spion, und er wollte ganz schnell dorthin, bis ganz nach unten, in den Abgrund, denn dort würde alles enden.

Aber es endete nicht. Sie warfen ihn in eine Zelle und verschlossen die Tür. Und als Sand und Steine von der Decke rieselten, als das Gebäude bis auf die Grundmauern schwankte, sprang er auf, sich selbst fremd, drückte seine Hände gegen die niedrige Decke, wollte sich retten, wie auch sie, die Geliebte und Verfluchte, und er hielt dagegen, bis die oberste Kraft ihn bezwang und die Steine ihm auf den Kopf fielen.

STALINS DATSCHA KUNZEWO

Oberstleutnant Tischtschenko, Kommandant des Objekts »Blischnaja Datscha«, beendete seinen abendlichen Rundgang. Eigentlich gehörte das nicht zu seinen Obliegenheiten. Es gab einen Sicherheitschef, und der war verpflichtet, die Stellungen zu überprüfen. Aber Tischtschenko wusste, dass es notwendig war. Erforderlich. Er diente hier im zwölften

Jahr. Und hatte einiges begriffen über diesen Ort, was nicht in den Dienstvorschriften stand. Was selbst die Alteingesessenen nicht laut aussprachen.

Tischtschenko hatte sofort mitbekommen, dass die Datscha eigenwillig war. Sie, Offiziere und Unteroffiziere, waren von der Kaderabteilung ausgewählt worden, und diese Kaderabteilung war überaus anspruchsvoll. Beurteilungen, Fragebögen, Erfolgsbilanzen – alles musste erstklassig sein.

Aber letztlich entschied alles die Datscha. Wer ihr nicht gefiel, den verdrängte das Haus, den einen schleichend, den anderen abrupt. Das Haus hatte einen überaus mörderischen Sinn für Humor.

Der Hundeführer, Fähnrich Nefedjew, zuvor überzeugter Abstinenzler, war dem Alkohol verfallen und aus dem Dienst geflogen – seine eigenen Hunde hatten ihn gebissen.

Hauptmann Malofejew, Natschalnik für Finanzen, ein äußerst akkurater Mann, vergaß im Taxi eine Aktentasche mit der geheimen Gehaltsabrechnung. Nun gut, damit hatte er einen Verweis verdient, aber in das Taxi stieg als nächster Passagier auch noch ein bekannter Agent der französischen Botschaft.

Major Poschigajlo, Wirtschaftsleiter, Absolvent des Energieinstituts. Ein Arbeitstier, der die Datscha vergötterte, Wandfarbe, Zement, Glas, Möbel heranschaffte (selbst in ihrer Behörde lief mit der Versorgung nicht alles glatt, nun ja). Er bekam einen Stromschlag, als er einen nagelneuen Wasserkocher in seinem Kämmerlein anschaltete. Gelähmt war er jetzt. Gemüse.

Leutnant Kirillowa, Vorgesetzte der Dienstmädchen. Eine Generalstochter, nebenbei bemerkt. Mollig, aber hübsch. Immer schick angezogen. Tischtschenko hatte sich an sie herangemacht, aber da wurde nichts draus, als Verehrer war er unter ihrer Würde. Sie verunglückte bei einem Autounfall, direkt am Restaurant »Praga«, auf der Regierungsstraße, die den Kreml mit der Datscha verband, zusammen mit einem Schwarzhändler. Nicht einmal ihr Vater konnte die Sache vertuschen.

Oder erst kürzlich, vor drei Monaten. Oberleutnant Andrejew, ein Athlet, 1,89 groß, vom Sportclub Dynamo, Vizemeister der Neunten Abteilung des KGB im Triathlon, Sportmeister im Sambo und dazu ein trefflicher Schütze, solche Leute waren Mangelware. Er wollte in der Metro irgendeinen betrunkenen Hutzelmann, einen Vagabunden beruhigen, der, wie sich später herausstellte, hinter den 101. Kilometer ausgewiesen worden war. Kein Krimineller, nicht einmal ein Kleinkrimineller. Doch er verletzte Andrejew mit dem Taschenmesser an einer Arterie, und dieser verblutete auf der Metrostation »Partisanskaja«, der Krankenwagen kam zu spät.

Nach der Sache mit der Kirillowa wurde Tischtschenko übrigens klar, dass es nicht nur an der Datscha lag. Er liebte sie, dieses ausschweifende Mädchen, deswegen fühlte er den wahren Grund. Er selbst kam vom Dorf, aus einem abgelegenen Winkel, hatte sich hochgearbeitet, wurde nach dem Grenzdienst Student der Pädagogischen Hochschule, und dort kriegten sie dann die Vorladung zur Sicherheitsbehörde. Aber sein verschlafener Waldwinkel war ihm noch in Erinnerung, wie auch seine hungrige Kindheit – in dieser Gegend waren viele Dörfer verlassen gewesen, und er hatte mit seinen Freunden leere Häuser durchstöbert, zum Spaß. Verschiedene Unholde hatten da rumgekaspert, sie eingeschüchtert, aber der Ort wusste um seine Grenzen, und wie gering seine Kraft war. Sie reichte nur dafür, dass den Jungs bange wurde.

Es lag nicht an der Datscha.

Sondern an ihrem Besitzer.

Am Besitzer, der hier gestorben war.

Es lag an seiner Art. Seinem Zugriff.

Seiner Macht.

Sie scheuten sich, seine Datscha abzureißen, dachte Tischtschenko. Sie hatten ihn aus dem Mausoleum geholt, seine Statuen entfernt, ihn auf dem Allunionskongress durchgehechelt, die Geschichtsbücher umgeschrieben – er war Lehrer für Geschichte, er wusste es –, aber die Datscha, seine geliebte Datscha, hatten sie nicht angerührt.

Die Datscha ließen sie anscheinend für den Fall stehen, dass er auftauchte und einen Platz, ein Nachtquartier, einen Unterschlupf forderte. Wie viele Nomenklatura-Datschen es bei Moskau gab, genug für ein Regiment, für eine Division! Aber nein, sie hüteten diese eine, deren Hausherr für immer gegangen war und ihnen die Macht überlassen hatte.

Aber der Hausherr war nicht gegangen.

Jahrelang hatte Tischtschenko insgeheim gegrübelt: Was war das für ein Prinzip? Wen akzeptierte *er* und wen lehnte *er* ab? Tischtschenko stellte Berechnungen, Hypothesen an. Berücksichtigte Haarfarbe, Gesichtszüge, Alter, Geschlecht, Nationalität …

Und dann kam er drauf. Und mit dieser Vermutung akzeptierte er endgültig die Idee, dass der Hausherr anwesend war.

Da gab es kein Prinzip. Nur eine pure Kraft. Eine Laune. Ein Impuls. Ein momentaner Wunsch. Er konnte sie nicht mehr alle beherrschen. Und vielleicht war es nicht *er*, sondern nur ein Teil von *ihm*. Ein Splitter. Ein Überbleibsel. Geschärft. Gebunden – nicht an den Körper, an das Grab, sondern an den Todesort. Und etwas erwartend.

Hatten sie, Chruschtschow und die anderen, es gewusst?

Es erraten? Sie, die Materialisten, Zyniker? Oder hatten sie es nur gespürt – mit dem Instinkt von Hunden, die die Peitsche nicht vergessen? Mit ihrem Gespür? Tischtschenko meinte, sie hatten es gefühlt.

Genau so verstand er auch die Ordnung. Die Regeln, die hier in Wirklichkeit herrschten. Wenn man das Gefühl hatte, dass die Datscha, dass der Hausherr es so wollten, dann tat man es. Du hast es nicht so eingerichtet, und es ist nicht an dir, es zu ändern.

Deshalb machte er den abendlichen Rundgang, begutachtete den Zaun, die Suchscheinwerfer, den Stacheldraht. Dann überprüfte er Hydranten, Schläuche, Feuerlöscher. Er hatte bereits die Ängste des Hauses übernommen, fürchtete Feuer, eine nicht gelöschten Zigarette, Blitze, Fäulnis, Holzwürmer. Er hatte das Rauchen aufgegeben. Hier rauchte eigentlich überhaupt niemand. Ein gesunder Ort.

Im Gebäude selbst gab es eigentlich nichts offensichtlich Übernatürliches. Zu so etwas ließ sich der Hausherr nicht herab. Kein seltsames Rascheln oder mitternächtliches Knarren der Dielen. Keine Silhouetten am Ende des Flurs. Keine Dinge, die ihren Platz wechselten. Nein. Nicht einmal am Todestag.

Nur gelegentlich zeigte *er* seine Anwesenheit, sein grausames Augenmerk für Kleinigkeiten. Einmal sah Tischtschenko, wie ein Rekrut ein Vogelhäuschen aus einem Milchkarton an den kahlen Fliederbusch hängte: Der März war rau, die Bäume im Wald um die Datscha knackten im Frost. Nie wurden auf der Datscha die Vögel gefüttert, und Tischtschenko wollte sagen, dass das Futterhäuschen entfernt werden musste, er würde es ja nicht selbst herunterreißen, aber er vergaß es. Und am nächsten Morgen kam er zum Dienst und war fassungslos. Der weiche Pulverschnee unter dem Flieder war übersät mit toten, steifgefrorenen Gimpeln, roten Pinselstrichen auf weißem Grund.

Manchmal – sehr selten – erhielt Tischtschenko Signale, wortlose Befehle, etwas Bestimmtes zu tun: zum Beispiel, das gefallenen Laub von der Hauptallee zu fegen oder die Böden nochmals mit Mastix zu polieren, die vom Wind umgestürzte Birke zu Brennholz zu zersägen.

Nur einmal im Jahr, im Dezember, am Abend vor dem Geburtstag des Hausherrn, hatte Tischtschenko das Gefühl, die Datscha bereite sich auf etwas vor; wichtige Gäste wurden erwartet, wie früher.

Diese Nächte, wenn der Himmel sich mit Wolken bedeckte und kein Sternenlicht die Erde erreichte, waren die dunkelsten der dunkelsten. Es wehten beängstigende, ungnädige Winde, die Winde der Vagabunden und Obdachlosen, die Winde der Einöde. Und dann wurde die Macht des Hausherrn scheinbar *umfassender* als die Datscha.

An solchen Tagen spürte Tischtschenko besonders stark, dass der Hausherr diese Welt nicht verlassen hatte. Es gab so viel von *ihm* auf den Straßen der Erde, in ihren Häusern.

Da geht *er*, ein müder alter Hirte, kommt aus den Bergen, hebt die Hand, ein Lastwagen hält, und *er* lächelt seiner Fotografie auf der gesprungenen Windschutzscheibe zu.

Da schreitet *er* über eine Holzfällerstraße, ein betagter, fröhlicher Jäger, er hebt die Hand, und es nimmt ihn ein Langfinger von Fahrer mit, der auf die Obrigkeit schimpft, von Verbannten abstammt, und er sagt, also unter Stalin, da gab es noch Ordnung, und *er* lächelt, zwinkert ihm verständnisvoll zu.

Da wartet *er* auf einem Bahnsteig, kommt mit den Mitreisenden ins Gespräch, und gegenüber wird ein Fabrikrohr zertrümmert, abgerissen, aber der Kran bewältigt es nicht, und jemand wirft ein: Ach, wie unter Stalin gebaut wurde, nicht so wie heute, und *er* nickt zustimmend, bietet seinem Gegenüber mit allem Respekt eine Papirossa an.

All diese kleinen Worte, Zeichen, steckt *er* in eine Sparbüchse, eine großartige Sparbüchse, um sie zu füllen, auch wenn er sie nicht vollkriegt, aber das schreckt *ihn* nicht. Das *Seinige* ist auf den Straßen unterwegs, übernachtet wahllos in irgendwelchen Häusern, spricht mit den Menschen. Mancher will ihn zurück, mancher spendet für die Gesundheit des *Vaters der Völker*, ohne zu wissen, dass er für *ihn* spendet, weil er meint, die Worte in die Luft zu sprechen, die Flüche in fließendes Wasser zu werfen, die Feindseligkeit in der Erde zu vergraben. *Er* aber findet alles, was *sein* ist, nimmt es, fängt es, zieht es aus dem Strom, gräbt es aus der Erde.

Deshalb ist *er* nicht auf der Datscha, dachte Tischtschenko schwermütig, *er* hat zu tun, geht seiner Wege, und nur ein winziger Teil von *ihm* ist hier auf Wacht geblieben. Und im Dezember kämen *er/sie* zusammen. Hielten eine Besprechung ab. Berieten sich. Und zerstreuten sich wieder. Aber eines Tages würde der Hausherr gänzlich zurückkehren. Mit der vollen Sparbüchse, mit einem schweren Sack, den er mit der gesamten menschlichen Ernte gefüllt hat. Bis dahin musste er, Tischtschenko, *sein* Haus hüten.

Der Oberstleutnant hätte längst seinen Dienst quittiert, da ließ sich ein Weg finden, aber er spürte, der Hausherr würde ihn nicht gehen lassen. Der Hausherr kannte alle seine Gedanken und Absichten. Es war zu spät, um wegzulaufen. Aber der Hausherr schützte ihn auch vor den Launen der Obrigkeit. *Er* hatte ihn gewählt, weil er verwaist, auf bäuerliche Art gründlich war, und Tischtschenko rechtfertigte offenbar *sein* Vertrauen. Er würde belohnt werden, wenn der Hausherr zurückkam.

Tischtschenko beendete seinen Rundgang.

Es war Zeit, nach Hause zu fahren.

Und auf einmal schrie und brüllte es in seinem Kopf: Worte waren nicht zu verstehen, es war ein einziges Getöse, wie von Stromschnellen. Genau so hatte seine gelähmte, halb wahnsinnige, auf dem Ofen liegende Großmutter Fenja aufgeheult und gebrüllt, wenn sie Durst gehabt hatte – oder wenn sie dachte, vor der Tür ständen *sie*, die Schrecklichen, die gekommen waren, das Getreide und die Ikonen wegzunehmen.

Tischtschenko lauschte aufmerksam und erkannte ein zerstückeltes, zischendes »sch«: *die Tore verschließen die Türen verschließen die Fensterläden verschließen Wachen an die Waffen sch-sch-schließen sch-sch-schließen sch-sch-schließen.*

Tischtschenko erkannte, dass *er*, der hier gelähmt gelegen hatte, immer noch verkrampft und paralysiert an die Datscha gekettet war. Und nun fürchtete sich der Ort, also *er*, wie sich nur reglose Gelähmte fürchten können. Er hatte es erkannt – und fürchtete nun, dass *er* seine Gedanken gelesen hatte. Ihm nicht vergab.

Tischtschenko schaute zum Himmel.

Von Norden zog ein Sturm auf.

Ein Blitz leuchtete in der Ferne über dem Oktjabrskoje Polje auf. Verzweigt, vielzahnig.

Sein Licht wurde südlich von der Datscha im Flusstal reflektiert, wo es abends feucht und neblig war. Er leuchtete in den Teichen auf und verlosch dort: wie verglimmende Signalraketen.

Tischtschenko schaute genau hin.

Dort bewegte sich etwas. Etwas Vertrautes, Altes, Vergessenes.

In seiner fernen Kindheit hatte Tischtschenko einmal einen Kugelblitz gesehen. Sie, die Jungs, waren gerade auf Stöbertour in einem verlassenen Dorf und suchten in den Ecken der morschen Blockhäuser nach den Münzen der Grundsteinlegung. Es waren ihnen schon Silberrubel aus der Zarenzeit in die Hände gefallen. Aber diesmal fanden sie wie zum Hohn keine einzige, obwohl das Dorf nicht arm gewesen war, die Häuser recht stattlich, von Kulaken, was bedeutete ... Und Senka Motyl, ihr Anführer, drehte durch.

Senka fand einen großen Ast und ging daran, alles Verfallene zu zertrümmern: Zäune, Brunnenschwengel, Türen, Fensterläden, das alte Badehaus ... Und Tischtschenko wollte schreien: Nicht, hör auf, lass uns gehen, es wird schon dunkel, aber wie hätte er den Ataman zur Vernunft bringen können! Und die anderen waren froh, zogen mit, einer riss einen Pfahl heraus, ein anderer fand einen Stein ... Da tauchte *es* auf. Kam hinter einer abgelegenen, hohen schwarzen Getreidedarre hervor. Gelb, violett, himmelblau, zitronengelb, schillernd. Eine Brise raschelte durchs Gras, auch wenn die Bäume bewegungslos blieben, ein Gewitter zog auf. Alle erstarrten, und das schreckliche Auge näherte sich Motyl – schien ihm direkt ins Gesicht zu schauen. Und dann zog es sich zurück, schwamm zurück hinter die Getreidedarre.

Motyl war danach schwachsinnig geworden. Und ihr Lehrer, Pjotr-Michajlitsch, ein stichelnder Alter, erklärte ihnen im Unterricht, das käme vom Kugelblitz: ein wissenschaftlich bekanntes Phänomen. Tischtschenko hörte sich das an und dachte schwermütig, dass Pjotr-Michajlitsch, obwohl er an der Hochschule studiert hatte, dennoch ein Dummkopf war, weil er nicht verstand, was in jenem Dorf passiert war, und nun mit seiner Wissenschaft ankam ... *Es* hatte von ihnen abgelassen. Aber nur vorläufig.

Und nun sah Tischtschenko Blitze im Setun-Tal, wo die Eisenbahnlinie Kiewskaja-Sortirowotschnaja – Matwejewskaja verlief. Es waren die Leitungen der Eisenbahn, die dort Funken sprühten, dachte er. Und er begann an sich zu zweifeln. Die Blitze hatten genau *jene* Farbe: Himmelblau und Zitronengelb. Der Fluss Setun hatte ihm noch nie gefallen: schmutzig war er, rostrot, mit steilen Ufern voller uralter, aufgedunsener Grabhügel.

Er drehte sich um und ging in sein Büro, versuchte, nicht zu rennen. Er nahm den Hörer eines speziellen Telefons zur Lubjanka ab, eines uralten Apparats, der sich noch an die Leibgarde des Hausherrn erinnerte. Und er erstarrte.

Das Telefon war tot. Im Hörer schien nur Wind zu heulen und zu pfeifen.

Tischtschenko eilte zum Fenster.

Sie zogen vom Setun herüber: Dutzende, Hunderte von Feuerbällen. Tischtschenko verstand mit seinem geschärften Gespür, dass jeder ein Wesen war. Sie rührten einen nicht an, wenn man sich ihnen nicht in den Weg stellte. Wie damals.

Aber der Oberstleutnant hatte eine Pflicht, er musste sich entgegenstellen.

Er hatte einen Eid geleistet, nicht dem Staat, nicht der Partei – dem Hausherrn. Genau jetzt spürte er endlich, dass der Eid wirksam war: Der Hausherr zog ihn daran, wie an einem Gängelband, und forderte, dass er aufwachte und handelte, die Datscha rettete, die Wachen aufweckte, die Suchscheinwerfer einschaltete, die Hunde losließ, die Feuerwehrschläuche ausrollte …

Tischtschenko streckte sich zur Sprechanlage. Aber dann erinnerte er sich, wie er Senka Motyl damals aufhalten wollte, wie ängstlich er in diesem verlassenen Dorf gewesen war und wie deutlich er – einmal in seinem Leben – gespürt hatte, dass es ein schlechter Einfall war, hier herumzustöbern, nach Münzen zu suchen. Nicht einmal das Wasser aus dem Brunnen hatte man trinken dürfen.

Heimlich, still und leise entfernte er sich von der Sprechanlage, schlüpfte in den Hof hinaus.

Die Feuerbälle waren bereits in der Nähe der Bäume.

Das war der Tod des Hausherrn und der Tod der Datscha, erkannte Tischtschenko. Ihre Zeit war abgelaufen.

Doch der Hausherr war anderer Ansicht.

Der Raum schien sich zu einem Gähnen aufzureißen, und mitten im Hof erschien ein Schnurrbart. Ein großartiger Schnurrbart, ein solcher, dass er eine Straße hätte blockieren können. Und er blies und bellte, aber ohne Erfolg: Die monströsen Glühwürmchen kamen immer näher.

Daraufhin hörte Tischtschenko den stummen Schrei des Hausherrn: Was seid ihr? Meine Sklaven, Staub des Straflagers! Habt ihr Meinen Zorn und Meine Güte vergessen? Mein scharfes Wort und die Peitsche? Verneigt euch, Sklaven, ihr seid Späne unter Meiner Axt! Dient Mir, und Ich erhebe euch aus dem Lagerstaub, aus dem Schmutz der Straße, aus dem Gestank der Kohlenmine, aus dem Sumpf vom Baumfällen!

Tischtschenko fiel auf die Knie und wollte Ihm dienen, riss die Pistole aus dem Halfter. Doch der Verschluss hatte sich verklemmt, ging nicht los.

Der vordere Feuerball schoss mit einem blauen Blitz – und der Schnurrbart verwandelte sich in Asche, löste sich in schwarzen Rauch auf.

Tischtschenko spürte, dass auf der ganzen Erde die Erscheinungsformen des Hausherrn starben, die umherwandernden, hartgesottenen Greise, die Sammler des verständnisvollen Lächelns, die Trödler erkalteter Gefühle, die gierigen, abstoßenden Bettler. Sie hatten sich daran gewöhnt, dass die Nacht ihnen gehörte. Doch hell war die Nacht, und heftige Blitze suchten sie, holten sie ein, verwandelten sie in bleierne Asche, verbrannten ihre schweren Kisten mit der Beute stinkender Gefühle, hinterließen nur Rußflecken am Straßenrand. Der Hausherr starb in seiner Vielfalt. Auch war er nicht mehr der Hausherr, sondern ein leerer Name im Wind.

Die Datscha loderte in blauen Flammen. Es ächzten die Balken des Blockhauses, es verzog und verbrannte das Dachblech, es barsten die Fenster, und doch stand die Datscha fest, wie ein dürrer Baum im Feuer nicht stehen kann, gab langsam nach, brannte ohne auszubrennen, hielt aus …

Es war taghell, und Tischtschenko sah inmitten des Hofes ein einzelnes, vom Tabak gegilbtes, erbittertes Haar des großartigen Schnurrbarts.

Wie ein Verdammter streckte er seine Hand aus, um es aufzuheben, zu retten, als Reliquie zu bewahren; er hörte ein Flüstern: Lege dieses Haar in einen Topf mit menschlichem Fett, und es wird wachsen, austreiben, und dann kehrt der Schnurrbart zurück … Er streckte sich aus, und bekam einen harten, funkensprühenden Schlag – es traf ihn tödlich, grausam und schmerzlos; und die Flamme, die grün, gelb, blau war, zerstörte im selben Moment die Datscha.

In dieser Nacht gab es auf der Erde weder Zeit noch Entfernungen. Die Lebenden schliefen, sie schliefen fest. Und sie sahen – manch einer klarer, manch einer schwächer – den einen Traum.

Als ob die Toten des Nordens aus den Hinrichtungsgräben auferstehen, unverwest, finster, stimmlos, vergessen – und sie gehen zu den Lebenden, in ihre Dörfer und Städte, die nächtlichen Straßen hören sie, Bäume und Tiere wittern sie, Nachtvögel sehen sie; und ein Wind erhebt sich, ein seltsamer Wind, der rückwärts bläst, in die Vergangenheit, ins Land der Verluste.

TITAN

Genau hier, an der Ecke des menschenleeren Platzes, an der rot-weißen Kirche, überkam mich als Kind eines Tages ein besonderes Gefühl.

Du kommst aus der Schule. Schaust dich aus Langeweile um. Und auf einmal merkst du, dass du es nicht tun darfst, dass du auf keinen Fall in die Fußstapfen desjenigen treten solltest, der vor dir geht.

Er ist absolut unauffällig, dieser Mann. Ein ausgebeulter grauer Mantel, eine schwarze weite Hose, eine schäbige schwarze Aktentasche, aus der ein Weißbrot ragt. Er weckt weder Angst noch Befürchtungen. Aber du kannst nicht in seine Fußstapfen treten. Es liegt nicht an ihm.

Gefahr klebt an ihm, klein und unauffällig wie ein Floh. Und wie ein Floh kann sie von einem zum anderen springen. Wenn du nur diese Dummheit begehst, wenn du mit deiner Sohle in den Fußabdruck des anderen trittst.

Ich bog sofort in die Höfe ab, und das miese Gefühl ließ nach. Der Tag glitt weiter über gewohnte Gleise. Meine Schritte hallten mit matschigem Echo in den Torbögen wider, zählten die Steinstufen des Eingangs. Und dennoch war in meinem Inneren eine Empfindung geblieben, fein wie der

Nachklang von den Klaviertasten meines Vaters: Entkommen.

Wem? Oder vielleicht was? Ich wusste es nicht.

In der Pubertät verblasste diese seltsame Fähigkeit, als ob ich ihres Schutzes nicht mehr bedurfte, sie wurde zusammen mit anderen Marotten und Jugendphantasien aus dem Gedächtnis gelöscht.

Erst mit fünfundzwanzig erinnerte ich mich an sie. Als ich zum ersten Mal in das Haus vorgeladen wurde, das an diesem Platz stand, direkt gegenüber der rot-weißen Kirche. Als Kind hatte ich es weder bemerkt noch gefürchtet. Ich wusste, dass es irgendwo in der Stadt ein ungutes Haus gab, wo Menschen verschwanden, aber ich dachte dabei an ein anderes Gebäude in einer völlig anderen Gegend, jenseits des Flusses. Aber mit fünfundzwanzig war ich dann gut informiert.

Dort, auf dem Platz, wiederholte sich alles: ein zufälliger Passant, die jähe Angst, die Anziehungskraft der unsichtbaren Spuren anderer Menschen. Die Szenerie schien symbolisch das zu wiederholen, was sich in meinem Leben ereignet hatte: Ich war tatsächlich in eine fremde Spur geraten, kann man sagen, mich hatte das Schicksal eines anderen Menschen angezogen – und genau deshalb lud man mich vor, ins Haus am Platz.

Die wiedergekehrte kindliche Angst vertiefte bei mir die neu erwachte Angst eines Erwachsenen. Mir kam es so vor, als wäre ich von klein auf zum Bösen verdammt gewesen und seinen Fallstricken nur durch ein Wunder entkommen. Und nun war es zu spät, in die Höfe abzubiegen, sich zu verstecken und auszuweichen. Es würde keine Stundung mehr geben, ich musste dem Übel in den Rachen schauen, leider. Es gab keinen anderen Weg.

Fast hätte ich in dieser Verfassung das Haus betreten, im

Voraus gefügig und bereit, mich zu ergeben. Es blieben nur zweihundert Schritte bis dorthin, nicht mehr. Aber eine korpulente weiße Möwe, eine von denen, die vom fernen Meer in die Stadt geflogen kamen und dümmlich-wichtigtuerisch auf dem Glockenturm der geschlossenen, in ein Lagerhaus umfunktionierten Kirche saßen, erleichterte sich, als sie von einem Mülleimer aufflog, und spritzte mir gelben Dünnpfiff ins Gesicht, der mein Haar verklebte und hinter meinen Kragen rann.

Ich musste mich übergeben. Weniger wegen des Gestanks als vielmehr deshalb, weil ich so überrascht war und mich das argwöhnische Entsetzen befiel, in das die üblen Streiche des Lebens jene Menschen stürzen, denen es an Selbstbewusstsein mangelt und die deshalb einer übertriebenen Reinlichkeit und Ordnung anhängen.

Nachdem ich mich aber mit einem Taschentuch halbwegs gesäubert hatte, setzte ich mich auf eine Bank und lachte. Dort, wohin ich ging, wollten sie mich mit dem Gesicht in Scheiße tunken – und bitte schön, es war geschehen. Wie schallend ich da lachte, verschmiert und stinkend wie ich war!

Derart vollgesaut wurde ich bei *ihnen* vorstellig. Ohne Verlegenheit gab ich meine Vorladung mit dem fiesen, gelben Fleck in der Passierscheinstelle ab. Sie nahmen mich angewidert in Empfang, brachten mich in einen Waschraum, zeigten bürokratisches Mitgefühl: So was passiert – doch dabei konnten sie ihr Feixen kaum unterdrücken, was für ein Spaß! Und all ihre ausgeklügelten Methoden und Tricks waren auf einmal harmlos und amüsant. Sie kamen gar nicht in Schwung in ihrem Vorgefühl, wie sie ihren Kollegen davon erzählen würden – stell dir vor, da haben wir so einen Typen vorgeladen, der wurde von einem Vogel vollgeschissen, direkt vor der Tür – und so schafften sie es nicht, mich gehörig zu bearbeiten. Und eine zweite Chance kriegten sie von mir nicht.

Nun gehe ich erneut in jenes Haus.

Das Zimmer, in dem ich verhört wurde, ist nun ein Nebenraum des Archivs. Die Wände sind wie früher, schrundig und rissig, voller Wasserflecken und Unebenheiten. Damals hatte ich die Vorstellung, an ihnen hätten sich die menschlichen Qualen abgelagert, in den Putz geprägt. Jetzt sehe ich, dass es nur schlampig gemacht ist. Menschen zu foltern, das hatten sie gelernt, nicht aber, Wände zu verputzen.

Vom Lesesaal im ersten Stock sind der Platz, die rot-weiße Kirche und jene Sitzbank zu sehen, neben der mich die Möwe beschmutzt hat. Die Fenster im Flur gehen auf den geschlossenen Innenhof des ehemaligen internen Gefängnisses hinaus, in einen gelben quadratischen Schacht.

Er sieht überhaupt nicht bedrohlich aus, dieser Hof. Mittlerweile gehört er zum Museum. Touristen betreten diesen Gitterkäfig, laufen herum und versuchen – so zumindest die Absicht der Museumsarchitekten –, die Verzweiflung der Gefangenen am eigenen Leib zu spüren.

Leider traue ich dieser wohlmeinenden Museumspädagogik nicht, auch wenn ich ihre Daseinsberechtigung anerkenne. Meiner Erfahrung nach kann man sich auf eine Konfrontation mit dem Bösen nicht vorbereiten, dafür nicht trainieren. Es kommt immer überraschend. Und das Wunder, ein echtes Wunder, besteht gerade darin, dass sich jemand findet, der zunächst genauso verloren ist wie alle anderen, ein Gleichaltriger unter Gleichaltrigen, Bruder unter Brüdern oder Schwester unter Schwestern – an dem das Böse jedoch abprallt, egal wie sehr es sich müht.

Hier ist, wie man sich denken kann, nicht von mir die Rede.

Ja, ich bin in die Stadt zurückgekehrt, in der ich vierzehn Jahre nicht mehr war. Unser Haus hier wurde längst verkauft. Ich habe lange nach einer Unterkunft gesucht, mich durch *Booking* und *Airbnb* gescrollt, aber jede Adresse dort rief unwillkürlich Erinnerungen wach.

Ich wollte jedoch einen indifferenten, scheinbar unbelasteten Ort finden, ein vorübergehendes Zuhause für einen Fremden.

Aber die Stadt zeigte eigensinnig, dass es solche Orte nicht gäbe. Und als ich dann die Suchseite aktualisierte, tauchte auf einmal diese Wohnung auf. Den Straßennamen kannte ich nicht, sie hatte den nichtssagenden Namen Lipowaja. Ich schaute bei *Google Maps*, ob es weit zum Archiv sei. Und an der Karte, an der Lage, erkannte ich sie dann. Zu meiner Zeit hieß sie Straße der Kommunarden.

Die Hausnummer?

21.

Das war sie.

Ich betrachtete die Fotos von der Wohnung. Alles war anders. Fliederfarbene Wände. Die Zimmerdecke in Rosa. Wie Silikonlippen aufgeblähte weiße Ledersessel. Als hätte jemand mit dem Eifer eines Kindes, das zum ersten Mal farbige Filzstifte in die Hände bekommt, die Vergangenheit dieser Räume zu übermalen versucht. Aber am Blick aus dem Küchenfenster erkannte ich sie: Der Backsteinschornstein des Kesselraums mit der rostigen Stufenleiter zeigte sich genau in der Mitte des Fensterrahmens.

Hausnummer 21, Wohnung 14.

Der Lebens- und Sterbeort des Mannes, wegen dem ich ins Archiv wollte. Ich bemühte mich, nicht an diese Wohnung zu denken. Ich wollte nicht einmal diese Straße entlanggehen. Ich wollte unvoreingenommen bleiben. Aber jemand hatte seine Reservierung storniert, und die Wohnung rief mich zu sich: Komm.

Der Mann, der dort verstorben war, hatte keine rechtmäßigen Erben hinterlassen. Nach der Beerdigung wurde ich zum Notar gerufen, der im Beisein von zwei Beamten in Zivil den letzten Willen des Verstorbenen verlas: Mir wurden sein ganzes Vermögen und seine Werke vermacht.

In diesem Moment hätte ich ihn fast verflucht. Denn er hatte mich buchstäblich verflucht.

Die Staatssicherheit wusste genau, dass er alte Freunde hatte. Dass es Gleichgesinnte gab. Warum beerbte er nicht sie? Warum einen jungen Mann, den er kaum gekannt hatte?

Es hätte in ihrer Macht gelegen, das Testament zu annullieren. Es zu verstecken, zu vernichten. Aber sie hatten es vorgezogen, eine operative Kombination auszuspielen. Erstens waren sie dazu gezwungen, sich an gewisse Regeln zu halten – die Zeiten waren damals schon andere. Und zweitens verwies die Unvorhersehbarkeit des Testaments auf ein Geheimnis.

Auf eine Verbindung, die ihnen entgangen war.

Und sie verkrallten sich in mir.

Sie brachten mich nach Verlesung des Testaments in seine Wohnung; das war das erste und einzige Mal, dass ich dort war.

Die Wohnung war gerade durchsucht worden. Sie schämten sich natürlich nicht. Wahrscheinlich hätte ich nach dem Durchsuchungsbefehl fragen sollen. Aber ich war zu wütend auf ihn, auf diesen ungebetenen Wohltäter. Wütend und verängstigt. Sechs Stunden saß ich in der Küche, sie ließen mich nicht gehen: Die Dinge gehörten ja nun eigentlich mir.

Dann, am späten Abend, kamen sie mit einem Laster mit Plane und nahmen alle Möbel mit.

»Eine reine Formalität«, hatte der Durchsuchungsbeamte auf einmal väterlich zu mir gesagt. »Die Wohnung versiegeln wir. Sie gehört jetzt dem Staat. Und die Sachen bleiben vorerst bei uns im Lager. Wie wir wissen, wohnen Sie beengt. Überlegen Sie sich, wo Sie sie unterbringen wollen. Und wir übergeben Ihnen alles nach Liste.«

Es mag erstaunlich klingen, aber ich hatte wirklich geglaubt, es sei eine Formalität. Die Durchsuchung war ja abgeschlossen. Nichts wurde gefunden. Sollte das Zeug also bei ihnen liegen, dachte ich. Ich habe keinen Platz dafür. Ja, und was soll ich damit.

Eine Woche später jedoch wurde ich von jenem Offizier zu Hause angerufen und einschmeichelnd gefragt:

»Warum holen Sie denn Ihr Eigentum nicht ab? Wir sind doch keine Gepäckaufbewahrung, wissen Sie. Das ist nicht gerade nett.«

»Na, ich brauche doch einen Laster, und ich finde keinen«, versuchte ich ihn abzuwimmeln.

»Also beim Transport können wir behilflich sein«, sagte der Offizier geschäftig. »Morgen holt Sie ein Wagen ab.«

Sie brachten mich zum Fahrzeugdepot ihrer Behörde. Ich beruhigte mich sogar; wo sonst hätten sie all diese Gebrauchsgegenstände aufbewahren sollen? Ich beruhigte und entspannte mich. Am Vortag verabredete ich, dass die Sachen in das leerstehende Landhaus eines Freundes gebracht werden sollten.

Dort erwischten sie mich dann. Sie führten mich einfach in den Hangar und schalteten – mit einer Sekunde Verzögerung – ein grelles Licht ein.

Die Sachen waren hier. Sie waren wie in der Wohnung aufgestellt, nur im größeren Maßstab. Neben jedem Möbelstück lag dessen Inhalt ordentlich ausgebreitet.

Und alles war aufgeschlitzt. Aufgesägt. Aufgeschnitten. Herausgenommen und umgekrempelt. Ich stellte mir vor, wie sie alles hierhergebracht, nach einer Zeichnung ausgelegt, nummeriert und fotografiert hatten. Wie sie Messer, Metallsägen, Scheren, Hämmer, Brechstangen holten. Kleidung in Fetzen schnitten, Möbel auseinandernahmen und abklopften. Die ausgesessenen Weichteile aus Sessel und Sofa durchschnitten. Bucheinbände auseinanderrissen: Ob Conan Doyle unter dem Buchumschlag Conan Doyle war?

Mir wurde übel. Zuvor hatte ich kaum geahnt, wie wichtig es für sie war zu wissen: ob *er* nun etwas geschrieben hatte oder nicht? Und mir war bewusst, dass sie in der Wohnung sicher gerade die Tapete abzogen, die Fußböden aushoben und die Wände mit Presslufthämmern einrissen.

Und dann würden sie sich den Erben vorknöpfen. Sie hatten mich ja hierhergebracht um zu demonstrieren, was mich erwartete. Und ich hätte es ihnen gegeben, sein Manuskript. Wenn ich es gehabt hätte.

Um zu zeigen, dass ich alles verstand, dass ich rein war vor ihnen, sagte ich:

»Sagen Sie mir bitte, wie kann man seinen Verzicht auf sein Erbe zugunsten des Staates erklären?«

Man kann sagen, dass ich abschwor.

Ja. So kann man es sagen.

Sie stellten mir trotzdem nach. Jetzt weiß ich, dass sich das OPK nannte, Operative Personenkontrolle. Die Kontrolle erstreckte sich über drei Jahre und konnte bei Bedarf verlängert werden. Bei mir wurde sie nicht verlängert. Ich denke, dass selbst ihnen, die so misstrauisch waren, im Laufe dieser drei Jahre klar wurde, dass ich kein Versteck im Vorstadtwald kannte, zu dem er seine Manuskripte rechtzeitig aus dem Haus gebracht und dort vergraben hatte.

Sie wussten ganz genau, dass es keine Manuskripte gab. Sie selbst hatten ja alles dafür getan, um zu verhindern, dass wieder Worte zu Papier gebracht wurden. Und doch meinten sie, es wäre möglich, einen solchen Text auf wundersame Weise direkt unter ihrer Nase zu schreiben. Ihn zu schreiben und zu verstecken.

Nun gut. Am Ende sollten sie recht behalten.

Meine OPK-Akte ist nicht erhalten. Ich war nur ein kleiner Fisch. Die Aufbewahrungsfrist war abgelaufen, und sie wurde vernichtet. Geblieben ist nur ein Eintrag im Vorgangsregistrierbuch, mit dem Datum der Registrierung, der Schließung des Falls und der Vernichtung der Akte.

Mein Wohltäter hatte eine Akte anderer Art. Keine Operative Personenkontrolle, sondern ein OV, ein Operativer Vorgang. Vierunddreißig Bände. Jeweils genau dreihundert Seiten.

Aus schriftstellerischer Sicht war das eine ganze Werkausgabe.

Diese Bände lese ich nun im Archiv.

Er hat einen Namen, aber ich werde ihn so nennen, wie ich es zum ersten Mal von meinem Vater hörte: Titan. Für meinen Vater hatte dieser Spitzname, ein Witz unter Vertrauten, ironisch geklungen. Jedenfalls in ihren Jugendjahren: Sie waren geradezu gleich alt. Für mich war es ein vollwertiger Name: ein pathetisches Passwort – Zeichen der Enttäuschung – ein Symbol vertrauensvoller Erwartung.

Es ist bemerkenswert, dass sie, die Okkupanten, die Späher, ihm entgegen ihrer eigenen Konspirationsregeln den operativen Decknamen Titan gaben, als wäre es ein Eingeständnis, dass sie seine Identität nicht verbergen konnten.

Natürlich war es nur Faulheit.

Doch es erwies sich als Eingeständnis.

Mein Vater war Komponist. Urheber zweier Symphonien, die nie aufgeführt wurden, sowie des Tangos »Zaunkönig«, einer zuckersüßen Vorkriegsmelodie, in der jedoch ein einschmeichelndes Grauen mitklang, wie ein Erzittern von Zitronengelee, das darauf wartet, verspeist zu werden.

Titan, Neffe eines Abgeordneten, populärer Lyriker und Schriftsteller, wurde gleich 1940 verhaftet, kaum waren die sowjetischen Truppen in unser Land einmarschiert.

Meinen Vater rührten sie nicht an.

Und er sah mit an, wie die fremden Offiziere mit ihren Damen zu seiner Musik tanzten …

Später tanzten dann die Nazioffiziere zum »Zaunkönig«.

Und dann wieder die sowjetischen.

Musik ist eine Hure, sagte mein Vater immer.

Ich glaube, er war froh, als der »Zaunkönig« als »bürgerliche Perversion« mit einem Aufführungsverbot belegt wurde.

Mein Vater hätte im Krieg fallen oder nach dem Krieg verhaftet werden können, aber er starb 1963 eines natürlichen Todes.

Er war Lehrer an einer Musikschule. Wenn er abends nach dem Unterrichten nach Hause kam, ging er ins Badezimmer und putzte sich lange die Ohren. Er glaubte, er würde ertauben, denn er probte mit seinen Schülern die dröhnenden Märsche der Sieger.

Ich verurteilte ihn nicht wegen dieser Märsche. Aber meinen Freunden erzählte ich nichts von seiner Arbeit. In meiner Hochschule hatte sich bereits ein geheimer Zirkel gebildet. Wir taten nichts Illegales. Sagten nichts wirklich Aufrührerisches. Aber wir trafen uns, blätterten in alten Vorkriegsbüchern und hatten das Gefühl, wir würden eines Tages etwas vollbringen. Dieses »Etwas«, verschwommen, fern und grandios, hypnotisierte uns.

Der Name von Titan, der nicht gedruckt werden durfte, war unser Leitstern. Seine Bücher hatten wir nicht gelesen. Nicht einmal Fotos von ihm kannten wir. Der Krieg hatte die Bibliotheken zerstört. Vieles wurde in Öfen verbrannt, der Wärme wegen. Und was nicht verbrannt wurde, beschlagnahmten die neuen, von den neuen Machthabern ernannten Bibliothekare. Wir konnten eigentlich nicht einmal herausfinden, worüber er geschrieben hatte; verschwunden waren die Zeitungen und Literaturzeitschriften jener Jahre, und die Erwachsenen schwiegen entweder oder gaben allgemeine Floskeln von sich. Doch das steigerte unser Verlangen, denn jeder wollte in seinem Text etwas für sich finden.

Wir erzählten einander Gerüchte, er sei in einem sowjetischen Straflager im hohen Norden gestorben. Die Unauffindbarkeit der Bücher von Titan umgab sie mit einer Art romantischen Heiligenschein, verwandelte sie in Banner und Symbol des Widerstands. Und sein schreckliches Schicksal verlieh ihnen prophetische Bedeutung.

Wir suchten. Schlossen Bekanntschaft mit Antiquaren. Waren bemüht, uns in das Vertrauen von Besitzern der verbliebenen Privatbibliotheken zu schleichen. Vergeblich. Sein einziger Roman, »Sommer mit Augustina«, blieb, wie auch seine Gedichtbände, unauffindbar. Uns Kroppzeug vertraute keiner, denn für ein Buch von Titan konnte man in den Knast kommen.

Mein Vater ahnte von unseren Treffen und Recherchen, obwohl ich sicher war, ein guter Verschwörer zu sein. Und einmal, an einem windigen Frühlingsabend, als draußen die Drähte summten und wimmerten, rief mich mein Vater in sein Zimmer, ein Kämmerchen mit gepolsterten Wänden, das zu einem Drittel ein Klavier einnahm. Hier gab er Unterricht, und hier komponierte er. Die Notenblätter auf dem Pult des Klaviers spiegelten sich im Fensterglas, die Noten erschienen darauf wie schwarzer Reif, geheime Zeichen des Schicksals.

Ich glaube, mein Vater hatte die Befürchtung, wir Dummköpfe könnten bei unserer Suche an einen Informanten geraten, der uns das Buch von Titan verkauft, und am nächsten Tag kämen sie zur Hausdurchsuchung. Aber das unterstreicht nur die Kühnheit seines Vorgehens.

»Das ist für dich«, sagte er und zog aus dem Regal einen zerfledderten Band »Klavierstunden« mit einer Klaviatur auf dem Einband.

Mein Vater hatte nie versucht, mich an die Musik heranzuführen. Mir fehlte sein Gehör. Deshalb merkte ich nun auf.

»Schlag es auf«, sagte mein Vater leise.

Das tat ich.

Ich klappte den Einband auf, blätterte den Vorsatz um.

Und auf der Titelseite stand:

Sommer mit Augustina

1939

Noch am selben Abend fing ich an zu lesen.

Wir stellten uns Titan als einen Kämpfer vor. Als Prophet des Widerstands. Als heimlichen Helden, General, Anführer. Der Titel des Romans hatte uns nicht irritiert, wir meinten,

Augustina sei vermutlich eine Mitstreiterin, eine Verbindungsperson, eine Frau aus dem Untergrund. Sommer – das bedeutete, die Wälder sind grün, es ist die Zeit von Krieg und Gemetzel, die er wahrscheinlich hier vorhersagte. Nun entpuppte er sich als Lyriker, der Gefühle und die Sinnlichkeit des Alltags besang.

Natürlich war ich fassungslos.

Ich meinte, getäuscht worden zu sein, dass mein Vater mir ein gefälschtes Buch untergejubelt hätte. Es konnte ja nicht sein, dass Titan verhaftet, gefoltert, von der Liste der Lebenden gestrichen wurde – für so etwas! Für eine Bagatelle! Für ein harmloses Liebesgebräu!

Ich hatte ja erwartet, eine Einweihung zu erfahren, im Buch von Titan das Rezept für dieses aufopferungsvolle »Etwas« zu finden, das wir vollbringen wollten, und dass ich zum Apostel der gemeinsamen Sache werde. Stattdessen las ich unter Überwindung der komplizierten grammatikalischen Ornamente einen Roman über unerwiderte Liebe.

Fünf- oder sechsmal gab ich das Lesen auf. Und kehrte jedes Mal wie zufällig zurück, ohne mir eingestehen zu können, dass mich der Text immer mehr fesselte.

Nein, es lag nicht an den romantischen Gefühlen, obwohl es von meinem Alter her passte und ich verliebt war in K., die einen Jahrgang über mir studierte und zu unserem Kreis gehörte. Man konnte meinen, »Sommer mit Augustina« nähre meine Verliebtheit, heize sie an. Doch nein.

Der Liebesroman handelte eigentlich gar nicht von Liebe.

Er handelte von der Zeit. Von einer Zukunft, die schon da ist, auch wenn wir sie noch nicht bemerken.

Im Text, an dem Titan von 1935 bis 1938 schrieb, hatte die schreckliche militärische Zukunft bereits ihren Lauf genommen. Ihre Boten und Agenten mischten sich bereits unters Volk. Gegenwärtig war die unsichtbare, ätherische Erschütterung, der Bruch von Bindungen, die Ausbreitung von Wurmlöchern. Auf den Gesichtern lagen bereits die Schatten des Todes, die Siegel der Trauer, das Brandmal künftiger Verluste, von Verrat und Rettung.

Und ein undenkbarer Fotograf hatte das alles mit einer undenkbaren, hellseherischen Kamera eingefangen.

Mittlerweile weiß ich, dass der Titan nicht wegen des Romans verhaftet wurde. Die neuen Machthaber hatten den Roman gar nicht gelesen. Sie verfügten nur über bestimmte Listen, die mit Hilfe unserer Kommunisten erstellt wurden und auf denen alle mehr oder weniger auffälligen Personen standen. Und seine Bücher beschlagnahmten und vernichteten sie nicht deshalb, weil sie als besonders gefährlich galten. Es war eine Bestrafung.

Aber damals dachte ich, der Titan habe sich ihren Zorn durch die Tiefgründigkeit seines Genies zugezogen. So wollte ich es meinen Freunden erklären, dazu überlegte ich mir Argumente, konnte ihnen aber nicht sagen, dass ich ein Exemplar von »Sommer mit Augustina« besaß. Ich fürchtete ihr Unverständnis und ihre Ablehnung. Ihre Enttäuschung.

Und so trennte mich der Roman von meinen Kameraden und brachte mich dem totgeglaubten Titan näher. Wahrscheinlich war es das, was mein Vater weitsichtig und vorausdenkend angestrebt hatte: mich zu schützen, gefährliche Bekanntschaften zu verhindern oder abzuschwächen, den Eifer der Jugend zu dämmen.

Ein guter Schachzug, tatsächlich. Mein Vater hatte sich, wie wir alle, nur in einem Punkt geirrt: Er glaubte, der Titan sei nicht mehr am Leben. Aber der Titan kehrte zurück.

Ich sah ihn zufällig am Tag seiner Rückkehr, ohne zu ahnen, dass ich ihn sah, weil ich sein Gesicht nicht kannte.

Oh, ich hatte geradezu ein Gespür für Rückkehrer. In jenen Jahren gab es in den Wäldern schon längst keine Schießereien mehr. Die rote Fahne wurde in der Nacht vor einem Feiertag aufgehängt und fast nirgendwo heruntergerissen. Aus dem Norden tauchten nach und nach überlebende Gefangene auf. Die *Sowjets* hätten sie dort in Taiga und Tundra sterben lassen können, erlaubten ihnen aber, wieder heimatlichen Boden zu betreten, damit sie sich unterwerfen und das Unvermeidliche akzeptieren würden. Und damit wir, die junge Generation, mit ansahen, wie sie kapitulierten.

Rasch lernte ich, sie zu erkennen, wenn sie über die vertrauten, vor langer Zeit verlassenen Gehsteige wandelten. Zerbeult und zerschlissen vom Lager waren sie, so wie ein Gebliebener nicht zerschlissen sein konnte. Sie wirkten herausgerissen und unfähig, wieder anzuwachsen, erneut Teil der Masse zu werden. Mager waren sie und zusammengesunken, scheinbar zu Boden gedrückt wie die Vegetation des Nordens. Immer wählten sie die helle Seite einer Straße, hielten sich instinktiv an Sonne und Wärme. Trotzdem schienen sie größer als wir. Als wären wir, und nicht sie, geschrumpft, während sie *dort* waren.

An jenem Tag bemerkte ich am Bahnhof einen ungewöhnlichen Mann. Keinen Einheimischen, keinen Heimkehrer. Weder alt noch betagt; sein Alter schien wie ausgeklammert.

Klein war er. Natürlich kein Kleinwüchsiger. Aber offensichtlich ein eklatant kleiner Mensch: Ein Suppenkasper. Ein erwachsen gewordenes Jüngelchen, ein Kümmerling, ein wandelndes Missverständnis, der reichte kaum an einen Schalter heran. Jeder würde lächeln und denken: Gott bewahre! Bloß gut, dass ich nicht so bin, was für Unvollkommenheiten die Natur doch manchmal hervorbringt!

Das Männlein stand an einem Laternenpfahl und zerkrümelte Weißbrot für die Tauben. Ich achtete weder auf seine Kleidung noch auf seine Gesichtszüge, so sehr amüsierte mich die Feierlichkeit, mit der er das Brot brach und den Vögeln hinwarf. Was für ein enormes Selbstbewusstsein, dachte ich, ein richtiges *Napoleonchen*. Und dennoch rang mir sein kleiner Körper irgendwie unweigerlichen Respekt ab, als wäre er … als wäre er ein Dirigent vor einem gewaltigen Orchesterapparat, ein Zirkusartist vor einem heißblütigen Riesenlöwen; ein Dompteur, dachte ich weiter, ja, ein Dompteur, der immer schwach und unbedeutend wirkt vor dem, was er zähmen will.

Im Vorbeigehen drückte ich, ein aufstrebender Schriftsteller, der sich Menschen und Dinge aneignete, dem Männlein im Geist meinen Stempel auf, nahm ihn auf in meine Typensammlung – und dachte keine Sekunde daran, dass ich eines Tages ebenso einen Stempel aufgedrückt bekommen könnte.

Ich weiß nicht mehr genau, wie ich die Nachricht bekam, der Titan sei aus dem Lager zurückgekehrt. Sie verbreitete sich über ein herrenloses Gemunkel, durch die Stimmen von Luftbewegungen, durch Klopfzeichen von Türen: Er lebt, er ist hier …

Die ganze Stadt, ein Hort verheerender Winde, die Hauptstadt der für immer Vermissten, schien wie erwacht in der Erwartung auf den Triumph des Wunders des Lebens.

Und jeder, der es erfuhr, war augenblicklich erfüllt mit Zuversicht, dass Titan, da er lebte, bestimmt ein Buch über die Lagerjahre schreiben, für unser ganzes unglückliches

Land sprechen würde, das so viele Söhne und Töchter verloren hatte.

Er würde es auf jeden Fall schreiben, meinten sowohl die Unangepassten als auch die Konformisten. Das hat ihm die Kraft zum Überleben gegeben! Das hat ihn gestützt! Gerettet! Eine heilige Pflicht! Seine Berufung! Wenn er durch die Hölle gegangen war, musste man ihm nur Zeit geben, und er würde etwas erschaffen, das konnte er! Er wird zur Stimme der Freiheit! Sein Buch bringt uns wieder zusammen! Dieses Buch! Ach, dieses Buch!

Auch ich habe es erwartet. Auch ich habe darauf vertraut. Vielleicht sogar stärker als andere, denn ich hatte »Sommer mit Augustina« gelesen und wusste, wozu der Titan mit seinem Talent, seinem Scharfblick fähig war.

Natürlich hat niemand von denen, die solche Gerüchte verbreiteten, mit ihm gesprochen. Niemand konnte sich auf jemanden beziehen, der sich mit ihm getroffen hatte und damit diese Neuigkeit aus erster Hand übermittelte. Doch umso heftiger entbrannte der Streit: Wird das Buch ein Roman? Eine autobiographische Erzählung? Oder vielleicht ein Klagelied? Hat Titan es im Lager von der ersten bis zur letzten Zeile im Kopf verfasst? Oder die Handlung auf raren und kostbaren Seiten skizziert, die bei Durchsuchungen gerettet wurden?

Viele glaubten, allein die Großartigkeit des Buches könne Titan vor einer erneuten Verhaftung bewahren. Die Zeiten haben sich geändert, meinten sie. Keiner wird mehr getötet. Man kommt nicht mehr ins Lager. Veröffentlicht wird es natürlich nicht, aber … – und in diesem Moment kam ein Zwinkern, als wolle der Sprechende sagen, da gibt es sicher Leute mit Schreibmaschinen zu Hause, und solche, die Zugang zu einer Druckerei haben …

Diese Torheiten stießen mich ab. Narren! Hohlköpfe! Was verstanden sie schon von den Mühen eines Prosaschriftstellers! Sie erwarteten das Buch fürs nächste Jahr! Selbstverständlich würden Jahre vergehen, bis das Buch fertig war. Sicher war er schon mit seinen überlebenden Freunden zusammengekommen, die ihm ein Zimmerchen in einem wohlgesonnenen Haus besorgt hatten, wo er arbeiten konnte, dazu gutes Papier und Stifte.

Irgendwo an der Peripherie dieser kleinen imaginären Welt drückte auch ich mich herum. Dort wurde ich zum Titan geschickt – von wem und weshalb, das versuche ich nicht einmal herauszufinden. Ich treffe auf einen eisernen Alten, der mich schroff empfängt, denn wegen mir muss er sich von seinem Manuskript losreißen, aber als er erfährt, dass ich »Sommer mit Augustina« gelesen habe, wandelt sich sein Zorn in Gnade, und er erlaubt mir, eine Seite aus dem künftigen Buch zu lesen. Und ich ahne, dass auch ich mich bald auf den Seiten dieses Buches wiederfinden werde: als jugendlicher Freund des Protagonisten, als junger Eckermann, der die Kontinuität der Generationen symbolisiert als jemand, dem der alternde Sänger seine Leier übergeben wird, wenn es Zeit ist zu gehen …

Die Zeit verging. Die Gerüchte über ein baldiges Buch verstummten. Man erzählte sich, Titans Gesundheit sei durch die Lager angegriffen und er müsse ein, zwei Jahre in Ruhe bei einem freundlichen Vermieter an der Meeresküste leben, weit weg von den neuen Hotels, vom Lärm unerwünschter, aber unvermeidlicher Fremdlinge, von Touristen. Andere behaupteten, der Text sei fast fertig, Titan habe die Nächte durchgearbeitet und sich die Augen verdorben, man müsse abwarten, bis sich die Sehnerven regeneriert hätten.

Aber schon da waren Töne von erster Enttäuschung, einer

schulmeisterlichen Nüchternheit herauszuhören. Was dachtet ihr denn? Der Mann ist alt, krank, erschöpft. Das ist nicht der Titan von früher, Talent und Streithahn. Schon tauchten die ersten Skeptiker auf: Der wird überhaupt nichts mehr schreiben. Wenn sie ihn schon freigelassen haben, musste er sicher versprechen, den Stift nicht mehr anzurühren.

Ich war dieser Niedertracht überdrüssig und trat jedes Mal für den Titan ein. Wahrscheinlich sahen mich deswegen viele als eine Art Pagen oder Knappen des Titans. Die Leute dachten, wir wären miteinander bekannt, mein Vater habe uns zusammengebracht, weil er im früheren Leben Zutritt zu seinem Künstlerkreis hatte.

Mir war selbstverständlich klar, dass mein Vater nie von sich aus zu Titan gehen und uns um nichts auf der Welt miteinander bekannt machen würde. Er fürchtete um die Familie. Also suchte ich selbst ein Zusammentreffen. Ich war dumm und stur, ich hatte »Sommer mit Augustina« gelesen und wusste, der Titan war mein Schriftsteller und ich sein Leser, wir waren durch Sprache und Schicksal miteinander verbunden, und ich wollte von ihm lernen. Ich fragte andere aus, presste ihnen Versprechungen ab und bemerkte erst spät, dass gewisse Leute, die früher bedeutungsvoll gewesen waren, mich nun mieden und sich wegduckten: beschäftigt, nicht zu Hause, unterwegs, telefoniert gerade, das dauert – ein Ferngespräch ... Ein entfernter Bekannter meines Vaters, Buchbinder und Antiquar, der, wie ich vermutete, »Sommer mit Augustina« im Umschlag des Klavierlehrbuchs versteckt hatte, ein direkter und ehrlicher Alter, bat mich, ich solle ihn nicht mehr aufsuchen.

Ich schaute ihn an und verstand den Grund nicht. Vergraulte ich etwa seine Kunden? Und er schaute zurück, wie man einen Fremden anschaut.

Und erst da begriff ich Dummkopf, für wen sie mich hielten. Für einen Informanten, der beauftragt wurde, sich Titan zu nähern.

Vor Empörung bekam ich kaum Luft, wollte schreien: Wie können Sie es wagen! Aber ich befürchtete, mich falsch zu verhalten, also so, wie sich ein wirklicher Informant bei seiner Enttarnung verhielt: Der hätte beleidigt gebrüllt, er sei eine ehrliche Haut. Also blieb ich ruhig, suchte nach den passenden, nach aufrichtigen Worten. Der Alte hingegen verstand meine Verwirrung auf seine Weise. Und schloss die Tür.

Zu genau dieser Zeit erkrankte mein Vater. Er hatte sich bei der Beerdigung eines Kollegen erkältet. Seine Ohren waren mit eitrigen Ödemen verstopft. Er konnte nichts hören und lag, überaus beunruhigt, fiebernd in seinem gepolsterten Zimmerchen. Die ungeschriebene, ungespielte Musik schüttelte seinen Körper, hallte als Schaudern und Schlottern in jedem Gelenk wider, pochte in seinen Muskeln. Und dann hörte es auf.

Zur Beerdigung kamen viele Menschen. Aber die alten Leute mieden mich immer noch höflich und unnachgiebig. Mir kam es so vor, als habe mein Vater von ihrem Verdacht erfahren und es nicht ertragen können.

Da ich nicht wusste, wie ich ihm, dem Dahingeschiedenen, beweisen sollte, dass ich grundlos angeklagt war, entschloss ich mich zu einem Opfer. Sollte er sehen, dass ich meine Absicht aufgab, den Titan zu finden. Ich nahm »Sommer mit Augustina« im falschen Buchumschlag vom Regal und ging hinaus auf die Straße.

Zu Hause hatte ich mir überlegt, das Buch in den Müll zu werfen oder von der Brücke in den Fluss zu schleudern. Draußen dann aber meinte ich, überall aufmerksame Augen zu sehen. Würde ich es wegwerfen, eine seltsame Geste machen, würden Spione das Buch aus dem Müllbehälter ziehen, aus dem Wasser fischen. Unentschlossen schlenderte ich durch die Stadt, mit jedem Schritt wuchs meine Angst, dass allein mein Spaziergang schon verdächtig wirken könnte. Man stelle sich das vor: Der Sohn des gerade verstorbenen Vaters wandert ziellos durch die Straßen! Der muss doch in den Sachen des Toten etwas Aufrührerisches gefunden haben und will es nun loswerden, sucht nach einem passenden Platz und einer Gelegenheit.

Herrgott, es war nur ein kleines Buch, dreihundert Seiten auf dünnem Papier. Aber es kam mir so schwer und riesig vor! Wirft man es in den Müll – fällt es auf. Steckt man es in einen Riss im alten Gemäuer – passt es nicht hinein. Schleudert man es ins Gebüsch – bleibt es an den Ästen hängen. Zerreißt man es und schmeißt es seitenweise weg – nimmt der Wind die Seiten auf und trägt sie fort. Verbrennt man es – entsteht Rauch, was Aufmerksamkeit erregt.

Und beschämt durchlebte ich erneut den Tod meines Vaters, die Verwundbarkeit seines Körpers im Vergleich zum unvergänglichen Leib des Buches. Ich trug »Augustina« nach Hause, ohne noch von eingebildeten Spionen verfolgt zu werden.

Zu Hause schlug ich das Buch auf, um ein paar Seiten in Erinnerung an meinen Vater zu lesen, die Kühnheit seines Geschenks zu würdigen. Da wurde mir klar, dass ich einen völlig neuen Text las. Was ich vorher als Hintergrund, als Detailbeschreibung wahrgenommen hatte, füllte sich nun mit neuer Bedeutung.

Jetzt war es ein Buch über meinen Vater. Über unsere Väter. Über die Älteren, als sie noch nicht wussten, dass Besatzung und Krieg sie bald aus dem Ältestenstatus verdrängen, sie von Kindern ihrer Eltern und Enkeln ihrer Großväter zu Stiefkindern der Geschichte machen würden.

Titan kam am Pfingstmontag zum Grab meines Vaters, da waren die Friedhöfe voller Menschen, und selbst eine Vielzahl von Spürhunden konnte nicht jedes einzelne Gespräch mitverfolgen.

Damals hatte ich übrigens noch keinen Blick für Spitzel. Ich sah nur das Männlein, den flüchtigen Bekannten vom Bahnhof, der nun am Grab meines Vaters stand und einen Strauß Narzissen in den Händen hielt. Er hörte meine Schritte, drehte sich um.

Ich hatte schon immer ein zweites, ein Sohnesgesicht, dieses offensichtliche Zeichen: Das ist der Spross seines Vaters. Immer hatte ich davon geträumt, mich zu separieren, das Stigma der Wiederholung abzustreifen. An diesem Tag jedoch diente es mir als selbsterklärende Parole.

Er reichte mir als Erster die Hand, stellte sich freundlich vor, mit Vor- und Nachnamen des Titans.

Ich hatte den Titan nie zuvor gesehen und ihn mir als Koloss, als Klotz vorgestellt. Doch nun reichte mir ein sperlingshaft kleiner Mann mit kindlich-naivem Gesicht die Hand. Ich war verwirrt, er hingegen schaute mich mit wohlwollender Erheiterung an, als wolle er sagen: Verständlich, auch ich wäre verwirrt. Aber genau in diesem leichten, unverstellten Blick spürte ich das einstweilen noch verborgene Licht und eine Kraft, als belebe sich die Bedeutung von Pfingstmontag, ein Abglanz der Feuerzungen, die den Jüngern in Jerusalem erschienen waren.

Ich kniete nieder vor ihm. Vor dem überwältigenden Geist, der sich im Körper eines Jünglings zeigte. Ich musste daran denken, wie er Tauben gefüttert, den Vögeln seiner Heimatstadt sein erstes Brot überlassen hatte, und in mir stieg der Wunsch auf, ein Brot völlig anderer Art aus seinen Händen, den Händen eines Lehrmeisters zu empfangen. Einen anderen Sinn für unsere zufällige Begegnung konnte ich nicht finden.

Der Titan lachte und sagte:

»Stehen Sie auf, bitte, es reicht. Verneigen Sie sich besser vor Ihrem Vater.«

Und er sang die ersten Takte vom »Zaunkönig«, erkennbar, übersüß, unpassend für einen Friedhof. Ich erschauderte, denn ich wusste, wie sehr es meinen Vater gequält hatte, dass man sich nur wegen des »Zaunkönigs« an ihn erinnert und darum gebeten hatte, etwas zu spielen, ihnen ein paar Worte zur Erinnerung aufzuschreiben, denn seine Bekannten waren sich sicher gewesen, mein Vater sei unglaublich stolz auf den »Zaunkönig«, einen Tango, den jeder in der Republik kannte und den Restaurantmusiker in leichter Bearbeitung immer noch am ehemaligen Unabhängigkeitstag des Landes spielten.

Der Titan trommelte die Takte auf die Grabumzäunung und sagte:

»In jenem letzten Sommer war der ›Zaunkönig‹ eine Qual für mich. Absolut alle spielten ihn. In jeder Gesellschaft, in jedem Café. Man kriegte ihn nicht mehr aus dem Kopf, als hätte Ihr Vater das Stück mit Absicht so komponiert, dass die Melodie hängenblieb, sich einbrannte. Keine Musik war das, sondern billige Effekthascherei. Oh, wie wütend ich da wurde! Wie ich mich über Ihren Vater entrüstete! Ich wusste ja, was für ein großartiger Komponist er war.

Aber Jahre später, im Arbeitslager bei Wladiwostok … Im dritten Lagerwinter hatte der Hunger mein Gedächtnis zerstört. Es hatte sich selbst aufgefressen. Schließlich braucht auch das Gedächtnis Energie, um zu existieren, auch wenn wir das im normalen Leben nicht bemerken. Im Lager wird das Gedächtnis zum Kannibalen. Um sich an das eine zu erinnern, muss man etwas anderes vergessen. Dann das Zweite, Dritte ... Ich wusste schon nicht mehr, wer ich bin und wo.

Und auf einmal drang etwas Vertrautes an mein Ohr. Ein Motiv. So anhänglich, so zudringlich. Es drang tiefer in meinen Kopf, als ich es mir hätte vorstellen können. Es war Margarin, der Gehilfe des Brigadiers – in unserer Baracke waren viele von uns –, der das Motiv vom ›Zaunkönig‹ summte. Nur der hatte den Schneid.

Und diese Töne, zwei, drei Töne, das Motiv ... Ich, der nicht mehr existierte, sich aufgelöst hatte, erkannte es wieder. Der ›Zaunkönig‹ belebte die abgestorbenen Verbindungen neu, brachte verlorene Bilder zurück ... Jeder Augenblick jenes letzten Sommers war von diesen Tönen gezeichnet, durchdrungen gewesen. Der Sommer, in dem ich meinen Roman beendete, war die Quintessenz, die Spiegelung meines gesamten Lebens. Dank des ›Zaunkönigs‹ bekam ich es voll und ganz zurück. Ich entschlüsselte und rekonstruierte es anhand dieser drei Töne. Deswegen bin ich in gewisser Weise die Schöpfung Ihres Vaters.«

Der Titan schaute zu mir, dann zum Grabstein meines Vaters. Kaum merklich nickte er mir zu. Damals meinte ich, es sei das Versprechen für ein Wiedersehen.

Heute weiß ich es genau: Wir wurden auf dem Friedhof entdeckt. Das alles ist in Titans Akte. Im Bericht der operativen Beobachtung über einen Kontakt. Mit dem speziellen Vermerk, dass meine Identität festzustellen sei. Die Daten der Personenfeststellung: meine Adresse, Vorname, Patronym,

Nachname. Auf der Rückseite, in der Spalte »kompromittierende Daten«, findet sich eine Zeile über meinen Vater: ehemaliges Mitglied einer konterrevolutionären Partei.

Nächstes Blatt: Anweisung zur offiziellen Vorladung zwecks Präventivgespräch. Gesprächsbericht, ohne Erwähnung des Möwenkots. Das war ihnen zu peinlich. Sein Verhalten gegenüber dem operativen Mitarbeiter war nicht ganz aufrichtig, er versuchte ihn davon zu überzeugen, das Treffen auf dem Friedhof sei zufällig gewesen, Titan habe einfach nur das Grab seines Vaters besuchen wollen.

Beschluss: Eröffnung einer OPK, operativer Deckname »Feinhörig«.

Zaunkönig – Feinhörig; ein Reim.

Ich konnte nicht widerstehen, meiner Mutter von dem Gespräch mit Titan zu erzählen. Ich wollte, dass sie diese wohltuende Botschaft erreichte, hatte sie doch meinem Vater ein Leben lang gesagt, seine Musik würde es noch in die großen Säle schaffen.

Sie hörte schweigend und distanziert zu, als würde ich überhaupt nicht über meinen Vater, über seine Musik sprechen, sondern über irgendwelche jungenhaften Eskapaden. Und ich erahnte, dass sie Titan für einen jener Leute hielt, die meinen Vater ein Leben lang von seinem Weg abgebracht und verhindert hatten, dass er anderen Komponisten ebenbürtig wurde, Suiten und Symphonien über ein friedliches Arbeiterleben und reifende Ernten komponierte, um jedes dritte Mal aus dem Orchestergraben etwas Eigenes, Unideologisches zu hören.

Als mein Vater noch lebte, hatten sie darüber gestritten. Aber mein Vater hatte sie zu besänftigen, zu überzeugen vermocht, dass es auch ohne Kompromisse, ohne Tricks ging, dass man nur noch etwas warten müsse, ein ganz kleines bisschen … Und jetzt, nach seinem Tod, suchte sie nach den Schuldigen. Der Schuldige hatte sich gefunden.

Vier Tage später suchte ich im Regal meines Vaters nach den »Klavierstunden«. Das Buch war weg. Meine Mutter wollte übers Wochenende zu einer Freundin aufs Land. Sie hatte eine Tasche voller Lebensmittel mitgenommen. Darin befand sich wohl auch »Augustina«. Von der Bushaltestelle bis zum Landhaus war es ein Kilometer über einen Waldpfad. Irgendwo dort hat sie es vergraben. Wie ich meine Mutter kannte, würde sie mir nie sagen, wo genau.

Und am fünften Tag brachte sie mir die Vorladung aus dem Briefkasten.

Sie legte sie wortlos vor mir auf den Tisch und ging hinaus. Dann passierte das mit dem Möwenkot.

Nach unserer Begegnung auf dem Friedhof lebte Titan noch anderthalb Jahrzehnte.

In den ersten Jahren wartete ich auf ein Zeichen von Titan, denn ich wollte leidenschaftlich gern die Meisterschaft des Wortes erlernen – um einen Roman zu schreiben über ihn und meinen Vater, wie auch über uns, die Nachfolgenden, Sprachlosen. Mir war nicht klar, dass ich mich lediglich hinter der Vorstellung von obligatorischen Lehrjahren versteckte; dass ich etwas aufschob, was ich nur selbst entdecken und tun konnte.

Und dass Titan sich wie ein scharfblickender Lehrer verhielt, als er mich nicht als Schüler annahm.

Die Gerüchte über sein neues Buch hielten an, veränderten sich nur im Wortlaut. Verflogen waren die ersten fieberhaften Erwartungen. An ihre Stelle traten besonnene Überlegungen, eine große Aufgabe brauche Zeit, die Last sei schwer, alles müsse durchdacht werden, derartige Bücher seien eine Jahrhunderterscheinung … Fort war der Glaube an ein baldiges Wunder, es blieb eine bittere Hoffnung, die selbst nicht weiß, ob sie noch Hoffnung oder schon inhaltloses Trugbild ist.

Einige großartige Denker vergangener Tage wurden damals schon in sowjetischen Zeitschriften und Zeitungen gedruckt. Oh, sie wurden auf feine Weise umsponnen, man zwang sie nicht zur Lossagung oder Brandmarkung. Eine Publikation reichte völlig, eine kleine Erzählung über die Schönheiten der heimischen Natur. Ohne Marx, Lenin und den Kommunismus. Aber sie musste in einer Zeitschrift oder Zeitung der Okkupanten erscheinen, in gemeiner Nachbarschaft mit den Agitprop-Schreibern. Einige Leser suchten in diesen Texten den doppelten Boden, eine äsopische Sprache, die Geheimschrift des Widerstands. Doch leider wehten da nur die beschämenden Flaggen der Kapitulation.

Eines Tages wurde auch der Titan bedacht. Er bekam eine halbe Zeitungsseite: Los geht's! Und er schrieb über Dorffeste, genau das, was *sie* liebten: neutral, ein Lob der nationalen Traditionen und die Hervorhebung, wie wichtig die Arbeit der Bauern sei.

Ich wollte die Zeitung nicht mal in die Hand nehmen. Ich konnte nicht glauben, dass der Titan sich auf so etwas eingelassen hatte. Sicher wurde der Artikel von jemand anderem geschrieben und sein Name ohne sein Wissen daruntergesetzt, auch solche Finten hatte es gegeben. Die Leute drängten sich vor den Zeitungskiosken, kauften die Nummer, vertieften sich hinein, aber man hörte keine empörten Ausrufe, keinen Spott …

Ja, es war zweifelsohne sein Stil. Sein Text. Ein Artikel über Dorffeste, mehr nicht. Aber jedes Wort darin schrie nach etwas anderem. »Schober«. »Haus«. »Darre«. »Brunnen« – sie waren Zeugen der verbrannten Schober, der leeren Häuser, der Scheunen, die zu Hinrichtungsstätten wurden, der Brunnen, aus denen nie wieder jemand Wasser schöpfen würde. Etwas jenseits von Perfektion und Kunst: der stumme Ruf der Verstorbenen.

Innerhalb von Stunden war die Zeitung in der Hauptstadt ausverkauft. Und dann beschlagnahmten die Behörden – ein Novum – den Rest der Auflage in Stadtteilzentren und Bibliotheken der gesamten Republik, und nie wieder wurde der Titan danach um eine Veröffentlichung gebeten.

Aber auch im Samisdat erschien kein unzensierter Text von ihm. Und dann erzählte man sich, dem Titan sei eine Wohnung zugeteilt worden, und zwar in jenem Schriftstellerhaus in der Straße der Kommunarden, wo jetzt meine Unterkunft ist. Und dass er sie annahm.

Was hatte er wohl als Gegenleistung angeboten? Nur das Eine: *nicht* zu schreiben. Selbstverständlich behaupteten die Leute, das sei nur eine List, schließlich sei er nicht mehr jung, brauche eine eigene Wohnung, und das Buch würde er noch schreiben, ganz sicher … aber sie glaubten es selbst nicht.

Die Wohnung war für mich der letzte Beweis: Der Titan würde nichts erschaffen. Er war gebrochen und hatte sich damit abgefunden. Er war nun wie mein Vater: Fetzen, Skizzen, ewige Fragmente von Symphonien, Unvollendetes …

Als die Nachricht kam, der Titan sei dement, konnte ich mir kaum eingestehen, dass die Welt seiner Erinnerung, erschaffen aus den drei Noten meines Vaters, nun erneut zerfiel, und diesmal dauerhaft. Aber ich war vorschnell in meinem Urteil: Das war für die Wohnung. Für den Verrat.

Auf die Demenz folgte ein einjähriges Koma.

Damals war mir nicht ganz klar, wer eigentlich die Beerdigung des Titans organisierte, den Leichenwagen mietete und einen Platz auf dem alten Stadtfriedhof besorgte, wo auch mein Vater begraben lag. Ich achtete damals zunächst nicht auf die Leute. Beim Anblick seiner starren, fahlen Stirn dachte ich, hier werde nicht der Titan begraben, sondern das ungeschriebene Buch, das in seinem dementen Hirn zerfallen war.

Darum, um das ungeschehene Wunder, das auch mein Leben erhellt und aufgewühlt hätte, tat es mir mehr leid als um ihn.

Heute weiß ich dank der Akte über den OV, dass sie alles arrangiert hatten. Eine Grabstelle fanden und einen Leichenwagen. Ein Viertel der Anwesenden dort war von ihnen, alle in Zivil. Mit Trauermiene gingen sie hinter dem Sarg her, schlenderten über entferntere Friedhofswege. Es war ihr Triumph.

Natürlich hatten sie für die Beerdigung Ausschreitungen, spontane Proteste befürchtet, daher wurden so viele Agenten herangezogen: Dutzende für ein Männlein im Sarg.

Aber wenn ich jetzt die Akte studiere, kann ich mich des Gedankens nicht erwehren, dass sie gekommen waren, um sicherzugehen, dass er tatsächlich tot war und das Buch niemals geschrieben werden würde. Um das Opfer auf seinem letzten Weg zu begleiten, das ihnen jahrzehntelang Arbeit, Titel, Auszeichnungen und Sonderrationen zu Feiertagen beschert und ihrem Dienst eine besondere Bedeutung verliehen hatte.

Als mir der Amtsnotar in Anwesenheit von zwei Beamten in Zivil Titans Testament verlas, schwor ich ihm zum zweiten Mal ab; ihm, der zu seinen Lebzeiten nicht mein Lehrer hatte sein wollen und mir nun mit seinem Tod dieses absurde, gefährliche und sinnlose Erbe hinterließ.

Heute verstehe ich natürlich, warum er mich, den Sohn meines Vaters, als Nachlassverwalter ausgewählt hatte. Einen Menschen, der nachgiebig, ausweichend, ungreifbar ist. Warum er mir dieses seltsame Signum des Erbes hinterließ. Die Strieme der Schande.

Damit ich herkäme – später. In diesem undefinierten »Später«, das er voraussah. Das ich mir damals nicht vorstellen konnte.

Damit ich herkomme und sein Buch lese.

Seinen Text.

Seinen Roman.

Über Monate lese ich nun schon seinen OV. Band für Band. Andere Akten werden jetzt auf Mikrofilm übertragen, aber die Akte Titan ist zu umfassend. Ausnahmsweise bekomme ich alles in die Hand.

Die Akten spiegeln sein Leben Woche für Woche. Und ich versuche den Moment zu finden, in dem er endgültig begriff, dass sie ihn nie und nimmer das Buch schreiben lassen würden.

Wann verschwand der erste Entwurf? Wann ging die zweite Schreibmaschine kaputt? Als angetrunkene Jugendliche ihn abends im Hauseingang verprügelten, ihm die Finger verstümmelten? Als ein alter Freund, der ebenfalls gesessen hatte, Gespräche der Art begann, es sei wohl besser, kein Risiko einzugehen und vorsichtig zu sein? Als sein Zimmer vollständig ausbrannte – die Feuerwehr sprach von einem Kurzschluss – und sich ein weiterer Entwurf in Asche verwandelte?

Es ist mir schleierhaft. Ich verstehe nur, dass der Titan, als er die Wohnung in der Straße der Kommunarden, wo ich gerade untergebracht bin, als Almosen, als goldenen Käfig mit fest installierten Abhörgeräten annahm, bereits beschlossen hatte, wie er – auf die einzig mögliche Weise – seinen Roman beenden würde.

Sie wurden das Papier.

Er der Stift.

Vermittels der Ohren von Abhörgeräten, der Augen von Agenten schrieb er seinen großartigen und seltsamen Text, eine Geschichte für niemanden. Sie jedoch, die Lauscher, die Späher – sie schrieben alles mit, denn sie konnten nicht anders. Er verwandelte seine alten Tage der Verbitterung in Geist atmenden Lehm.

Er ging einkaufen, arbeitete, telefonierte – aber die Hand Gottes führte ihn. Und die Berichte des Überwachungsdienstes, die Abschriften abgelauschter Gespräche, die Vermerke der Post über beschlagnahmte Briefe, die Protokolle über »Aktivitäten des Abhördienstes«, entstanden durch Observation seiner Wohnung, die Aufzeichnungen von Dialogen mit Freunden und Zwiegesprächen mit sich selbst, die Arbeitspläne der Agenten und ihren Meldungen wie auch die Berichte über Treffen mit ihnen – so entstand insgeheim ein Text, der zersplittert war und doch ganz.

Sie, die Geheimagenten, die Aufpasser, waren dumm. Sie verstanden nicht, was er verfasste, was er erschuf – und zwar durch sie, durch ihre Finger, ihr Papier und ihre Schreibmaschinen, ihre geschulten Augen und Ohren. Sie führten nur Befehle aus, gingen ihrem Handwerk nach. Sie selbst schrieben ihre kleinen und großen Gräueltaten, ihre Schikanen und Gemeinheiten mit. Und sie selbst bewahrten das alles in ihrem operativen Archiv auf im Glauben, dass ihre Arbeit vorbildlich verrichtet wurde und anderen als Beispiel dienen konnte.

Danach war er ein Jahr lang gelähmt. Sie aber hörten weiter seine Wohnung ab und schickten Agenten, um zu prüfen, ob er wirklich gelähmt sei. Oder ob er schummelte? Sie waren auf der Suche nach dem Buch, sie wussten mit dämonischer Intuition, dass er es schrieb. Und sahen es vor ihrer eigenen Nase nicht.

Er war tot. Und sie brachten *seinen* Text zu Ende. Vervollständigten das Finale. Sammelten sorgfältig alle Gerüchte: Erzählt man sich vielleicht, er sei ermordet worden? Sie schickten Agenten, um die Saat einer posthumen Demütigung auszustreuen: Der Titan sei nie ein richtiger Schriftsteller gewesen, konnte nichts, eine taube Blüte.

Er war tot. Und sie schrieben seine Geschichte von Schmerz und Tod nieder, von den Lagern im hohen Norden. Und ich, eine Niete, eine taube Blüte, ein ungelehrter Schüler, ich weine, wenn ich die vertrauten Worte lese:

Und auf einmal drang etwas Vertrautes an mein Ohr. Ein Motiv. So anhänglich, so zudringlich. Es drang tiefer in meinen Kopf, als ich es mir hätte vorstellen können. Es war Margarin, der Gehilfe des Brigadiers – in unserer Baracke waren viele von uns –, der das Motiv vom »Zaunkönig« summte.

HUUU

Kassatonows Hütte steht inmitten der Steppe, die zerklüftete Karsttrichter durchfurchen. Das gefällt Kassatonow: als sei der Krieg hier gewesen, ein Artilleriedonner von fern. Der Krieg war tatsächlich hier durchgezogen im Jahr 42, hatte jedoch keine erkennbaren Spuren hinterlassen. Deutsche Panzer waren in einer Kolonne durchgefahren, hatten Kreidestaub aufgewirbelt, mehr nicht. Sonst hatte sich hier seit Anbeginn der Zeiten nichts ereignet. Gäbe es die Trichter nicht, könnte sich das Auge an nichts festhalten. Außer an der Hütte und am Weichensignal natürlich.

Unbeständig ist der mit Steppengräsern bedeckte Kalkstein. Regenwasser sickert durch, zerbröckelt ihn. Davon kann der Bahndamm brechen oder zur Seite rutschen, dann würden sich die Schienen verbiegen, die Weiche verklemmen. Es braucht also eine Aufsicht, ein wachsames Menschenauge.

Von einer anderen Weiche wäre ein Posten längst abgezogen worden. Dort käme stets zur Frist eine Brigade auf einer lädierten, mit schwarzem Öl befleckten Reparaturdraisine, würde den Mechanismus ölen, die Automatik regulieren – und gut ist. Weg mit dem Wärter in die Stadt, auf Rente, Kreuzworträtsel lösen.

Doch hier, bei Kassatonow, ist die Weiche eine besondere.

Die Weiche der Stunde »x«.

Dann brechen in unterirdischen Bunkern hochdekorierte Generäle besondere Siegel auf, oder was in diesem Fall aufzubrechen ist – das wird Kassatonow ja nicht mitgeteilt –, und überall im Land, in allen Kasernen, heult der militärische Sirenenalarm auf. Armeen rücken in Aufmarschgebiete vor, weichen dem Schlag feindlicher Raketen aus. Und seine, Kassatonows, Weiche, die die Einspurbahn mit dem Hauptgleis verbindet, muss dann ihre Zungenvorrichtung an die Schienen der Magistrale fügen. Sie muss sich ganz sicher fügen, hat kein Recht auf Versagen. Über sie werden Transportzüge fahren, beladen mit Panzern und Mannschaftspanzerwagen.

Weit ist es von hier bis zu den Städten. Selbst zu den Steppendörfern ist es weit. Unfruchtbares Hügelland, nicht mal eine Zieselmaus trifft man hier, irgendwas mögen sie hier nicht, diese Strolche: Die Kreide im Boden wohl. Selten nur springt in der Ferne, wohin das Auge noch reicht, ein Reh in den Schleiern der erhitzten Luft vorbei. Aber mit dem Karabiner lässt es sich nicht erlegen, da braucht es ein Zielfernrohr.

Abgelegen ist es, totenstill. Deswegen wurde auch Kassatonow hier eingesetzt, ein versierter und erprobter Mann. Er kann Mechaniker und auch Bahnwärter und Wachposten. Seine Hütte ist ein von den Achsen geholter Güterwaggon. Der Posten Nr. 4367STR.

Wasser ist in der Zisterne; das wird jeden Monat von einer kleinen Rangierdiesellok aufgefüllt, die bringt auch was zu futtern. Und im Winter kann man Schnee auftauen. Davon, vom Schnee, gibt es hier mehr als genug.

Kassatonow unternahm Versuche, Kartoffeln zu ziehen, aber die wachsen hier nicht. Das wäre auch irgendwie unpassend, immerhin ist das hier keine Datscha, sondern ein bewachtes Objekt, und Kassatonow hat das Recht auf den ersten Warnschuss, wie auch auf die Niederlage danach, ihm wurde ein Karabiner Simonow SKS zugeteilt, die Waffe des Hinterlands, der Militärbauarbeiter, Lagerhallenwächter und Gefängniswärter. Gebeten hatte Kassatonow um ein Maschinengewehr. Gaben sie ihm nicht, die Knauser, hielten ihn knapp und sagten: steht dir nicht zu.

Laut Etat müsste es hier zwei geben, die im Wechsel je zwölf Stunden Dienst tun. Einer ruht sich aus, der andere wacht am Fernmelder, geht alle zwei Stunden die Weiche überprüfen, macht die Inspektion. So gebietet es die Dienstvorschrift – das ist ein Schild aus Stahl, die Buchstaben wurden ins Metall geprägt. Damit weder Feuer noch Wasser oder ein ferner Granateneinschlag ihr etwas anhaben können. Damit sie einen gefallenen Wächter überlebt und dem nächsten dient.

Tiefe Verehrung empfindet Kassatonow für die an den Fernmelder geschraubte Platte. Stets poliert er sie sorgfältig, damit die Farbe nicht abgeht. Kein Einzelstück ist das, sondern ein gestanztes, aus der Fabrik. Doch scheinbar spricht sie ihn persönlich an und sagt, sei wachsam, Kassatonow, Anweisungen von ganz oben gibt sie weiter, von den Kremltürmen gar.

Er selbst stammt aus einer entfernten Waldregion, zu der noch immer keine Bahnlinie führt. An der hatten sie gebaut und gebaut, die Zaren wie die Sowjets, doch konnten sie die Sümpfe nicht bewältigen. Nur ganz im Süden wurde der Haltepunkt Seljonoje fertig, weiter muss man aufs Flussschiff umsteigen. Dort, in Seljonoje, hat er zum ersten Mal einen Zug gesehen, als Rekrut.

Ja, vorgesehen sind zwei. In den ersten Jahren bekam Kassatonow immer wieder versprochen, bald würden sie den zweiten Mann schicken. Angeblich war er schon ausgewählt, auf dem Weg, wurde nur noch instruiert, registriert, bekam die Genehmigung, schließlich ist ja die Dienstvorschrift, die in die Platte graviert wurde, vertraulich, und wenn im Winter der Lokführer reinkommt zum Tee, legt Kassatonow sie immer in den feuerfesten Schrank. Der Posten hier ist ein besonderer, also müssen die Behörden auf Herz und Nieren denjenigen prüfen, der dieser Weiche zugewiesen wird.

Diese Wörter gefallen Kassatonow über die Maßen: registrieren, Registrierung, registriert werden. Bei einer Registrierung gibt es Stempel, Unterschriften, Papiere werden beschrieben, da entsteht eine Person, die *betraut*, bevollmächtigt, bewährt, unangreifbar ist, den Statuten und geheimen Paragraphen der geheimen Bestimmungen unterworfen, in den Stellenplan aufgenommen, auf die Gehaltsliste gesetzt, einem nummerierten Posten zugewiesen, einer Einheit zugeteilt, und vermittels dieser Einheit dem Ganzen, der Armee, dem Kommando unterstellt, zur Eidestreue, zur Bewachung des Postens verpflichtet, einer persönlichen Waffe zugeordnet und berechtigt, sie anzuwenden, *falls*.

Nur wurde letztlich niemand registriert, niemand war auf dem Weg und erreichte ihn, obwohl Kassatonow in den ersten Jahren sehr darauf hoffte. Zunächst stellte er sich seinen zweiten Mann wie einen jüngeren Bruder vor, den er nie gehabt hatte. Er wollte ihn mit Tipps und Tricks versorgen und achtgeben, dass er nicht faulenzte, die Weiche rechtzeitig überprüfen ging, die Vorschriften aus dem Effeff konnte, von A bis O, immerhin konnte es mal eine außerplanmäßige Inspektion geben, so was kam vor …

Doch dann erschöpfte sich das irgendwie, und es entstanden, im Gegenteil, Misstrauen und Argwohn – ob man ihm nicht irgendwen schicken würde, irgendeine Schlafmütze, einen Taugenichts, und dem bring dann bei, wie man Fliegen totklatscht, während er, Kassatonow, wegmüsste, auf Frührente.

»Nein, vergiss es!«, spricht er zu einem imaginären, fettleibigen Oberstleutnant der Kaderabteilung: »Daraus wird nichts, Kassatonow bleibt noch ein Weilchen«, und überzeugt und überfroh geht er hinaus zu seiner Weiche, seiner einzigen Gefährtin, um eine Zeitlang auf der Eisenbahnschwelle zu sitzen. Dort sitzt er dann und sitzt, schaut in die Steppe, zum fernen Gebirge. Ein Gipfel neben dem anderen, alle schneebedeckt, gezackt; der Kaukasus.

Kassatonow mag die Berge nicht. Was gehen sie mich an, meint er, die stehen da rum, schön sind sie, das ja. Doch gerät er in Zorn. Wer hat sie mitten in die Ebene gestellt? Die Berge lassen keine Eisenbahn durch. Lassen Züge nicht fahren. Haben Macht über den Raum.

So sitzt Kassatonow bis zur Dämmerung, dann nimmt er den Hammer mit langem Stiel, mit dem auf Bahnhöfen die Räder und Achsen der Züge abgeklopft werden. Er wägt ihn, zielt – dann schlägt er einen tönenden Rhythmus gegen die Weiche und wird dabei allmählich schneller, als nähme ein Zug Fahrt auf.

Und erstarrt in Hingabe und Begeisterung fühlt er, wie der *eiserne* Körper der Eisen-Bahn erwacht, der eins ist, überall auf dem Grund und Boden der Heimat, in allen ihren zeitlichen Ausdehnungen. Schlägt er gegen eines ihrer Gelenke, gegen ein hervorstehendes, hartes Knöchelchen, so echot das Ganze, als gefiele es ihr, der Gebieterin, wie er, ein Winzling, sie ergötzt, und sie erlaubt ihm zur Belohnung, dass er sein Ohr an sie schmiegt. Leiser wird das Echo seines Hammers auf dem Metall – und es kommt zurück, von fern her, verwandelt, nach seinem Lauf über Tausende und Abertausende von Kilometern durch die unermessliche Heimat, die von den Eisenbahnschienen erschaffen und zusammengeschmiedet wurde. Und die Schienen singen ihm von allem, was war und was ist.

Von Zügen voller Soldaten, die aus allen Winkeln gen Westen fuhren. Von Häftlingstransporten, die aus allen Winkeln nach Norden und Osten fuhren. Davon, dass man dem Boden nie trauen kann. Er ist trügerisch, unbeständig, und deshalb muss man ihm schwere Dämme, Schienen und Schwellen aufbürden, Schienennägel in die Schwellen schlagen – und erst dann ist der Boden wirklich erobert.

Im verfluchten August 91 sprach das Radio zu Kassatonow, in der Hauptstadt sei der Ausnahmezustand verhängt worden. Und dann verstummte es, als wäre der Empfänger kaputt.

Drei Tage und Nächte saß er am Fernsprecherpult in der Erwartung, dass der grüne Rufknopf aufleuchtet, die Lämpchen auf dem Gleisplan aufblinken und sie kommen, dass die Züge kommen und die Kraft sich erhebt, die jahrzehntelang gespart wurde, von der die Zeitungen schrieben, von der die Lieder sangen.

Im Äther rauschte das erschrockene Flüstern der Fahrdienstleiter an der Hauptstrecke. Dreimal erwachte der Fernmelder zum Leben, leuchtete die gelbe Taste auf: Anruf kommt. Aber nie ging das grüne Licht an. Kein Befehl kam. Keine Militärzüge regten sich.

Am dritten Tag drückte der erschöpfte und verzweifelte Kassatonow, der nicht schlafen durfte und doch zum Umfallen müde war, selbst den Rufknopf. Zum dritten Mal in seinem Leben.

Die beiden Male zuvor hatten Schneegestöber mannshohe Verwehungen auf den Eisenbahndamm geblasen, und es musste ein Schneepflugzug her. Kassatonow hatte – vorschriftsgemäß – einen Ruf abgesetzt, und sofort hatte sich eine klare Stimme gemeldet:

»Kontrollposten hier. Kommen.«

Doch nun – da war wohl ein Kontakt, eine Verbindung hergestellt, aber niemand sagte etwas.

»Vier-Drei-Sechs-Sieben hier, kommen«, beharrte Kassatonow.

Doch am anderen Ende schienen Kinder zu spielen, als hätten sie den Telefonhörer abgenommen und würden hineinkeuchen. Da schien jemand zu gehen, zu schniefen, zu rauchen, oder schwer und unfroh zu seufzen.

Kassatonow wollte nicht glauben, dass eine solche Nachlässigkeit möglich war. Er meinte, dass sei ein Verbindungsfehler, eine Schlamperei der Nachrichtensoldaten, und in Wirklichkeit gäbe es keine Verbindung zum Kontrollpunkt. Sein Blick strich über das Blech mit der Dienstvorschrift: Besteht keine Verbindung zur Leitstelle, ist das Alarmsignal zu betätigen. Er riss die Bleiplombe mit Wappen von der roten Taste und drückte tüchtig.

Klirren, Klimpern, und aus.

Und in den Kopfhörern ein Geräusch, das ekelhaft war. Als bliese jemand zum Spaß auf einem Flaschenhals.

»Huuu …«

Kassatonow, erneut: klirr, klimper, klick.

Und in den Kopfhörern wieder:

»Huuu …«

Ein drittes Mal: klir, klimp.

»Huuu …«

Er schrie:

»Vier-Drei-Sechs-Sieben hier, bitte melden!«

Und von dort:

»Huuu!«

Da wurde Kassatonow klar, dass gerade in vielen Tausenden solcher Hütten und Kajüten, Steuerhäuser und Kommandotürme, Fahrerhäuser und Verschlüsselungsstellen, Dienstzimmer und Bunker verängstigte Soldaten, die Null-Einser und Null-Zweier, wie auch die Sechshundert-Neuner und Acht-Schrägstrich-Siebener, geheime und hochgeheime, in ihre Mikrophone brüllten und versuchten, sich ganz nach oben durchzuschreien. Und zur Antwort bekamen alle das monotone, schreckliche:

»Huuu ...«

Kassatonow trieb es aus der Hütte. Stille.

In der Ferne die lichtüberfluteten Berge, ihre gebrochenen Linien, die schiefen Zacken, Zacken, Zacken.

Und irgendwo in der Ferne schien der Raum dem Äther zuzustimmen, sich zu vergnügen, und der Wind im Gestein zu summen:

»Huuu ...«

Oh, wie sehr wollte er da dieses Huuu erschlagen, erschießen, mit Geschossen zerfetzen, aufschlitzen mit dem Schnellsprechvers von Maschinengewehrsalven!

Er packte den Karabiner, schoss in die Luft:

»Bamm! Bamm! Bamm!«

Und in der Steppe verbreitete sich murmelnd:

»Huuu ...«

Er ließ den Karabiner fallen, nahm sein Hämmerchen, stimmte sich ein und fing an, entlang der Schienen die Melodie, den geliebten Code zu klopfen.

Nichts. Es schwieg die Eisen-Bahn. Als sei sie tot.

Kassatonow schleuderte den Hammer von sich. Ließ sich in der Hütte aufs Bett fallen, deckte sich mit der Joppe zu und verstopfte die Ohren mit Watte aus dem Erste-Hilfe-Kasten, um es bloß nicht zu hören:

»Huuu …«

Erst am vierten Tag verschwand Huuu aus dem Äther. Zurück waren die Stimmen der Obrigkeit. Aber es fehlte ihnen an der früheren Macht.

Dann wurde ihr Amt wohl sogar einer zivilen Behörde unterstellt. Und er diente: mit Schulterstücken eines nicht existierenden Staates, mit dessen Militärausweis, mit dessen Kugeln im Karabiner. Und da ahnte Kassatonow, dass er seinen Posten verlassen könnte, ohne dass ihm dafür etwas drohte. Viele gingen; nicht umsonst schwiegen ja die Schienen, gaben kein Echo auf das Klopfen des Hämmerchens.

Aber wohin sollte er gehen? Was hatte er noch, außer der Hütte, außer der Dienstvorschrift auf der Stahlplatte?

Außerdem glaubte Kassatonow, dass eines Tages – nicht am nächsten Tag, nicht einen Monat später, aber vielleicht in ein oder zwei Jahren – die grüne Ruftaste auf dem toten Pult aufleuchten und eine junge, feste Stimme sagen würde:

»Vier-Drei-Sechs-Sieben, wie hören Sie mich? Kommen!«

»Ich höre Sie gut, Kontrollposten, Ende«, würde Kassatonow dann sagen und seine Feldbluse geradeziehen.

»Weiche prüfen, Vier-Drei-Sechs-Sieben«, würde der Kontrollposten befehlen. »Bereitschaft um zwölf Uhr. Morgen fahren bei Ihnen Geheimzüge durch.«

»Prüfe Weiche, zu Befehl«, würde Kassatonow rapportieren.

Dreimal würde er alles einstellen und ölen. Und am Morgen die Verbindung vom Nebengleis zur Hauptstrecke herstellen. Und es kämen die Züge, die Armee kehrte zurück, und fröhliche Soldaten unter roten Bannern würden das

Huuu einfangen, es in die Berge treiben, in der Finsternis der Schluchten töten.

Tagsüber ging Kassatonow auf die Jagd, legte Schlingen in der Steppe aus. Und abends, in der eisigen Dämmerung, rauchte er zerkleinerte Steppenkräuter und blickte auf die ferne Stadt am Fuße der Berge.

Dort hatten sie eine fremde Sprache, die mit der Sprache von Gebirgsflüssen, Lawinen und Felsenstürzen verwandt war. Sogar die Hunde dort bellten anders als die in Kassatonows Heimat.

Irgendwann, vor langer Zeit, noch als Grünschnabel, als kleiner Soldat eines Eisenbahnkonvois, hatte Kassatonow dort ansässige Bewohner in die heiße Wüste gebracht, aus den Bergen dorthin, wo es nichts gab, was größer war als ein Kamel. Hunderte von Transportzügen waren gen Osten gefahren, hatten dabei die Toten an den Haltepunkten zurückgelassen. Die Gleise waren mit dem schwarzen Rauch der Dampflokomotiven bedeckt gewesen. Und Kassatonow hatte gespürt, dass es für alle Ewigkeit war, ohne Rückkehr. Und deswegen war sie groß und gewaltig, die gewöhnliche Arbeit des Begleitsoldaten. Ihnen waren keine buntgescheckten Gefangenen verschiedener Herkunft untergeben, sondern ein ganzes Volk, vom Kleinsten bis zum Größten.

Aber welche Unordnung – sie kamen zurück. Tranken wieder das Wasser ihrer Flüsse und atmeten die Luft ihrer Berge, obwohl sie in der Wüste hätten verschwinden sollen.

Früher, als die oberste Macht noch in Kraft gewesen war, hatte sich Kassatonow diese Frage nicht erlaubt: Warum eigentlich waren sie zurück? Wer hatte das erlaubt? Doch nun begann er sich zu fragen: Wie ist das möglich? Mit welchem Recht? Hat damit vielleicht der Niedergang begonnen? War nicht von dort, von den Bergen hinter der Stadt, von den fremden und widerspenstigen Bergen dieses verdammte Geräusch erschienen:

»Huuu ...«

Kassatonow erwartete das Aufleuchten der Ruftaste fürs Frühjahr, zur Schneeschmelze. Er erinnerte sich an das, was man ihm beigebracht hatte: Im Winter ruht der Krieg, die Truppen vergraben sich in Unterständen, die Waffenschmiere wird fest. Doch im Frühjahr sind die Straßen frei, und die Generäle breiten neue Karten auf den Tischen aus.

Die Ruftaste leuchtete jedoch in den letzten Novembertagen auf, in der Schneelosigkeit, wenn jegliches Getier auf dem Feld, das bereits die winterliche, helle Farbe angenommen hat, dem Jäger schutzlos ausgeliefert ist.

Kassatonow trug gerade einen Schneehasen in seine Hütte, ein gewieftes Langohr war ihm da untergekommen. Da klingelte, summte es auf dem Pult, ding-dong. Sein erster Gedanke: Gerätestörung, Hirngespinst, Kurzschluss.

Aber der grüne Knopf leuchtete.

Vorsichtig stellte Kassatonow die Verbindung her und fürchtete, es käme wieder das fatale: »Huuu ...« Doch von dort drang eine laute Stimme:

»Vier-Drei-Sechs-Sieben, bitte melden!«

Kein Huuu. Nur waren weitere Kommandostimmen zu hören, die Zentrale rief auch andere Posten.

Kassatonow konnte es gerade so aussprechen, hätte fast seine Nummer verwechselt:

»Hier Vier-Drei-Sechs-Sieben, kommen!«

Aus dem Lautsprecher brüllte es:

»Gefechtsbereitschaft! Vier-Drei-Sechs-Sieben, Parole APATIT, ich wiederhole, Parole APATIT! Haben Sie verstanden, kommen!«

»Ich bestätige APATIT, kommen«, antwortete Kassatonow fest und schluckte.

Der Lautsprecher schaltete sich ab.

In Kassatonows Dienstvorschrift gab es die Parolen BIRKE, FACKEL, KORRIDOR und KORDON. Kein APATIT. Er wusste nicht mal, was das ist, ein Apatit. Appetit vielleicht? Hatte er sich vor Aufregung verhört?

Er hätte ehrlich antworten können, dass er keinen Apatit-Appetit kannte. Er war nicht unterrichtet worden. Man hatte seine Codetabelle nicht erneuert. Aber vielleicht hätte ihn der Disponent dann ausgeschaltet? Hätte die Züge über eine andere Weiche fahren lassen?

»Gefechtsbereit«, sagte er zu sich selbst, klopfte die Weiche ab und ölte sie, »gefechtsbereit! Gefechtsbereit!«

Sein Herz jubelte.

»Apatit! Appetit! Appatit! Appetit!«

Er wollte die ganze Nacht aufbleiben, auf das Signal warten, schlief jedoch ein, erschöpft, direkt am Pult.

Am Morgen weckte ihn ein Tuten.

Kassatonow rannte aus der Hütte.

Am Signal, an der Weiche, stand ein Militärzug. Sein Ende verlor sich in der grauen Morgendämmerung. Kassatonows Blick zog über Waggons und Flachwagen: eins, zwei, sieben, elf, zweiundzwanzig, weiter konnte er nicht schauen. Ein Regiment, vielleicht sogar eine Brigade. Panzer, Mannschaftspanzerwagen, Wagenkästen, Technikfahrzeuge, Flugabwehrkanonen, Feldküchen, Betankungsanlagen, Zugmaschinen, Reparaturwerkstätten – alles war ein Zug.

Die in Planen gehüllten Panzer und Mannschaftswagen stülpten mit ihren Läufen den Stoff vor, als hätten sie einen soldatischen Morgenständer. Die Gefreiten rauchten, urinierten durch die Waggontüren, der Dampf vom Urin vermischte sich mit Tabakqualm.

Und Kassatonow, der die Weiche umstellte, betete zur Lokomotive, zu den Schienen, Panzern, Kanonen, sie mögen fahren, das TNT knallen lassen, schießen, zuschlagen, zudreschen, vom Angesicht der Erde auslöschen, vernichten, ausbomben, mit ihrem Feuer die ganze Welt wachrütteln, und nie wieder würde ein Lautsprecher es wagen zu sagen:

»Huuu …«

Der Militärzug setzte sich in Bewegung, kroch auf die Hauptstrecke und zog in Richtung Berge.

Die Tage vergingen: als hätte es den Zug nicht gegeben.

Wieder schwieg der Fernmelder.

Noch immer war alles schneefrei, der Winter zögerte noch, von den hellweißen Bergen in die Ebene abzusteigen.

Kassatonow meinte schon, alles geträumt zu haben: die Flachwagen, Panzer, MG-Schützen, die Vierlingsflaks, den Ruf am Abend, die Parole APATIT oder APPETIT.

Doch wusste Kassatonow ganz sicher, dass der Militärzug keine Erscheinung gewesen war. Die Eisenbahnschwellen rochen an den Stellen, wo übereifrige Soldaten reichlich gepinkelt hatten, immer noch nach Urin. Kassatonow lief dort herum wie ein alter Rüde entlang fremder Markierungen und schnüffelte – wo waren sie nur, die Hunde, wohin sind sie verschwunden, warum gab keiner Laut?

Und am Neujahrstag, der nackt war, schwarz und furchterregend, tat sich abends fern am Fuße der Berge über der Stadt der Himmel auf. Im Dröhnen und Donnern liefen über spärliche Wolken gelbe Lichter, scharlachrote Blitze. Er erkannte die Stimmen der Panzerkanonen, die Stimmen der

Artillerie, und er tanzte im eisigen Wind, schrie lachend und spottend in die Dunkelheit:

»Huuu! Huuu!«

Am nächsten Morgen bekam er heftiges Fieber, und die Hütte wurde von einem tagelangen Schneesturm verweht. Er hörte ihn nicht. Dann konnte Kassatonow wieder aufstehen. Seine Kraft reichte nur, um die Hütte zu heizen und Wasser zu kochen. Seine Ohren waren geschwollen, gedunsen wie von Explosionen, und er konnte die Geräusche der Welt nicht mehr hören, durch seinen Körper wanderte nur das entzündete Echo der nächtlichen Kanonade.

Doch eines eisigen Morgens, als hätte er sein Gehör wiedererlangt, vernimmt er das Tuten einer Diesellok vor der Hütte. Kassatonow kriecht hinaus, schleift eine Schaufel hinter sich her, um die zugewehte Weiche freizuschippen. Der Zug steht auf dem Hauptgleis. Kein Mensch ist auf seinen Flachwagen. Nur tote, zerstörte Panzer und Mannschaftswagen im Licht der Sonne, die aus der Winterdunkelheit aufsteigt. Sie sind schlecht gereinigt worden, wie weggeworfene Konservendosen. Und wie Konservendosen stinken sie sogar im Frost nach Gammelfleisch und Glühspan.

Er starrt ungläubig auf die Bruchstücke der gespaltenen Panzerung, auf Versengtes, auf Schnitte und Beulen. Auf schwarzen Menschenschorf, der an den Schrägen der abgerissenen Türme haftet.

Und er hört, wie im toten Metall der Wind von den Bergen heult, wie er in aufgerissene Luken und verzogene Schießrohre hineinbläst:

»Huuu!«

19D

Zypern.

Troodos.

Hoch oben auf dem Berg ist die weiße Kuppel des Radars. Er pulsiert unmerklich, reagiert auf den Weltraum, erfasst Millionen von Kubikkilometern des Himmels. Treibt Suchwellen über das Mittelmeer, zu fernen Wüsten und Bergen, hält Militärflugzeuge an leitenden Fäden: Transporter, die sich strikt an die Luftkorridore halten, und Paare von Kampfjets oder Bombern auf freier Suche über dem feindlichen Territorium Asiens.

Die düsengetriebenen Vögel weben darüber ein Jagdnetz. Durch die gigantische Geschwindigkeit verschwimmen sie in der Luft; sie sind über jeder Schlucht, jedem Ödland, Dorf, Fluss, jeder Oase. Sie haben Augen, die nachtsichtig sind, und tragen den geflügelten Tod mit sich – Raketen. Der Schall folgt ihnen nach. Der Schall hinkt dem Tod hinterher.

Hier ist der neue Olymp, von dem aus die modernen Götter ihre neuartigen Speere schleudern. Zum Gipfel führt die Straße durch Bergausläufer, die mit harzigen Kiefern bewachsen sind, durch dürre Täler, wo man weder Fluss noch Bach hören kann. Und wenn die Kalksteinfelsen ein schwaches

Rinnsal ausstoßen, dann nährt selbst der kleinste Wassertropfen die knorrigen, steinartigen Eichen, die dieses Rinnsal mit dem undurchdringlichen Schatten ihres Laubs vor der Sonne schützen. Leben bedeutet hier das Halbdunkel unter ihren Kronen, feinste Ausdünstungen auf den Steinen; Leben bedeutet hier Schatten, Schutz vor einem Adlerblick aus großer Höhe, das Umherhuschen der Feldmaus, das Gleiten der Schlange, der stille Strom des Wassers, das die hungrigen und kühlen Wurzeln nährt.

An den breiten Berghängen, in ihren ungebundenen Falten gibt es Klöster. In diesen Höhen wachsen keine Trauben, aber die Mönche haben ihre Weinberge unten, am Fuße, wohin der warme Atem des Meeres reicht; und deshalb sind die Klosterkeller gefüllt mit Flaschen dunklen Weins, dick wie Blut.

Im Dunkel der Kirchengewölbe mit ihren schmalen Fenstern, die Schutz bieten vor der schmelzenden Wucht der Sonne, leuchten hinter dickem Vitrinenglas mit dem matten, unterirdischen Licht von Gold und Silber, dem Licht von Erzen aus Bergadern, die inkrustierten Schatullen und Truhen mit den Reliquien von Heiligen.

Knochen und Metall. Hier die silberne Hand mit verlöteten Knochen, den Gliedern von drei Fingern. Hier ein Schädel, in Blattgold gefasst, eingehüllt; unbedeckt ist nur die Stirnwulst. Hier ein völlig unkenntliches Stück Fleisch, das einer getrockneten Feige ähnelt – nach diesem Anblick wird man im Dorfladen keine kandierten Früchte mehr kaufen wollen.

Es scheint, als hätte eine diabolische Kraft – ähnlich der Kraft der Erde, die bei einem Erdbeben erwacht und die Ebenen spaltet – die Märtyrer zerfetzt, jedes Gelenk, jede Körperverbindung zertrümmert und sie verstreut in Schluchten, Tierhöhlen, am Grund des Meeres, der Kartause von Muscheln und Fischen, in der eisigen Tundra, in glühenden Vulkanschloten; und ich, ein Atheist, oder eher Agnostiker im christlichen Sinne, meine diesen charakteristischen Abdruck des Todes zu erkennen: Es ist das, was eine Flugabwehrrakete mit einem menschlichen Körper macht.

Und dennoch klettere ich hier hinauf, auf den Troodos, erklimme die Berghöhe zu Fuß mit einem Rucksack auf den Schultern, oder mit einem Velo, einem windhundähnlichen Rennrad. Nicht mit dem Auto, nicht mit dem Bus, denn ich muss unbedingt das Ziehen der Muskeln, das Sieden meines Blutes, die Mühe des Aufstiegs spüren.

Der Berg ist mein Tempel, mein Thron, mein Altar.

Mein Empfindungsvermögen, meine Zungenspitze, die zarte Brustwarze am herrlichen Busen meiner Geliebten.

Meine Grenzlinie, die in den Himmel ragt.

Mein Höhenpunkt.

Hier erkenne – empfinde – erlebe – fühle – ich den Himmel.

Aus dem ich exkommuniziert wurde.

* * *

Dorthinauf, höher und höher die Korkenzieherstraße entlang, dem Sonnenstrahl folgend, vorbei an steilen Schluchten, trete ich in die Pedale, presse die letzten Schweißtropfen aus mir heraus. Über dem Meer und den Ausläufern sticht ein »Falcon«-Paar vom Militärflugplatz Akrotiri in den Himmel, Neulinge, Jungvögel, die noch nicht allein fliegen dürfen und angeleint sind.

Sie wecken in mir die Erinnerung an typische Triebwerkgeräusche, an die Silhouetten von Kampfflugzeugen; jenes blitzartige Erkennen, ob da eins von uns fliegt oder ein fremdes.

Es gibt noch eine andere Erinnerung, die mit den »Falcons« verbunden ist. Die Erinnerung an einen galanten Fliegerstreich, der zur Legende unter den Männern der Fliegerstaffel hätte werden können, die man sich in Militärkneipen am Höhepunkt eines Abends erzählt. Der aber zu einer Trennung führte.

Vom Sattel abgehoben, presse, drücke, stampfe ich die Pedale, wie man Nägel mit einem Hammer einschlägt. Und ich erinnere mich, wie Margarita, Licht und Freude längst vergangener Tage, von hier abflog, von Zypern, nach Deutschland zu ihren Eltern. Wir verabschiedeten uns am Morgen, und sie fuhr mit dem Taxi zum Flughafen, wie immer auf den letzten Drücker, ohne Zeitreserve.

Sie flog mit einem Airbus, einem alten Arbeitstier. Und als das Linienflugzeug in Frankfurt landete, holte ich sie in der Ankunftshalle mit einem Strauß ihrer geliebten weißen Lilien ab.

Das war un-mög-lich. Margarita hielt mich für ein Gespenst oder einen Doppelgänger. Aber ich war es, leibhaftig. Sie meinte ja, die Zeit maximal verkürzt und angetrieben zu haben, so schnell wie möglich geflogen zu sein. Ich hatte ihr jedoch verschwiegen, dass ich am selben Morgen einen Kampfjet zur Basis in Ramstein zurückbringen sollte. Nach meiner Ankunft konnte ich mich noch duschen, umziehen, ein Taxi rufen und Blumen kaufen; der Überschall-»Falcon« hatte den trägen Passagier-Airbus lächelnd überholt.

Ich fühlte mich schlecht, als hätte ich sie betrogen und etwas Verbotenes, Schändliches getan, eine Narrenposse aufgeführt, die Realität unseres Getrenntseins verhöhnt. Wie auch die Ordnung, bei der Entfernungen einen fairen Preis haben, wo ein unehrlicher Umgang mit Meilen und Gallonen an Kerosin unmöglich ist.

Wahrscheinlich war das der Anfang des Endes unserer Liebe. Von Natur aus Einzelgängerin und Wanderin, fühlte sie sich fortan nirgendwo mehr endgültig allein. Ihr schien, ich könne jeden Moment auftauchen, einen Geheimgang der Zeit nutzen, auf einer Straße von Kairo oder Barcelona auftauchen wie Hermes, der geflügelte Gott des Augenblicks. Ich begriff das, entschuldigte mich – aber die Entschuldigung änderte nichts.

Hoch oben auf dem Berg ist die weiße Kuppel des Radars.

Sie sieht aus wie die Wölbung eines Fallschirms.

* * *

Was mich an dieser Insel stört, sind die Vögel. Ich kann mich noch abfinden mit den hiesigen Vögeln, mit denen aus der Stadt, vom Meer und aus den Bergen. Spatzen, die Krümel von Touristen aufpicken, furchtsam zu Katzen schauen, sind eigentlich gar keine Vögel, sie verbringen viel zu viel Zeit am Boden, auf Zweigen, sie haben zu dicke Körper und einen Bauch, und zu kurze, nichtsnutzige Flügel.

Möwen, Kormorane, Pelikane und andere Seevögel haben besonders geformte Körper, die für den Kontakt mit Wasser ausgelegt sind, und diese Formen ermöglichen eine spezifische Aerodynamik, eine Flugbahn, die mich völlig kaltlässt.

An die Raubvögel – Adler, Habichte, Falken – habe ich mich zwangsweise gewöhnt. Hier, wo man deutlich den Feueratem der Steinwüsten des Orients und der Sandwüsten Afrikas spüren kann, dieser beiden klimatischen Öfen, die den Mittelmeerraum erhitzen, gibt es weniger Laub und

Gras, ist der Boden mit seinen Erdhöhlen gröber und härter. Die Sonne legt diesen Boden offen, reißt alle Schleier herunter und überlässt die kleineren Bewohner der Macht der *Accipitridae*, verschiedenen Habichtartigen. Einige sind fähig, ein Lamm wegzutragen, andere werden kaum mit einer Ratte fertig; manche fressen alle Geschöpfe, die ihnen begegnen, andere nur Mäuse oder, zum Beispiel, Schlangen, Vipern oder Nattern. Aber die *Accipitridae* sind Raubtiere, was bedeutet, sie sind wie Tarnkappenflugzeuge schwer zu orten, tauchen auf und verschwinden sofort wieder.

Die berühmten rosa Flamingos auf den Salzwiesen sind ein schlechter Karneval: zu lange Hälse, zu dünne Beine. Lächerliche Kreaturen, eine Absurdität des Seins.

Auf meiner Insel jedoch kreuzen sich die großen Vogelzüge, die uralten Himmelspfade, die Nord und Süd verbinden, als erste beständige Reiserouten des Erdenlebens, wie wir Menschen es kennen.

Die Insel ist Haltepunkt, Umstieg, Leuchtfeuer. Auch wenn einige Vögel hier nicht zum Ausruhen landen, orientieren sie sich dennoch an ihr, stoßen sich von ihren Bergen ab und drehen auf einen neuen Kurs. Die Insel bringt alle ihre Flugformationen, ihre Keile in einem Punkt zusammen wie ein richtiger Vogelflughafen.

Mich hingegen quält die instinktive Geometrie dieser Keile, entstanden zu einer Zeit, als der Mensch das Dreieck noch nicht erfunden hatte. Ich beneide sie um die fein justierte Aerodynamik ihrer Körper, die perfekt ist für den Fernflug. Nicht für das Gleiten auf Beutejagd, wie bei den Landraubvögeln. Nicht für einen schnellen Tauchgang, wie bei den Kormoranen. Sondern für eine lange Überwindung des Raums, für interkontinentale Flüge.

Während der Wochen dieses Vogelzugs gehe ich in den

Untergrund, lebe das düstere Leben der Erde, bis die Schreie der am Himmel vorüberziehenden Schwärme endlich verstummt sind.

Ja, das Leben der Erde ist mir dann näher. Im verlassenen Garten grüße ich Igel und Füchse, verneige mich vor Wildschweinen und Mufflons in den Bergen, wenn sie zu einer versteckten Wasserstelle kommen. Ich studiere ihre Gewohnheiten, die Kniffe dieser Erdbewohner, die keine Flügel haben und zur Unfreiheit verdammt sind.

Unter einer Kalksteinplatte mitten im Garten lebt ein Skorpion, ein Greis mit einer einzigen Kieferklaue. Ich nenne ihn Harry. Warum Harry? Weil mein »Falcon« Harry hieß. Das war sein Arbeitsname und sein Rufzeichen.

Als Harry und ich von einer Flugabwehrrakete abgeschossen wurden, verwandelte auch ich mich in ein Geschöpf der Erde. Versteckte mich in felsigen Hügeln, wo nichts wächst, wo Schatten nur in den Höhlen zu finden sind. Ich traf nur Skorpione. Was vom Frühlingsregen in den Strudellöchern im Granit geblieben war, die einem Krug mit langem Hals ähnelten, gewann ich, indem ich verknotete Stoffstreifen aus meiner Unterwäsche hinunterließ, wonach ich die Feuchtigkeit aussog und auch den Skorpionen einen Tropfen übrig ließ. Dort war ich kein Militärflieger mehr, denn ich lebte das Leben eines Skorpions unter Steinen.

Nun bin ich Adam in einem Eden, das ihm nichts nützt. Ich versuche, die Erde zu düngen und Getreide anzupflanzen, Blumen zu ziehen, aber die Erde bringt nichts hervor, antwortet mir nicht. Sie ist immer noch nicht mein Element. Mein wirkliches Element jedoch, der Himmel, weist mich zurück, und zwar nicht, weil ich abgeschossen wurde oder von oben herab getötet habe. Dafür erteilt der Himmel keine Strafen, sonst gäbe es in keinem Land der Welt mehr Kampfpiloten.

Troodos, der Gipfel, der mit einer Radarkuppel gekrönt ist. Nur hier empfinde ich, wenn ich auf den Zehenspitzen stehe, mit ganzer Seele nach oben strebe, für einen Augenblick phantomartig jenes frühere Gefühl, das ein Pilot vor allem empfindet.

Das Gefühl der Losgelöstheit.

* * *

Ihr werdet uns begegnen, ohne zu wissen, wer wir sind, zwischen all den Planespottern – diesen Fotografen, die Starts und Landungen knipsen, den Voyeuren der Luftfahrt, die sich an der Länge ihrer Objektive messen. Unter den Stammgästen in Cafés mit Blick auf den Flughafen, in irgendeinem ekligen Schnellimbiss, in dem versalzene-verkohlte *flightburger* und billiges, harntreibendes Bier serviert werden und an den Wänden vermeintlich alte Fotografien der ersten Flugzeuge hängen, ulkige Doppeldecker aus Holz und Segeltuch, wo Flughafenmitarbeiter essen, all die Techniker und Gepäckverlader, und wohin auch Touristen sich verirren, die in der Nähe des Flughafens übernachtet haben und die Zeit bis zu ihrem Flug totschlagen. In Amateurmuseen zur Geschichte der Luftfahrt, zwischen den Flugmaschinen vergangener Kriege, den Urgroßeltern moderner Abfangjäger und Kampfflugzeuge, oder auf einer Führung an einem windigen Tag, wenn der Guide bereits ganz unverhohlen einen Schluck aus einer Metallflasche nimmt, die in der Innentasche seiner Jacke steckt. Im tollen Unterhaltungszentrum, wo es einen Flugsimulator gibt. Inmitten der anonymen Besucher von *Flightradar*, die nachts beobachten, wie sich die gelben Kreuze von Passagier- und Frachtflügen über den Bildschirm bewegen, einer nach dem anderen den Flugrouten folgen, die großen Verkehrsknotenpunkte umschwirren wie Mücken eine Laterne. Beim öffentlichen Festakt mit Luftballons und Sekt, wenn ein neues Terminal eröffnet oder ein altes nach dem Umbau in Betrieb genommen wird. An Orten wie dem Berliner Flughafen Tempelhof, dem Nazi-Tempel des Luftverkehrs, heute ein Feld für Partys und Picknicks. Auf abgesperrten örtlichen Flugplätzen, die, sagen wir, in eine Rennstrecke umgewandelt wurden, wo das Dröhnen der Motoren und der Rauch überhitzter Reifen die Geister vergangener Starts und Landungen wecken.

Uns zieht es in die Götzentempel unseres Berufes, wie es die Vögel in die Triebwerke zieht. Aber wir, eine Kaste von Ausgestoßenen, Parias, mischen uns nicht unter die verdienstvollen Veteranen und Ruheständler, unter jene, die aus gesundheitlichen Gründen abgeschrieben, wegen Verstößen gefeuert wurden. Ihnen ist es einfach verboten, ein Flugzeug zu lenken.

Uns hat das niemand verboten – aber wir können nicht mehr.

Der Himmel ist für uns verschlossen.

* * *

Es gibt Piloten – und es gibt Flieger, *those who fly.*

Für den Piloten ist die Maschine das Wichtigste.

Für den Flieger ist der Himmel das Wichtigste.

Der Pilot lenkt ein Flugzeug. Es umgibt ihn, er ist in einer Duraluminiumkapsel.

Den Flieger lenkt der Himmel. Er umgibt ihn, und deshalb ist er – in einem Flugzeug.

Am häufigsten trifft man auf Piloten.
Flieger gibt es nur wenige.
Ich bin Flieger.
War Flieger.

* * *

Vom Troodos komme ich immer gegen Abend herab. Da sind weniger Autos unterwegs, und ich nehme mit meinem Rad beim Herabrollen dermaßen Fahrt auf, dass ich jeden Moment abzuheben scheine. Ich erreiche fast Fluggeschwindigkeit: Die Luftfahrtpioniere haben mit weniger begonnen. Der dünne Fahrradrahmen vibriert, wird zur Kontur aus reiner Energie, ich rase, ganz verwandelt in Bewegung, in einen Blitz; ich verbrenne, verschleudere die hitzige Milch, die ich aus Wolkenzitzen getrunken habe, dann rolle ich völlig entleert auf die hügelige Ebene, wo Ziegen- und Schafherden grasen, mit schweren Eutern voll Erdenmilch, gewöhnlicher Milch, die wohltuenden duftenden Käse gibt.

Hinter der Ebene, an der Säumung zu den Wellen, die in gemessenen Reihen heranrollen, schimmert wie eine Lichtoase der Passagierflughafen auf. Genau um diese Zeit, kurz vor Sonnenuntergang, herrscht Andrang hier: Aus Europa kommen einer nach dem anderen die Mittelstreckenliner, Schwerstarbeiter, ermüdete Pferde, die Zehntausende von Flugstunden hinter sich haben, grundüberholt sind, zwei- oder dreimal umlackiert wurden, bevor sie zu einer Flotte von Billigfliegern kommen; oh, ich kann sie mir gut vorstellen, die Sprödheit des Kunststoff drinnen, die Blindheit der Flugzeugfenster, die Metallermüdung im Stabwerk des Flugzeugrumpfs, das beim Start manchmal so ächzt, dass die Passagiere zusammenzucken und Gänsehaut bekommen; dazu das abgenutzte Polster und vor allem der Geruch: der besondere Geruch eines alten Flugzeugs.

Das alte Großraumflugzeug flößt den Passagieren Angst ein und weckt ihren Aberglauben. Passagiere denken an den Weg zum Flughafen zurück: War da ein Warnschild? Geradezu unbewusst prüfen sie den Kontostand von Gut und Böse, den jeder Mensch sich selbst zuschreibt. Das alte Flugzeug rollt zur Landebahn, ist in diesen Minuten ein stummer Beichtstuhl, eine Art Schmortopf zum Verdampfen von Sünden und Ängsten. Und die Ausdünstungen setzen sich unsichtbar an Verkleidungen und Bezügen ab, fressen sich in den Kunststoff und den Teppichboden, erschaffen diesen stigmatisierenden Geruch eines alten Flugzeugs.

Ich rolle abwärts, ohne die Pedale zu treten, allein von der Schwerkraft gezogen, und ich schaue zu, wie die Flugzeuge landen.

Von dieser Insel aus, vom Militärflugplatz Akrotiri, habe ich meinen ersten Flug als Militärflieger gemacht. Von hier auch, vom Passagierflughafen, bin ich zum letzten Mal gestartet, als ziviler Pilot.

Die Insel sieht von oben aus wie eine umgekippte Amphore. Aber in meinem Leben ist sie ein Punkt. Ausgangspunkt und Endpunkt.

* * *

Im Anbau meines Hauses steht ein professionelles Digitalteleskop. Das kann ich mir leisten. Meine Fluggesellschaft hat mir eine überaus saftige Abfindung gezahlt als Gegenleistung für mein Schweigen über einige unerklärliche Veränderungen meines Körpers, die die Presse falsch interpretieren und das Unternehmen in ein schlechtes Licht rücken könnten.

Die Insel bietet ein ideales Himmelstheater: wolkenloses Wetter, kaum Lichtsmog, dünne Höhenluft. Wie viele, die Arthur C. Clarke in ihrer Kindheit unter allen Schriftstellern besonders liebten, verfolge ich mit dem Teleskopauge ferne Galaxien, träume erneut davon, in den Weltraum zu gelangen.

Jenseits der Atmosphäre.

Dorthin, wo es keinen Himmel gibt.

Wie zum Hohn ist mir der leichte, sehnige Körper eines Kampfpiloten geblieben. Das lässt sich nicht allein durch das Training, durch den Sport erklären. Eher sind Training und Sport nur deshalb möglich, weil er sich kein bisschen verändert, keine Reparaturen erfordert, nicht zunimmt, tüchtig Kalorien verbrennt und nicht dem Alkohol erliegt.

Aber sobald ich mich vor einem Steuerhorn oder in einen Passagiersitz niederlasse, die Gondel eines Heißluftballons besteige, die Gurte eines Hanggleiters festzurre oder in der Kabine eines Helikopters aufsteige, beginnt genau dieser Körper, der sonst trocken ist wie eine Zypresse, auf einmal Flüssigkeiten abzusondern: Tränen, Rotz, Speichel, Schweiß. Er verwandelt sich in Gelee, in gelähmtes Weichfleisch. Ich fühle mich wie ein außer Kontrolle geratenes Flugzeug. Aus mir fließt es, als hätte ich im Inneren einen Bottich, eine Zisterne, einen verschnupften Vulkan, ein Speichelmeer. Unwillkürlich pinkle ich mich ein wie ein Säugling, ejakuliere ohne Orgasmus, verwandle mich in eine schlaffe Molluske und kann weder Beine noch Arme bewegen. Aber wenn sie mich dann wieder hinaustragen, verschließen sich die Löcher und Poren meines Körpers, stellen sich die Muskelverbindungen wieder her, die gewohnheitsmäßig und gehorsam meine Wünsche ausführen.

Ich bekomme die Kontrolle zurück.

Damals, beim allerersten Mal, zwei Wochen nach dem Zwischenfall, als die interne Untersuchung abgeschlossen war und ich, der Co-Pilot, die Flugerlaubnis zurückbekam und mich blamierte, es nicht schaffte, schrieben sie es einem psychischen Trauma zu, einer seltenen Form von Stupor, begleitet von einer Art physiologischer Hysterie. Und die Tatsache, dass der Kapitän, der erste Pilot, eine ähnliche Reaktion zeigte, wurde ebenfalls auf diese Art Stress zurückgeführt, auf eine besonders tiefe emotionale Bindung von Zwillingen, die sich bei uns ausgebildet hatte.

Sie schleppten uns sechs Monate lang zu Therapeuten, die uns untersuchten und behandelten. Für das Unternehmen war es sehr wichtig, uns wieder einsatzfähig zu machen, den Journalisten zu demonstrieren, dass wir fliegen, dass alles in Ordnung ist. Aber schon bei der ersten Weigerung meines Körpers ahnte ich, dass für uns beide der Weg in den Himmel für immer verschlossen war, ich wusste es mit der geschärften Intuition eines Kampfpiloten, die mich nur einmal im Stich gelassen hatte, dort, über der asiatischen Wüste, im Duell mit der Flugabwehrrakete.

* * *

Heute ist mir klar, ich hätte nicht zur Luftfahrt zurückkehren und schon gar nicht zum Zivilflugwesen wechseln sollen.

Ich wollte fliegen. Aber die Raketenexplosion hatte mich abgestumpft, die Feinabstimmungen meines Reaktionsvermögens vernichtet. Ich war kein Kampfpilot mehr. Doch als

Co-Pilot im Cockpit eines Verkehrsflugzeugs war ich durchaus noch brauchbar.

Zivile Fluggesellschaften stellen nicht gern ehemalige Militärpiloten ein. Wir haben andere Reflexe, Gewohnheiten, Risikokriterien. Wir sind Habichte, keine Tauben. Wir sind Einzelgänger.

Der Leiter des Ausbildungszentrums von *Salut Airlines*, der übrigens früher selbst Bomberpilot gewesen und als junger Bursche in Korea geflogen war, wollte mich trotz der hervorragenden Testergebnisse und Umschulungskurse zunächst nicht nehmen. Wahrscheinlich spürte er, dass ich Flieger bin, kein Pilot. Dass ich zurückkehrte, um mich am Himmel von meiner Ohnmacht als Folge der Explosion zu befreien, die mich umstrickt und kastriert hatte. Um sie mit der Beharrlichkeit alltäglicher Übungen niederzudrücken, daraus auszubrechen. Ich fühlte selbst, dass er mit seiner Weigerung richtiglag. Aber die Versuchung des Himmels war stärker.

Ach, ich erinnere mich noch an meinen Ärger und Verdruss bei den ersten Trainingsflügen. Ich bekam Angst, meine frühere Blitzgeschwindigkeit zu verlieren, meine Existenz eines Pfeils, und dass ich zum Tributzahler des Autopiloten werden könnte. Ich schwor mir, eines Tages zu den Kampfpiloten zurückzukehren, meine Schwäche zu überwinden; ich hatte vergessen, dass der Himmel mir zurückgegeben wurde. Und das wiederum vergaß mir der Himmel nicht.

* * *

Der Himmel ist das, was bleibt, wenn alle Materialität abgezogen wird: Wetter, Licht, Farbe.

Keine Sterne.

Keine Wolken.

Keine Luft.

Das, was in ihnen ist, aber nicht sie selbst.

* * *

Ich wurde Captain McGee zugeteilt, einem Langstreckenveteran, einem Altverdienten von *Salut Airlines*. Als Pilot hatte er einen untadeligen Ruf; kein einziger Fehler, kein einziger Strafpunkt in mehr als dreißig Jahren. Seine Flugzeuge starteten und landeten immer pünktlich, als habe er eine Abmachung mit den launischen und rachsüchtigen Geistern der Zeit. Es kam vor, dass er in ein Luftloch geriet, ein Triebwerk ausfiel – aber nie kam ein Passagier zu Schaden, als hätte McGee eine goldene Versicherung, etwas Größeres als einfach nur Glück – die Protektion von Äolus, dem Herrscher über die Winde, oder es war eine Gabe, ähnlich der Gabe der Phaiaken aus Homers »Odyssee«, deren Schiffe nie sanken, die Reisende unversehrt ans Ziel brachten.

Die Jüngeren vergötterten McGee wie ein Idol und hofften, sein Geschick zu erben, wobei sich allerdings nie jemand fragte, wer er eigentlich war.

Doch ich merkte gleich beim ersten Flug, dass McGee kein Glück hatte. Die Schwierigkeiten, die ihm widerfuhren, erforderten nicht unbedingt das höchste Maß an Glück. Es genügte, die Selbstbeherrschung nicht zu verlieren, die Steuerungseinrichtungen korrekt zu benutzen, den Anweisungen zu folgen – und das Flugzeug rettete sich von selbst. Seine

Perfektion war die Perfektion von Disziplin, Präzision, Gelehrsamkeit – und Angst.

Insgeheim fürchtete McGee den Himmel, sein unberechenbares Element. Deshalb kannte er sich bestens aus mit den Vorschriften und Anleitungen, mit den technischen Möglichkeiten der Flugzeuge, er war Experte für Flugphysik und Wetter. Ihm blieben fünf Monate bis zur Altersgrenze – eine ideale Karriere. Aber mit jedem Flug wurde McGee unruhiger, als ahnte er, dass für die Perfektion nun eine aufgeschobene Vergeltung käme, die bei anderen abgemildert wurde durch die tagtägliche Gebühr geringerer Übel und Fehler, durch die rettenden Verzugszinsen der Unvollkommenheit.

Bei der Untersuchung sagte ein Psychologe: Sie hatten zu viel Erfahrung für zwei.

* * *

Wenn der Jahrestag dieses Vorfalls naht, miete ich ein Segelboot und steche ins Meer. Die ersten paar Jahre blieb ich an Land. Und nachts, im Halbschlaf, spürte ich deutlich, wie ich hinabstürze. Durch das Kalkgestein der Insel, durch die darunter ruhenden Granitschichten, gezogen vom Eigengewicht meines Körpers, ins heiße Dunkle, in die zerklüfteten Spalten der unteren Welt.

Das ist der einzige Flug, der mir noch zugebilligt wird.

Kein Flug, sondern ein Fall.

Auf dem Meer, unter Segeln, spüre ich ihn nicht.

Aber auf festem Boden kommt es mir manchmal so vor, als würde ich all diese Jahre immer nur fallen, durch Betten, Fußböden, Stockwerke, Straßen brechen, durch alles, was horizontal und fest ist und dazu bestimmt, Körper und Gegenstände zu halten. Es ist ein langsamer Fall, als ob ein Haus in die Erde einsinkt, aber ich spüre ihn mit dem unfehlbaren Instinkt eines Menschen der Lüfte; ausgeliefert bin ich der Schwerkraft, ihrem eisernen Gesetz.

* * *

Ich weiß nicht mehr, wie der Himmel an jenem Tag war. Sonne? Wind? Wolken? Er hat sich vor mir verschlossen. Ich erinnere mich nur, wie wir mit dem Sinkflug begannen – und das Unten, die Erde, zog auf einmal herrisch das Flugzeug an sich, und das Oben, der Himmel – wurde irreal, schien unerreichbar fern.

Wir machten alles genau nach Vorschrift. Wir durften die Passagiere nicht in Gefahr bringen. Bei der internen Auswertung wurden wir dann gelobt: alles richtig gemacht.

* * *

Es war ein gewöhnlicher Shuttle-Flug aus dem Norden in den Süden und zurück: um zum Saisonende späte, hellhäutige Urlauber herzuholen und den vorangegangenen Pulk nach Hause in den Herbst zu bringen. Ein leichter Job, nichts Besonderes: zwei Enden Europas, zwei seiner Meere miteinander zu verbinden – das glückselige Mittelmeer und die graue, nebelumwölkte Ostsee.

Das Flugzeug war ausgebucht; kein Platz blieb frei. Gute Prognose: Leichte Turbulenzen über den Alpen, mehr nicht. Niemand kam zu spät, keine Probleme mit dem Gepäck, mit dem Zoll. Abflug pünktlich auf die Minute, ganz im Stil von

McGee. Zweieinhalb Stunden Flug – ein herrlicher Spaziergang, reibungslos, wie über Straßenbelag, nicht einmal über den Alpen hat es geruckelt.

Und wir wollten gerade zur Landung ansetzen, als *Erde* eine dringende Zwischenlandung forderte. Verdacht auf Sprengstoff an Bord. Neben uns hing mit gedämpfter Geschwindigkeit ein Jagdflugzeug, eine alte sowjetische Maschine, deren Silhouette ich mir als Anfänger in der Flugschule eingeprägt hatte. Bei ihrem Anblick kehrte blitzartig der Schneid meiner früheren Reflexe zu mir zurück.

Wir wussten beide, dass etwas nicht stimmte. Dass etwas Ungutes im Gange war. Der perplexe McGee war bereit, mir die Steuerung zu übergeben. Aber ich lehnte ab. Wir fürchteten beide auf unterschiedliche Weise dasselbe: die Verantwortung für die Passagiere.

Und McGee befolgte den Befehl. Er erklärte den Passagieren, er müsse landen.

* * *

Selbstverständlich weiß ich, wie er heißt. Aber bis heute ist für mich die Nummer seines Sitzplatzes sein Name: 19D – erbärmliche Ausflüchte des Bewusstseins. Vielleicht hatte er sich nicht klargemacht, dass die Flugroute über das Land führte, aus dem er geflohen war, um einer Verhaftung zu entgehen. Oder er hatte, im Gegenteil, den sentimentalen Wunsch, von oben auf seine von einem Diktator eroberte Heimat zu blicken, in die er nie wieder seinen Fuß setzen durfte.

McGee erklärte den Passagieren nicht, warum wir landeten. Einfach nur eine Notlandung. Und der Neunzehner begriff nicht sofort, dass er der Grund war. Er dachte, es sei ein grausames Spiel des Schicksals, eine technische Störung, und er rief die Stewardess, schrie, er dürfe nicht runter, das ginge nicht, auf gar keinen Fall, er werde verhaftet, er sei politisch, ein Flüchtling … Und dann hat er wohl das Jagdflugzeug bemerkt.

Ich stelle mir vor, wie ihm das Herz stillstand. Wie die Erde in den Flugzeugfenstern immer größer wurde.

Diese letzte Landung steht zwischen mir und dem Himmel. Sie ist wie eine Leiter, die man nur einmal hinabsteigen kann.

Und ich stehe unten.

DIE SÄNGERIN AUF DER BRÜCKE

Einmal in der Woche fuhr Oberstleutnant Liu, Offizier der Botschaft von Kitan, mit der S-Bahn zur Arbeit.

Früher, bei seinem Dienstantritt, hatte er das immer montags getan, wenn Berlin in Gang kam, nach einem entspannten Wochenende in den Arbeitsrhythmus wechselte, und die Taktarten der Stadt, die Melodien menschlicher Ströme und industrieller Kreisläufe besonders gut zu hören waren; lange Lieder der Straßen und Schienen, des Steins, Asphalts, des Wassers in den Schleusen.

Liu betrat den Bahnsteig immer Punkt 7.36 Uhr, wenn der Zug aus Pankow kam. Pünktlichkeit ist so etwas wie ein Abschliff, die wechselseitige Anpassung einzelner Teile, und so hatte er sich auf die Stadt langsam *eingeschliffen* und gelernt, ihr Tempo und ihren Puls zu vernehmen und anzunehmen. Er folgte damit der Lehre seines Meisters, Oberst Ho, dem früheren Hüter der Botschaft in Moskau in den gefährlichsten Jahren, als sich die Soldaten beider Länder bei einer Grenzkonfrontation gegenüberstanden.

»Die vorderste Bewachungslinie verläuft weit hinter den Botschaftsmauern«, hatte Ho immer erklärt. »Die vorderste Linie ist die fremde Hauptstadt selbst. Die Hauptstadt ist das

Herz eines Staates. Lausche auf dieses Herz. Es wird dir sagen, wenn sich etwas Übles ankündigt.«

Und Liu hatte gelernt, Berlin zu hören. Genauer zu hören, als es irgendein anderer Absolvent des Sonderlehrstuhls der Pioniertruppenakademie gekonnt hätte, wo nur Dreifachbegabte aufgenommen wurden: Kunst – Musik – Poesie, die drei höchsten Künste der Harmonie. Auch wenn es keine offizielle Anerkennung dafür gab – Überlegenheit war unharmonisch –, wusste Liu, dass er der Beste seiner Generation war, Träger des äußerst seltenen und segensreichen Zeichens ERDE; ein auserwählter Hüter.

Deshalb wurde ausgerechnet er Anfang der achtziger Jahre nach Berlin geschickt – das sich nach dem Krieg immer noch wiederherstellte, ausbesserte und an lebendigem Leib durch die Mauer zerschnitten war. Hier brauchte es Feingefühl, Voraussicht, Stärke. Hier bekämpften einander Ost und West, brodelten die Energien politischer Spannungen und Reibereien; Waffen witterten die Nähe anderer, feindlicher Waffen, Tausende von Ohren und Geräten belauschten den fremden Äther, Hunderte von Händen gruben Tunnel zur *Gegenseite*, um dort ein Kommunikationskabel anzuzapfen oder Agenten zu überführen; dort stritten, vereint in unzertrennlicher, feindseliger Umarmung, die Schicksale der Welt.

Liu hatte dieses Hören erlernt. Aber in seinem tiefsten Inneren fürchtete er Berlin. Mit seinem vollkommenen inneren Gehör fing er in der Stadt etwas auf, das seine Ohren nicht vernehmen konnten. Etwas, das angespannt und schwerfällig schwieg, das in schweigendem Wachzustand stetig abwartete.

Liu spürte dieses Etwas, selbst wenn er sich im Herzstück der Botschaft aufhielt, in der geheimen Halle, wo eine heilige Kiefer vom Fadan-Gebirge wuchs, für die ein Flugzeug jede

Woche Regenwasser von den Hängen des Fadan brachte, wie auch komprimierte, dem Naturreservat der Gebirgstäler abgepresste Luft.

Schon seit Jahrzehnten grübelte er: Was ist es? Welche Kraft? Welche Wesenheit?

Der Mauerfall lag schon viele Jahre zurück. Wiederhergestellt war der Durchfluss von Straßen und Schienen. Wiedervereint waren auseinandergerissene Schicksale. Die Stadt gesundete. Das Schweigen jedoch, dieses *Etwas,* war nicht verschwunden. Es verlagerte sich in größere Tiefen als die Nachkriegsvergangenheit.

Wer schwieg da? Die Kriegstoten von früher? Juden, die nach Osten verschleppt wurden und in Öfen verschwanden? Sowjetische oder deutsche Soldaten, die in den Wäldern an der Schwelle zur Stadt, in ihren Höfen und Parks, auf Straßen, in Tunneln und Torwegen umgekommen waren? Zivilisten, die bei Bombardierungen und im Feuer starben? Doch nein, das Schweigen verwies auf niemanden. Es schien herrenlos.

Manchmal kam es Liu so vor, als befände sich das Schweigen in ihm selbst. In Angst, sich selbst zu verraten, schwieg da eine ruhelose Seele, die sich in ihm eingenistet hatte, ein Splitter des Krieges – die gab es hier wie Fische beim Laichen –, der in ihn eingedrungen war, als er sich zu weit geöffnet hatte, um der Stadt zu lauschen.

Dann wieder schien ihm, als schweige ein Objekt, klein und riesig zugleich, das ein Teil der Stadt geworden war und wiederum nicht, von hier war und fremd, wie ein zu Boden gestürzter Meteorit.

Liu dachte, es sei diese hinterhältige Stadt, die ihn narrte, um ihr Geheimnis zu verbergen.

Berlin – sowohl das geteilte als auch das vereinte – war für ihn immer eine Stadt der Unordnung, der ständigen Verspätungen, Unstimmigkeiten, Umwege, des Ersatzverkehrs gewesen; eine unzuverlässige, heuchlerische Stadt. Das verschlungene S- und U-Bahn-Netz erinnerte Liu an eine von der Natur gezeichnete Hieroglyphe, bei der nicht die Absicht der Stadtplaner hervortrat, sondern, im Gegenteil, der Wille des Ortes, der vom Sumpfboden kam, die Bahnlinien verkrümmte und verwirrte, Chaos atmete.

Unvorhersehbare, unerklärliche Verspätungen von Zügen oder Bussen – *hier* zeigte Berlin seinen spasmatischen, irrationalen Charakter; Bahnstreiks, Straßensperrungen für eine Demonstration – immer zur Unzeit, wie mit böser Absicht, als wisse die Stadt, wo das empfindlichste Glied in der Kette seiner Pläne war, und schlüge darauf ein.

Es kam vor, dass Liu mit Wehmut an die Metro von Moskau dachte (er war als Praktikant in der sowjetischen Hauptstadt gewesen). Herrliche unterirdische Bahnhofspaläste. Eine verständliche, einfache Linienzeichnung. Klare Taktung des Zugverkehrs, in dem sich der Puls des Obersten Baumeisters belebte, des verstorbenen, von Revisionisten verleumdeten Herrschers, der verfügt hatte, die Metro tief in die Erde, in den Kalkstein zu versenken, um oberhalb ohne Rücksicht die alte Hauptstadt mit ihrem elendigen Altweibercharakter zu bebauen.

Auch nach drei Jahrzehnten Dienst war Liu seiner Tradition treu – einmal in der Woche mit der S-Bahn zu fahren. An diesem Morgen spürte er einen scheinbar erhöhten Druck, auch wenn das Barometer nicht gestiegen war. Die Stadt wollte ein Ereignis hervorbringen, das auch ihn, Liu, und die von ihm bewachte Botschaft betreffen sollte.

Um 7.33 Uhr betrat Liu die Bahnhofshalle aus Ziegelstein, in der es übersüß nach Backwerk und Kaffee roch. Er kam an einem Blumenladen vorbei, wo der Verkäufer, ein Landsmann, weiße Chrysanthemen auf Vasen verteilte. Der betagte Händler kannte Liu natürlich nicht. Dafür kannte der Oberstleutnant diesen Laden – wie auch Hunderte anderer Stützpunkte in der Stadt, die der Diaspora gehörten und wo er Zuflucht finden oder Hilfe bekommen konnte.

Liu schätzte diese Menschen auf sentimentale Weise, erahnte in ihren Gesichtern die Merkmale der heimatlichen Felder, Berge, Wälder, ländlichen Haine. Sie erinnerten ihn an sein eigenes Schicksal: Wurzeln zu schlagen in fremder, harter Erde, in sie einzudringen – ohne mit ihr zu verschmelzen, sich zu verändern, ohne auch nur irgendwie ein *Anderer* zu werden.

Punkt 7.34 Uhr – Liu warf einen Blick auf seine schlichte, mechanische Uhr, Elektronik benutzte er nicht – begab sich der Oberstleutnant hinauf zum Bahnsteig. Die Passagiere warteten auf den morgendlichen Zug. Die Abfahrtstafel zeigte: 2 Minuten. Doch als habe ihm der Bahnsteig einen sanften Stoß in die Sohlen versetzt, spürte Liu, der Zug würde nicht kommen: Das vorausgeahnte Ereignis nahm seinen Lauf.

Und ja: es tauchte eine laufende Zeile auf – der Zug verspätet sich um fünf Minuten. Und dann polterte in den Lautsprechern die Stimme der Bahnhofsvorsteherin los, eine Stimme aus dem alten Berlin, geradezu dafür geschaffen, um Befehle über Evakuierungen und Luftangriffe zu verkünden: Der Verkehr auf der Strecke ist unterbrochen. Bei Reparaturarbeiten an den Gleisen wurde eine Bombe entdeckt.

Berlin war nun einmal eine Stadt der Bomben. Eine Stadt des andauernden Krieges, der immer noch mächtig in die

Welt der Lebenden drang. Dennoch erwischte die Nachricht Liu auf dem falschen Fuß. Die Bahnhofsvorsteherin hatte nicht gesagt, wo genau die Bombe gefunden wurde, und der Oberstleutnant meinte nun, die Stadt habe ihm eine Denksportaufgabe mit Anspielung auf Künftiges gestellt.

Während ein Taxi Liu zur Botschaft brachte, erinnerte er sich daran, wie er dreißig Jahre zuvor mit seinem Kollegen, einem Architekten, durch die Straßen von Ostberlin gefahren war. Hinter dem Steuer hatte ein Sicherheitsoffizier gesessen, darin geschult, sich über nichts zu wundern. Tag für Tag waren sie umhergefahren, immer über dieselben Straßen, Plätze, Uferwege. Um sorgfältig, in aller Ruhe einen Ort auszuwählen.

Die DDR-Behörden hatten ihnen freie Hand gelassen. Und in der Stadt hatte es viele Brachen gegeben, verlassene Gebäude, Halb-Ruinen, Flicken an Stellen vormaliger Bombenangriffe. Und dann fanden sie ihn – geradezu ein Ideal. Den bestmöglichen Ort.

Botschaften sind Welten für sich. Sie sind Inseln, oder genauer, Muscheln in einer fremdländischen Umgebung. Ein anschauliches Paradox. Sie müssen sehen, fühlen, sich öffnen – dürfen aber nichts und niemanden Fremdes in sich einlassen.

Die alte Tradition seines Landes lehrte, dass Botschaften weniger gebaut als vielmehr *aufgezogen* wurden. Sie entstanden im Umkreis eines Hüters, eines Menschen der Harmonie, der allein befähigt war, das ambivalente Gleichgewicht von Offenheit und Geschlossenheit aufrechtzuerhalten. Diaphragma zu sein. Er, Liu, offiziell Sicherheitsoffizier der Botschaft, erschien als ein solcher Hüter.

Sein Votum war entscheidend gewesen: wo bauen. Der Architekt errichtete dann ein Gebäude, in dem Merkmale alter Festungen zu erahnen waren, die das Land vor Überfällen nomadischer Stämme geschützt hatten. Er baute verdeckte Bollwerke, Schutzgürtel, um mit ihnen einen inneren Ruhepunkt zu umgeben, den kleinen, geheimen Garten, wo die heilige Kiefer aus dem Fadan-Gebirge wuchs: ein Altar, der keine materiellen Opfer forderte, eine Quelle, wo der wahre Geist der Heimat wehte.

Sein, Lius, richtiger Name wurde der Botschaft geopfert, durch ein Pseudonym ersetzt. So hatte das immer noch andauernde Ritual der Verschmelzung von Mensch und Gebäude begonnen. Keine betonte, grobe Magie der Dinge, die Blut, Fleisch, fassbare Opfer forderte. Sondern etwas viel Komplexeres, Intuitiveres, wie die Kunst.

Liu, Künstler und Offizier, bewahrte durch seine Existenz das Wesen der Botschaft in ihren zwei widersprüchlichen Zuständen: Offenheit und Geschlossenheit. Indem er die Quelle der Heimat, das Eichmaß von Kitan schützte, hielt er die gespannte Aufmerksamkeit gegenüber allem Fremden ringsum aufrecht, doch war es eine Aufmerksamkeit ohne Aneignung, ohne Anpassung, ohne den Verlust auch nur eines Bruchteils von Kitan.

Ja, der Ort war geradezu tadellos gewählt. Überall auf der Welt befanden sich die Botschaften von Kitan an fließendem Wasser; es zerstreut, schwächt feindselige Emotionen. Und so hatten sie das Gebäude direkt am Ufer des Kanals mit dem Wasser eines Flusses errichtet, der seinen Ursprung in einer von großen Gletschern hinterlassenen sandigen Hügellandschaft mit Waldseen nahm. Liu hatte diese Seen zuvor aufgesucht, ein Ruderboot gemietet, darin gebadet – dabei den ruhigen, weichen Charakter des Wassers gespürt, das vom heiteren, flinken Leben der Fische erfüllt war.

Das Territorium der Botschaft lag direkt am Kanal, ließ

nur seitlich eine kleine Zufahrt frei. Übeltäter konnten hier nirgendwo eine Menschenmenge versammeln, eine Demonstration gegen die Politik von Kitan veranstalten, wobei das andere Kanalufer von einer S-Bahn-Linie eingenommen wurde.

Ja, Liu war stolz auf diese Wahl gewesen.

Bis die Mauer fiel.

Das Taxi passierte gerade einen ihrer früheren Abschnitte, wo sich ein Checkpoint befunden hatte. Liu musste an jenen Herbst denken.

Als die Zerstörung der Mauer begann, begriff nicht einmal er, der Meister der schützenden Harmonien, das ganze kolossale Ausmaß der Folgen. Liu bemitleidete die Mauer, verglich sie unweigerlich mit der Großen Mauer von Kitan, die Jahrhundert um Jahrhundert standhielt; der Oberstleutnant hatte früher viele Stunden irgendwo im Wald in der Nähe der Sperrzone verbracht, meditiert und von ihr gelernt, wie es ist, eine Mauer zu sein.

Doch als habe der Jubel der Menschenmenge einen Sturm in den feinstofflichen Welten ausgelöst, der sein Gehör für die Zukunft schwächte, konnte er nicht die schicksalhafte Bedeutung des Geschehens erfassen, das ihn bald selbst betreffen sollte.

Das Taxi hielt an der S-Bahn-Station gegenüber der Botschaft, auf der Nordseite des Kanals. Diese letzten zweihundert Meter ging Liu immer zu Fuß.

Über die Brücke, die verhasste – auch wenn ein Hüter nicht hassen darf. Die Brücke war vier Jahre nach dem Fall der Mauer aufgetaucht, nachdem auch die Diplomaten aus Bonn, aus der Botschaft von Kitan im ehemaligen Westdeutschland, nach Berlin umgezogen waren.

Die neuen Behörden skizzierten ohne langes Zögern eine

breite und lange Straße, die es in der geteilten Stadt einfach nicht hatte geben können.

Liu versuchte, gegen den Bau Einspruch zu erheben. Wollte erwirken, dass die Brücke von der Botschaft weggerückt, die Geometrie der Straßen verändert wird. Wollte den Bau torpedieren: Die Auftragnehmer bestechen, die Arbeiter verschrecken. Alles ohne Ergebnis.

Er war auf eine Widerstandskraft gestoßen, die jedes menschliche Maß übertraf. Es war die geteilte Stadt selbst, die sich erneuerte: Sie vereinte das, was für immer getrennt geschienen hatte. Liu war auf die führende Kraft einer fremden Harmonie gestoßen – und hatte verloren. Es war eine schmerzliche Lektion.

Während des Brückenbaus bekam Liu vom alten Gärtner, Meister Fu, der sich um die Kiefer vom Fadan-Gebirge kümmerte, die Mitteilung, die Kiefer habe einen neuen Ast ausgetrieben: unangebracht, missgestaltet, das Gleichgewicht und die Aura des Baumes störend. Dennoch konnten sich die beiden nicht entschließen, ihn abzusägen, und der gekrümmte Ast ragte zur Seite wie ein unvollendeter Brückenbogen.

In der Breite hatte die Brücke sechs Fahrspuren. Nicht einmal eine Verengung hatte er durchsetzen können. Die Brücke war wie eine Theaterbühne, die man gegenüber den Botschaftsfenstern, gegenüber Lius Büro in der Mitte der Vorderseite hochgezogen hatte.

Und der Fußgängerweg und die Fahrradspur? Zusammen war das geradezu ein langgestreckter Exerzierplatz! Liu war schon anhand der Bauzeichnungen bewusst geworden, dass man darauf fünfhundert, sechshundert Menschen versammeln konnte. Er hatte auf die Baubehörden eingeredet, damit wenigstens diese Spuren ein wenig verengt würden, hatte auf Absprachen mit den früheren Behörden, auf die Sicherheitsstandards der Botschaft verwiesen … Doch die Antwort war immer dieselbe gewesen: »Das Projekt sieht die Kombination einer Fußgängerpassage mit erweiterten Fahrradwegen in beide Richtungen vor.«

Liu wurde klar, dass es hier keinen doppelten Boden gab. Was hier geschah, war keine Sonderoperation. Kein Spiel der Spionageabwehr. Es war offenbar Berlin selbst, das Liu einen bösen Streich spielte. Berlin und sein Schweigen.

Etwas konnte Liu korrigieren. Er ließ Bäume pflanzen, damit sie die Vorderseite verdeckten. Aber wie zum Hohn gingen die Bäume schlecht an und wuchsen nur widerwillig. Und so konzentrierte er sich auf das Innere: Er verbrachte Jahre damit, den kranken Ast an der Fadan-Kiefer mit Meditationen zu heilen, ihr mit Musik Harmonie beizubringen. Aber es gelang ihm nur halb: der Ast veredelte sich, wurde aber trotzdem kein Ganzes mit dem Baum.

Liu wollte die Brücke ausblenden. Aber er schaffte es nie, sie völlig zu ignorieren. Liu war zu verletzt.

Botschafter traten ihr Amt an und gingen. Das Personal wechselte. Und die Neuen, oje, nahmen die missgestaltete Brücke, die die Harmonie seiner Grundidee verzerrte, zerstörte, schon als Gegebenheit. Ist doch bloß eine Brücke.

Ein Vertrauter des Geheimdienstes von Kitan, ein ausgemachter Feinschmecker, eröffnete ein Café an der Ecke. Dort ließen sich gelegentlich die emigrierten Dissidenten zum Mittag nieder, die auf der Brücke Mahnwache hielten. Das Café wurde häufig auch von den jungen Mitarbeitern der niederen Ränge besucht. Und eines Tages hörte Liu im Vorbeigehen, wie einer von ihnen sagte, die Brücke – man stelle sich das vor! – sei wunderschön.

Der Oberstleutnant betrat die Brücke. Seine unauffällige Kleidung lenkte jeden Blick ab, niemand hätte in ihm einen Offizier vermutet. Er ging, verschmolz mit dem Strom der Angestellten, scheinbar in Eile – doch eilte er nicht, und die Leute umrundeten ihn, ohne zu bemerken, dass sie ihn überholten.

Liu überquerte die verhasste Brücke nicht wegen der morgendlichen Büroangestellten. Auf dem Fußgängerweg hatten sich Menschen aufgereiht. Dreihundert, wie gewöhnlich. Identisch und gesichtslos, in unnatürlich grellgelben Umhängen mit ins Gesicht gezogenen Kapuzen. Die Kinder des Mondes.

Auch nach dem Bau der Brücke hatte die Botschaft viele Jahre ein unbelastetes Dasein geführt. Natürlich war es zu Demonstrationen, Mahnwachen, Hungerstreiks gekommen. Zweimal hatten sich wahnsinnige Emigranten bei lebendigem Leib verbrannt. Aber Liu hatte diesen lebenden Fackeln nicht gestattet, den im Gebäude und seinen Menschen ruhenden Geist von Kitan zu erschüttern.

Und dann, vor sieben Jahren, hatte die Oberste Partei die Sekte der Kinder des Mondes im Land verboten. Die Anführer wurden erschossen. Die einfachen Mitglieder wurden in Arbeitslager gesteckt. Liu hatte im Rundschreiben der Spionageabwehr gelesen: »... pseudoreligiöse Gruppe, die die Werte der Partei in Frage stellt, die Einheit der Nation untergräbt ... die Sekte wurde zerstört und stellt keine Bedrohung mehr dar.« Nun ja, die Spionageabwehr war unangenehm überrascht gewesen, als sich die Kinder des Mondes im Westen wiederbelebten.

Die Botschaften in anderen Hauptstädten, die Lius Berufskollegen bewachten, waren so gebaut worden, dass sich am Haupttor, an der Vorderseite, nur einige Dutzend Menschen versammeln konnten. Und nur bei ihm, in Berlin, auf der Brücke, die schräg gegenüber den Fluss überspannte, konnte man ein ganzes Symphonieorchester Platz nehmen lassen und einen Chor aufstellen.

Da waren sie dann auch eines Morgens aufgetaucht, dreihundert an der Zahl. In gelben Jacken, in der gelben Farbe des Mondes. Und bis zum Mittag hatten sie wehmütige Mantras gesungen, die dem Heulen des Windes in Ruinen glichen.

Von da an kamen sie jeden Tag. Der Offizier der Spionageabwehr der Botschaft, Oberst Yu, versuchte sie zu zerstreuen. Einige ließen sich einschüchtern, aber an ihrer Stelle tauchten andere auf. Drei wurden entführt und verhört.

Liu schaute sich die Aufzeichnung des Verhörs an. Die Kinder hatten Rede und Antwort gestanden.

»Wir beten dafür, dass die Mauern einstürzen und die Mörder bestraft werden«, sagten die Kinder.

»Und wieso stürzen die Mauern nicht ein?«, fragte Yu spöttisch.

»Wir beschleunigen die Zeit. Aber nicht hundertfach. Das liegt außerhalb unserer Macht«, lautete die Antwort der Sektierer.

Dann gab ihnen die Polizei der Stadt zu verstehen, sie werde keine weiteren Entführungen tolerieren. Der aktive Widerstand musste eingestellt werden. Die Spionageabwehr von Kitan war endgültig davon überzeugt, dass es sich um eine Operation des CIA handelte, die ausgeklügelte Technologien zur Manipulation des Bewusstseins einsetzte.

Doch er, Liu, glaubte das nicht. Von wegen – kommerzielle Sekte. Ihr »Glaube« war Schnickschnack, Märchen über Mondzyklen, über die besondere Rasse der Mondmenschen, der wahren Vorfahren der Menschheit, über die Muttergöttin Luna …

Aber Liu hatte ein feines Ohr. Und er hörte, dass in den Akkorden, die die Kinder des Mondes intonierten, ein Echo wahrhaftiger Kraft wirkte, die – so hatte man es ihm beigebracht – nur von einer großen, uralten Tradition und Kultur hervorgebracht werden kann, herangezogen über Generationen von Weisen, Mystikern und Künstlern, die sich die Harmonien des Ursprungs und die Geheimnisse der Macht aneignen konnten. Er hatte eine solche Tradition in den Denkmälern des alten Europas erkannt, in den Gewölben seiner leerstehenden Gotteshäuser, in der Musik seiner hingegangenen Genies. Aber dass dieses Geheimnis, diese Gabe Sektierern, drolligen Narren zugefallen sein sollte?

Doch genau das hörte Liu. Und deswegen verfügte er, den Zustand der technischen Systeme der Botschaft zu überprüfen.

Alles war in Ordnung.

Der Botschafter, ein Technokrat von den neuen Entwicklungskadern, hatte ein kühles Verhältnis zu Liu. Er gab ihm zu verstehen, dass er Lius Dienst für ein veraltetes Ritual, für schmückendes Beiwerk hielt. Manchmal überlegte Liu: Hatte sich Kitan durch die Aneignung digitaler Technologien nicht zu sehr verändert? Das waren gefährliche Gedanken.

Der Botschafter kam unverzeihlich selten in den geheimen Garten, zur Fadan-Kiefer. Und eines Tages wollte er dort sogar einen privaten Empfang abhalten. Liu musste eine Depesche in die Hauptstadt schicken. Der Botschafter wurde zurechtgewiesen, und zwar heftig zurechtgewiesen. Er rächte sich nicht, ging von da an aber auf Distanz. So waren in der Botschaft die ersten Misstöne aufgetaucht.

Drei Jahre später bemerkte Liu, dass die Fadan-Kiefer ihr Wachstum verlangsamte. Schnell wuchs nur der neue, *unharmonische* Ast, als zöge er alle Säfte für sich ab. Da war ein neuer Gärtner anstelle des verstorbenen Meisters Fu, dessen Körper ins Fadan-Gebirge gebracht wurde, damit er in einem heiligen Hain ruhen und mit sich neue Baumstämme nähren konnte. Dieser neue Gärtner war jedoch selbst noch ein grüner Spross und konnte gegen die unheilverkündende Krankheit des Baumes nichts ausrichten.

Liu schien, dass dieser Zweig die Linie einer unguten Zukunft war. Er sang für ihn Hymnen der Ehre und des Edelmuts. Spielte Melodien der Erleuchtung auf der *krua-dī*, einer Wasserharmonika. Aber der Zweig streckte schamlos seine Fremdartigkeit hervor, und Liu schien, dass die Kiefer, der heilige Baum vom Fadan, des Gebirges der dreihundertdreißig Gottheiten, die alle Wesenheiten, Hierarchien und Erscheinungen der Mittelwelt umfassten – Angst hatte.

Im vierten Jahr spürte Liu den ersten Hauch des Niedergangs. Es begann mit Kleinigkeiten. Die Botschaft kaufte nichts von Einheimischen. Alles Nötige, einschließlich der Lebensmittel, wurde auf dem Luft- und Seeweg aus der Heimat geliefert, damit in jedem Ding, in jedem Bruchteil der Speisen der wohltätige Geist von Kitan sei.

Dennoch begannen die Büroklammern zu rosten, die Reißzwecken – sich zu verbiegen. Kleber löste sich. Die Farbe blätterte von den Wänden. Das Geschirr in der Kantine ging zu Bruch. Es kam zu Kurzschlüssen. Computer und Klimaanlagen fielen aus.

Der Leiter der ingenieurtechnischen Abteilung der Botschaft, Shu, ebenfalls ein Neuer, ein besserwisserischer Nerd, Abkömmling der Hightechindustrie, winkte nur ab:

»Übertreiben Sie mal nicht, Oberstleutnant! Jetzt ist alles Dreck. Nichts überlebt das erste Jahr. Aber das muss so sein. Was würde sonst die ganze Welt bei uns kaufen? Das Wort ›Qualität‹ bedeutet nichts mehr. Fortschritt nennt man das, Oberstleutnant Liu. Dieser erstaunliche Fortschritt ist für uns vorteilhaft. Man verkürzt die Lebensdauer eines Dings, macht es kurzlebig wie eine Eintagsfliege, und verkauft ein und dasselbe zwanzigmal! Darauf stützt sich das moderne Kitan, Meister Liu! Das ist die Basis für unseren Wachstum, aber es kommt zwangsläufig zu Mehrkosten, sogar hier, in der Botschaft …«

Liu hörte zu und begriff, dass er zurück in die Vergangenheit wollte, als die Dinge Dinge waren, und keine Insekten.

Das Leben der Botschaft jedoch geriet allmählich aus den Fugen. Es kam zu Gezänk, Intrigen, Diebstahl, wichtige Verhandlungen scheiterten. Der zweite Sekretär wurde mit Prostituierten gefilmt, die Aufnahmen ins Internet gestellt. Es sickerte einiges durch, die Spionageabwehr suchte bereits nach dem »Maulwurf«, was zur Spionomanie führte und die Zwistigkeiten zwischen den Abteilungen weiter nährte.

Nur Liu wusste, dass da nie und nimmer ein Spion am Werk war. Es lag an den Kindern des Mondes, an ihrem methodischen, die Grundfesten benagenden Gesang, der ungute Resonanzen erzeugte. Die anderen jedoch, einschließlich des Botschafters wie auch des Leiters der Spionageabwehr, machten sich überhaupt keine Sorgen mehr wegen der Kinder des Mondes, für sie waren sie etwas Vertrautes, Harmloses, Ulkiges, geradezu Eigenes. Die gelben Figuren waren Teil des Botschaftslebens geworden, und das erstaunte niemanden.

Besorgnis erregte nicht einmal der Vorfall mit Hauptmann He, einem brillanten jungen Mann, dem Helden der analytischen Abteilung, einem Musik- und Opernkenner und ständigem Besucher von Konzerten bekannter Orchester. Als er mit seinem Kollegen beruflich nach Köln reiste, verließ He entgegen der Dienstvorschriften spätabends allein das Hotel, wurde von der Polizei bei dem Versuch festgenommen, in den Kölner Dom einzudringen, entwand sich geschickt dem Polizeizugriff und sprang eine halbe Stunde später – das sahen Fahrgäste aus einem Zug – von der dreibogigen Hohenzollernbrücke in den Rhein. Zuvor war He an diesem Abend im Konzerthaus gewesen und hatte Schönbergs »Verklärte Nacht« und »Pierrot Lunaire« gehört.

Übermüdung, meinte der Botschaftspsychologe. Dem jungen Mann wurde zu viel Verantwortung auferlegt. Liu jedoch wusste, hier lag keine Überarbeitung vor. He war mehr als nur ein Analytiker gewesen. Aus ihm, geboren im Zeichen der LUFT, hätte ein Hüter, ein Feinhörer werden können. Zweimal war He an Liu herangetreten, obwohl er offiziell nicht die Zulassung hatte zu wissen, womit der Oberstleutnant betraut war. Er war an ihn herangetreten und hatte scheinbar zufällig die Kinder des Mondes angesprochen.

Liu ging über die Brücke, lauschte auf die gedehnte Mantra-Melodie, betrachtete die Gesichter. All die Jahre hatte er erwartet, dass die Melodie sich eines Tages ändern würde. Dass die Kinder des Mondes den nächsten Schritt tun würden.

Und dann, als er auf der Mitte, dem Brückenbuckel angekommen war, hörte er es.

Eine neue Stimme wob sich in den vielmundigen Chorgesang. Sie wiederholte nicht die Mantras, sondern schien sie zu dirigieren, ihr Timbre und ihren Rhythmus zu verändern. Ein dramatischer Sopran. Professioneller Gesang, Opernklasse.

Die Stimme verstärkte die Mantras gleichsam, lehrte und

lenkte sie; zwang sie, tiefer und tiefer in die Materie der Welt einzudringen.

Entgegen seiner Schulung kam Liu aus dem Tritt.

Die Stimme schien ihn persönlich anzusprechen und aufzufordern, die Rüstung des Hüters abzulegen, sich vom Dienst in der Botschaft loszusagen, von der Verbindung mit der heiligen Fadan-Kiefer …

Liu wusste, dass die Stimme keine Worte dieser Art aussprach. Es waren seine eigenen. Er nahm die Ohrstöpsel aus seiner Manteltasche und steckte sie sich in die Ohren. Die Stimme wurde leiser, ihr Druck ließ nach. Und schließlich bemerkte Liu sie, die Neue, inmitten der Phalanx der Kinder des Mondes.

Die junge Frau trug deren Einheitskleidung, eine gelbe Jacke mit Kapuze, stand wie sie bewegungslos da, die Arme vor der Brust verschränkt, doch Liu erkannte, dass sie anders war. Die Kinder kamen mehrheitlich aus dem Fußvolk, doch bei ihr spürte man die Fähigkeit, auf einer Bühne zu stehen. Ja, und die Stimme selbst – so eine war Millionen wert.

Der Mitarbeiter der Außenüberwachung, den Liu herangerufen hatte, nahm ihr Gesicht mit größtmöglichem Zoom auf. Das Foto wurde durch die Datenbanken gejagt, und kurz darauf brachte man Liu ihre ausgedruckte Akte. Während des Wartens stand er am Fenster und schaute zur Brücke. Die Botschaft hatte ein Geräuschunterdrückungssystem. Kein Laut sollte hier eindringen.

Aber Liu kam es so vor, als höre er dennoch ihre Stimme.

Margarita Kireno. Opernsängerin. Uneheliche Tochter der Theaterschauspielerin Elena Kireno und des Schriftstellers Sū Fo, des Leitsterns der Emigranten, eine Woche zuvor in Rom getötet.

Selbstverständlich wurden solche Dinge nicht einmal in den streng geheimen Befehlen und Berichten verlautbart. Aber Liu war klar, dass die Geheimdienstler von Kitan auch töteten: Sie wollten es wie ein Unglück aussehen lassen, einen Herzinfarkt, hinterließen jedoch Spuren, wurden von Kameras eingefangen. Das hatte ernsthaft Aufsehen erregt. Die Ausweisung von Diplomaten stand bevor.

Dieses Aufsehen schützt sie jetzt, dachte Liu. Sie darf nicht angerührt werden, gleich nach dieser Pleite. Verbot von oben.

Liu stellte sich vor, Margarita käme nun Tag für Tag, Monat für Monat, so wie die Kinder des Mondes kamen. Während er ihr Foto betrachtete, das Gespenst ihrer Stimme hinter dem Panzerglas hörte, träumte er davon, das Verbot würde eines Tages aufgehoben werden, und man könne sie sich diskret schnappen und verhören: Wie sie auf die Idee gekommen sei, mit den Kindern des Mondes zu singen? Wer ihr dieses Lied beigebracht habe, von dem – Liu hatte es überprüft – die Nadeln der Fadan-Kiefer herabhingen, als hätten sie Frost bekommen? Oder ob sie die vernichtende Melodie selbst gefunden habe? Ausschließlich durch eigenes Talent?

Liu fühlte sich krank, ihn fröstelte. Und er wusste, das war keine Erkältung, sondern ein Nachhall von Margaritas Stimme. Die Stimme einer Opernsängerin, die in einer erdachten Welt aus Kulissen lebte, wo man sich mit Schwertern schlug und mit Degen focht, wo sich Geister und Gottheiten in das Schicksal der Sterblichen einmischten, wo das Wort härter war als Stahl.

Von dort, dachte Liu, schöpfte sie auch den Zauber ihres Gesangs. Sie war so jung. Sie glaubte ihren Erfindungen, und dieser naive Glaube schenkte ihr Kraft. Die ganze Gefühlsmaschinerie der Oper, alle Bühnenkonventionen, alles Erhabene des alten Europas, Legenden von Rache und Tapferkeit, all die Wunder und Verklärungen, die in den Zuschauerräumen geschehen, arbeiteten jetzt für Margarita.

Am Mittag gingen die Kinder des Mondes wie gewöhnlich weg zum S-Bahnhof, und Margarita ging mit ihnen.

Liu verspürte Bedauern – und Vorfreude auf das Treffen am nächsten Tag.

Margarita würde kommen, und er ein unhörbares Duell mit ihr beginnen. In der Nacht würde er seine Melodie schreiben, in der die Botschaft selbst ein Instrument wäre: all ihre Schutzglöckchen, die Geister vertreiben, ihre Türen, Schornsteine, Fahnen, Fenster, Stimmen der Angestellten. Und die wichtigste Note würde die Wasserharmonika übernehmen, die sich aus der Quelle speist, welche an den Wurzeln der Fadan-Kiefer entspringt, der Quelle, wo in einem geschlossenen Kreislauf das strömende Nass der Fadan-Gebirgsbäche zirkulierte.

Liu blieb über Nacht in der Botschaft. Er hatte einen besonderen Raum in den Tiefen des Kellergeschosses, näher an den Wurzeln des Erdreichs. Anstatt neue Wände hochzuziehen, hatten die Bauarbeiter dort das alte Mauerwerk der zerstörten Häuser stehen gelassen: ein offener Eingang zur Kehrseite der Stadt, direkt in ihre Eingeweide.

Er meditierte, legte sich auf eine Schilfmatte, aber die künftige Melodie zeigte sich nicht. Liu hörte nur Margaritas Stimme und konnte sie nicht vertreiben. Auf seinem Körper brach reichlich Schweiß aus, wie von einer inneren Entzündung, die Gelenke schmerzten, die Muskeln zogen.

Auch als die Stimme der Sängerin verstummte, kam keine Erleichterung. Statt einer beruhigenden Stille hörte er jenes seltsame und bedrohliche Schweigen, das ihn seit jeher in Berlin geschreckt hatte. Es war nah. Und es wuchs, wollte sich – das begriff er nun zum ersten Mal – mit einem ohrenbetäubenden, donnernden Geräusch entladen, niederkommen.

Nach Mitternacht fiel er in einen flachen Schlaf. Er hörte die Kinder des Mondes, die mit verschiedenen Stimmen das sagten, worüber sie bei den Verhören geschwiegen hatten.

»Der Mensch hat zwei Zeiten. Die Zeit der Sonne. Die Zeit des Wachens. Und die Zeit des Mondes. Die zweite Zeit. Sie fließt, während der Mensch schläft. Gewöhnliche Menschen kennen sie nicht, durchleben sie nicht. Sie gleicht der Anziehungskraft des Mondes, der Kraft von Ebbe und Flut. Und auch sie treibt das Schicksal an. Die Mondzeit ist es, die wir, die Kinder des Mondes, heraufbeschwören … Alle eure Regierungen, Ideologien und politischen Systeme, Religionen und philosophischen Traktate sind Hervorbringungen der Tageszeit. Geschaffen von den Stammhaltern jener ersten Menschen, die sich fürchteten, von den urzeitlichen Feuerstellen in die Dunkelheit zu gehen. Sie bearbeiteten Flint zu Axtklingen und kneteten Ton zu Töpfen. Aus Angst, die Weisheit zu verlieren, ersannen sie Zeichen, schufen verdinglichte Götter und erfanden Machthierarchien.

In der Nacht der Urzeit, in ihrer tiefsten Finsternis, gab es nur ein körperloses Geräusch, nur die Laute von Tod und Geburt, Gefecht und Jagd, Gebrüll und Gewinsel, Schrei und gequältem Stöhnen … Und unter euch lebten jene, die einen anderen Weg einschlugen. Manche glaubten der Nacht, nicht dem Tag. Mancher hat keine Geschichte, so eine, wie ihr sie versteht; ihre Waffen sind uralte Knochenpfeile und eherne Äxte. Sie wurden hervorgebracht in der Dunkelheit der Welt, als die Menschenhände noch leer waren, keine Gerätschaften kannten und die Welt unmittelbar auf den Klang reagierte, das einzige Werkzeug, das der Mensch in sich trägt …«

Liu kam zu sich. Ihm war unerträglich kalt. Der Schweiß war versiegt. Das Frösteln war verstummt. Der Körper hatte sich verengt, versteinert. Ihm war nicht klar, ob er in den Wachzustand zurückgekehrt oder in noch tieferen Schlaf gefallen war und das Erwachen nur träumte.

Auf einmal hatte Liu das Gefühl, etwas Riesiges zu sein: ein gigantischer Tropfen aus Metall, der im Bauch einer Flugmaschine hängt. Er war jetzt *sie*, trächtig mit Sprengstoff, mit einem Namen, den Witzbolde von den Technikern mit Kreide auf die Stahlflanke geschrieben hatten: Margaritka.

Motoren heulten auf, die Maschine hob schwerfällig ab und nahm Kurs gen Osten. In der Nähe war der Lärm vieler weiterer Maschinen zu hören, die andere Bomben trugen. Aber Margaritka war die Größte, die Mächtigste; die Einzige bei diesem Angriff.

Es hallten nahe Explosionen. Die Maschine schwankte, ein kleiner, heißer Splitter durchschlug die Verkleidung des Flugzeugs und versetzte dem Metallkorpus von Margaritka einen Stich, verbiss sich direkt am Heck, unterbrach dort etwas, zerstörte ein Detailgefüge. Die Flugmaschine neigte sich, die Lukentüren öffneten sich, ließen die brüllende Nachtluft herein. Margaritka wurde in die Dunkelheit geschleudert, wo schräge gespenstische Scheinwerferstrahlen irrlichterten und sich dunkle Wolken explodierender Flugabwehrgranaten aufblähten.

Er, der für einen Moment sein Bewusstsein von Margaritka gelöst hatte, sah noch die »fliegende Festung« mit flammenden Triebwerken des rechten Flügels, begriff noch, dass die Piloten verletzt waren und versuchten, das Flugzeug nach Westen zu bringen, aber es nicht schaffen würden. Der Bomber war dem Untergang geweiht, schräg fiel er vom Himmel über der Feuerstadt, wurde wie ein Magnet angezogen von den schwarzen Sümpfen Brandenburgs, und seinen letzten Flug begleiteten Radarstationen, die auf sandigen Hügeln standen, oberhalb von steinzeitlichen Kultstätten.

Die Piloten warfen die Bombe, Margaritka, eine sechstonnige Bunkerbrecherin, zur Unzeit ab, im vergeblichen Versuch, das Flugzeug leichter zu machen. Er sah noch den wolkenlosen Himmel und den Vollmond – eine schlechte Nacht für einen Angriff, die Maschinen schienen wie auf einem Präsentierteller für Flaks und Jagdflugzeuge, wohl hatten die Militärmeteorologen das mit der Vorhersage vermasselt – und da wurde sein Bewusstsein hineingezogen in den Tropfen der Bombe.

Und sie stürzten hinab, zu den helllodernden Stadtvierteln. Liu erkannte die Gegend sofort: Da war der Kanal, der das Phosphorlicht des Mondes reflektierte, da die S-Bahn-Station, da das zerstörte Haus, an dessen Stelle später die Botschaft stehen sollte …

Margaritka verstand nicht, dass der Sprengmechanismus ausgefallen war, und strebte mit dem ganzen Gewicht ihrer bevorstehenden Mission hinab. Die Erdoberfläche schlug ihr ins Gesicht, hielt jedoch dem Druck nicht stand. Der Boden schob sich auseinander, machte Platz, ließ die Bombe tiefer als das Straßenpflaster, Fundamente und Kanalisationsrohre ein, tiefer als alle Schichten der Stadt, – dorthin, wo die Erde nie mit Schaufel oder Pflug in Berührung gekommen war.

Liu kam zu sich. Stand auf, schwankte, als hätte er einen vernichtenden Schlag auf den Rumpf bekommen. Er ging die Wände entlang – auf Zehenspitzen, bedächtig. Er musste an den alten Deutschen denken, den Baubeamten, der ihm bei der Wahl des Standorts für die Botschaft geholfen hatte.

Der Deutsche hatte geklagt, wie schwierig das Bauen in dieser Stadt sei, weil sie gespickt war mit alten Bomben, und viele noch scharf. Er erzählte von den Bombentypen.

Liu hatte seine Worte ernst genommen. Der Boden war von Pionieren geprüft, durchstöbert worden, sie verfolgten auch alle Ausgrabungsarbeiten mit – da war nichts. Der Deutsche, Herr Derenmayer, hatte ihm gratuliert.

Nun lauschte Liu, mit angehaltenem Atem. Er war noch am Morgen gewarnt worden: Da kam doch die Durchsage wegen der Bombe auf dem Bahnsteig, er aber hatte sie nicht genug beachtet! Ringsum war der Boden der Botschaft, ihr Hoheitsgebiet, geheiligt durch den Geist von Kitan. Aber unten, tief unter der Botschaft, wahrte die Erde die Vergangenheit dieses Landes, und sie war fremd, wie der Mond.

Liu lief hinauf, in sein Büro – um schneller zu sein, um anzuordnen, dass das Mädchen, egal wie, um welchen Preis, von der Brücke geholt und vom Gebäude ferngehalten wird, dass man ihr den Mund verschließt. Sonst finge sie wieder an zu singen, würde dabei die Kinder des Mondes als Orchester, als Resonator benutzen und damit die tief in der Erde erstarrte, sechstonnige Margaritka wecken, die dazu bestimmt war, Bunker zu zerstören, viel zu tief einzudringen und daher von erfahrenen Pionieren nicht auffindbar war – niemand hatte schließlich damit gerechnet, dass Margaritka, die für bestgeschützte Ziele bestimmt gewesen war, sich hier befinden könnte.

Er hatte es verschlafen; die Kinder des Mondes waren schon auf der Brücke. Liu überblickte sie verzweifelt, schätzte ihre Zahl und wurde sich auf einmal bewusst, dass sie, die Rivalin, die Feindin, nicht da war.

Sie war nicht gekommen.

Liu ging taumelnd, überraschte Blicke ignorierend, hinaus in den Garten vor der Botschaft.

Die Kinder des Mondes wimmerten ihre Hymnen, in ihnen erklangen gewöhnliche, das Echo wahrende Kräfte, die aber nach der Stimme von Margarita Kireno überhaupt nichts Erschreckendes mehr hatten.

Liu lauschte, lächelte, glaubte schon, dass seine abendlichen Meditationen *sie* abgeschreckt, von ihrem Plan abgebracht hatten; er lauschte mit äußerster Tiefgründigkeit.

Und er begriff, warum Kireno nicht käme.

Sie brauchte kein zweites Mal. Sie hat schon alles vollendet.

Ihre Stimme war hier, im Stein, Asphalt, in den Stahlträgern der Brücke, im Backsteinkasten der S-Bahn-Station, in den Fundamenten und im Gemäuer der Häuser, im flüchtigen Wasser, im Betonkorpus der Botschaft selbst und in der Erde darunter. Sie klang wie ein langsamer, gedehnter Nachhall, eingewurzelt in die Materie selbst; die Königin der Bomben umschmeichelnd, erweckend.

Kireno kann nicht von ihr wissen, dachte Liu.

Und er antwortete sich selbst: Die Bestimmung ist größer als das Wissen.

Sie hatte gerufen, und die Bestimmung hatte geantwortet.

In diesem Moment war Margaritka erwacht.

GLOSSAR

NKWD – Volkskommissariat für innere Angelegenheiten der UdSSR, gegründet 1934. Zu seinen Aufgaben gehörten politische Fahndungen, Strafvollzug, Außenaufklärung, Grenzbewachung und Spionageabwehr innerhalb der Armee. 1946 wurde es zum Ministerium für innere Angelegenheiten.

Hallimasch – Speisepilz.

Torgsin – Akronym für »Handel mit Ausländern«: sowjetische Handelskette, die zwischen 1929 und 1936 existierte. In den Läden konnten für Devisen oder Wertsachen Waren des täglichen Bedarfs von besonderer Qualität und Exklusivität erworben oder eine Zeitlang auch gegen Torgsin-Schecks eingetauscht werden.

Nowaja Semlja (»neues Land«) – Doppelinsel im Nordpolarmeer, die zum russischen Verwaltungsgebiet Archangelsk gehört.

Subbotnik – (abgeleitet von subbota – Sonnabend) war in der Sowjetunion ein allgemein üblicher, freiwilliger Arbeitseinsatz zu gemeinnützigen Zwecken.

Getreidedarre – bäuerliche Einrichtung zum Trocknen von Getreide, um damit zu verhindern, dass es durch die Feuchtigkeit von Schimmel und Ungeziefer befallen wird.

Shaitan – islamischer Begriff für »dämonisches Wesen«.

Naswar – in Zentralasien verbreiteter Kautabak in einer Mischung aus Tabakblättern, Asche, Löschkalk und Aromastoffen.

Tschifir – ein vor allem von Sträflingen in russischen Haftanstalten zubereiteter Teesud mit berauschender Wirkung.

101. Kilometer – inoffizielle Bezeichnung für die Methode zur Einschränkung von Rechten Straffälliger und anderer Personen, denen es in der UdSSR verboten war, sich in der 100-Kilometer-Zone um Moskau und anderen Haupt- und Großstädten anzusiedeln.

Karabiner Simonow SKS – selbstladender Karabiner, in Betrieb genommen im Jahr 1949.